U0595348

服务贸易数字化转型与人才支持研究

王海文　贾瑞哲　等著

中国商务出版社
·北京·

图书在版编目（CIP）数据

服务贸易数字化转型与人才支持研究／王海文等著
. -- 北京：中国商务出版社，2025.1
ISBN 978-7-5103-4987-4

Ⅰ. ①服… Ⅱ. ①王… Ⅲ. ①数字技术—应用—服务
贸易—研究②服务贸易—人才培养—研究 Ⅳ.
①F746. 18

中国国家版本馆 CIP 数据核字（2024）第 036755 号

服务贸易数字化转型与人才支持研究
FUWU MAOYI SHUZIHUA ZHUANXING YU RENCAI ZHICHI YANJIU
王海文　贾瑞哲　等著

出版发行：中国商务出版社有限公司
地　　址：北京市东城区安定门外大街东后巷 28 号　　　邮　　编：100710
网　　址：http://www.cctpress.com
联系电话：010—64515150（发行部）　　010—64212247（总编室）
　　　　　010—64266119（事业部）　　010—64248236（印制部）
责任编辑：周水琴
排　　版：北京天逸合文化有限公司
印　　刷：北京建宏印刷有限公司
开　　本：710 毫米×1000 毫米　1/16
印　　张：17. 75　　　　　　　　　字　　数：302 千字
版　　次：2025 年 1 月第 1 版　　　印　　次：2025 年 1 月第 1 次印刷
书　　号：ISBN 978-7-5103-4987-4
定　　价：78. 00 元

凡所购本版图书如有印装质量问题，请与本社印制部联系
版权所有　翻印必究（盗版侵权举报请与本社总编室联系）

前 言 PREFACE ▶ ▶ ▶

　　时代的变革、人才培养理念和目标的变化，特别是服务经济的发展、数字化浪潮的来袭等强烈呼唤人才培养模式能紧随形势、不断创新突破。党的十九届五中全会提出要加快数字化发展，深入实施科教兴国战略、人才强国战略、创新驱动发展战略；党的二十届三中全会提出要深化教育综合改革，深化科技体制改革，深化人才发展体制机制改革，由此对人才培养创新变革提出了新要求。

　　事实上，囿于货物贸易发展规律和实践的广泛影响以及对服务贸易研究和知识推广学习的不足，目前服务贸易研究和实践依然存在对服务贸易特殊性、发展规律和趋势认识不深入、不全面、不准确，以及沿用货物贸易的认识和经验于服务贸易中等问题。同时，在数字化转型过程中，人才培养模式已发生深刻变革，由此亟须深化对服务贸易和数字化趋势以及人才培养规律的认识，从而能准确把握未来数字社会发展过程中服务贸易人才培养的发展方向，为人才培养创新改革提供理论支撑。

　　本书从数字时代服务贸易的变革发展切入，探讨数字时代服务贸易发展趋势与数字化转型态势，分析服务贸易数字化转型的底层逻辑和总体状况，并从人才需求和供给两个层面研究服务贸易数字化转型中的人才状况，进而分析我国服务贸易数字化转型中的人才治理，最后聚焦我国服务贸易数字化转型过程中高等教育人才培养模式以及相关企业人力资源管理的创新，提出相关建议。全书以服务贸易数字化转型的实践需求和人才支持为研究主线，同时重点关注《区域全面经济伙伴关系协定》（RCEP）框架下有关人才的需求和培养问题，以期对我国服务贸易的繁荣发展和人才培养有所助益。

　　在本书编写的过程中，作者参考借鉴了大量相关资料，在此一并表示感谢。王振翰、祁高磊、连宇璐、程燃、郑雅宁、杨淳雅、范一哲、王仪茹、宋唐嘉、李君、彭敬益、刘佳怡参与了相关章节的初稿撰写和资料搜集工作。王海文、贾瑞哲设计了研究框架，组织了研究力量，撰写了有关章节，并对全书进行修改和完善。同时，要特别感谢中国商务出版社张高平主任、周水琴编辑的大力支持和帮助，使本书能够得以顺利出版。

作者

2024 年 3 月

目 录 CONTENTS ▶ ▶ ▶

第一章

数字时代服务贸易的变革发展

当今世界，数字技术蓬勃发展，已然融入社会经济文化的各个领域，开创了前所未有的数字时代。在这一时代背景下，作为国际贸易重要组成部分的服务贸易正迎来前所未有变革的新契机。

第一节　数字时代服务贸易的变革

1968 年，美国经济学家富克斯（Fuchs）出版了《服务经济》一书，提出了一个重要判断，即美国在西方国家中率先进入了"服务经济"社会。当前人类社会正在进入以数字化为主要标志的数字经济时代。数字经济是继农业经济、工业经济之后的一种新的经济形态，数字经济时代是继农业经济、工业经济之后与服务经济紧密相随的新阶段。数字经济与服务经济深度交融已经成为数字时代服务贸易变革的重要动因。联合国贸易和发展会议（UNCTAD）数据显示，2021 年全球跨境数字服务贸易规模达到38 610.8 亿美元，同比增长 14.3%，占服务贸易的比重达到 63.6%，已在服务贸易中确立主导地位。深刻把握服务贸易产业链中包括供给、交易、需求等各环节的数字化转型，进而加快数字技术推动服务贸易高质量发展，是我国在经济全球化背景下建设贸易强国、数字强国的必要途径，也是推动我国构建新发展格局的重要支撑。

一、数字时代服务贸易供给变革

服务与人们的生产生活紧密相连，它不仅是生产与供给的产物，也是生活消费的重要对象。从经济史的角度考察，服务既是社会劳动分工的结果，又随着分工的深化而不断发展。与此同时，人们对服务的认识也随着社会生产的进步以及生产力的提高持续加深。

首先，伴随数字技术的广泛应用以及数字服务的壮大，数字时代的服务产品形态日益增多，无形服务数字化的特征愈加明显，由此使得服务的无形性呈现数字化的表现形态。如远程医疗、远程教育、视频会议等大规模兴起。越来越多的企业在尝试产品的服务化模式，从卖产品到卖服务。无形服务的数字技术载体、数据要素、数字交易交换通道等愈加成熟稳定，成为生产方式和生活方式变革的重要组成部分和体现。不仅如此，无形服务的数字化也在改变着买卖双方关于服务品质信息不对称的状况。恰因为数字化，服务的各方面信息更容易为交易各方所掌握，数据的及时接收、全流程互动以及对大数据分析的强大能力能够促进有效交易的达成。

其次，数字时代背景下，服务生产效率与生产模式发生重大变革，新的商品服务和商业模式成为服务贸易的新增长点。数字技术极大提高了服务业劳动生产率，促使用户持续探索全新的产品与技术，消费迭代的速率加快，能够快速提供全新的商品、技术和商业模式。在5G、人工智能（AI）、AIGC等新兴技术的加持下，服务业和服务贸易逐渐摆脱了传统的生产方式，转而通过瞬时达和接近零成本的数据传输实现全链条全环节的优化，全球开始进入数字服务几何级增长的新一代生态阶段。

最后，数字技术在不断优化资源配置中推动服务贸易供给变革。数字经济形态下，数据资源及数字技术成为新的生产要素贯穿于社会经济发展的全流程中，并与劳动、资本、土地等其他生产要素进行融合、重组、迭代和优化，带来全新的价值创造方式，驱动服务业全面数字化迈入新阶段。一方面，数字技术可以低成本地将零散资源、片段时间与需求匹配，进而通过配置存量资源而加快服务业和服务贸易的发展。另一方面，大数据的广泛应用使得探知个性化需求更为精准方便，并在此基础上进行个性化推送。例如金融机构，靠智能数据分析、依从风险控制指标，决定谁能得到资金和其他资源。

随着我国产业数字化和数字产业化进程不断加快，以网络银行、第三方支付、电子商务、社交网络等为代表的商业模式的广泛应用表明我国服务业以及服务贸易数字化已取得丰硕成果，平台经济、共享经济、数字贸易蓬勃发展。无接触式的数字服务需求，在居民消费端基本形成了基于智能手机应用的衣食住行购、科教文娱卫等数字服务供给。总体而言，服务供给数字化主要涉及管理数字化、业务数字化以及数字化生态。管理数字化是利用计算机、通信、网络等技术，通过统计技术量化管理对象与管理行为，实现研发、计划、组织、生产、协调、销售、服务、创新等职能的管理活动和方法。业务数字化是服务供给数字化的重要内容，是利用数字技术改变商业模式，并提供创造收入和价值的新机会。数字化生态则涵盖了"要素、能力、应用、产业"等影响数字经济发展的重要维度。政策、环境、人才、数据、资本等关键要素，数据开放、数据安全等服务能力，金融、制造、交通、医疗、物流等核心应用，数字产业化、产业数字化等不同产业形态，都是数字化生态的重要组成部分。

数字时代服务贸易供给具备突破时空限制、实现服务供求精准高效对接的更加有利的条件，为服务贸易新业态、新模式的创新发展开辟了广阔的空间。

二、数字时代服务贸易需求转变

数字时代，不仅服务贸易供给面临深刻的变革，服务贸易需求也在加速转变，数字服务消费成为消费结构演进的时代体现。在数字技术的加持和赋能下，数字服务得以大规模提供，深刻改变着人类的生产生活，深刻改变着服务的特征以及服务经济的规律。数字时代的人类已然处于数字经济的大潮中，数字服务消费不是可有可无，而是不可避免、难以或缺。

数字技术的发展，催生了直播电商、社交电商、在线服务消费等具有数字化、网络化、智能化特征的在线消费新业态模式，推动线上线下融合消费场景持续发展。同时，数字技术助力跨境消费创新，引领带动全球消费升级创新，促进我国加快向全球消费品的生产中心、创新中心发展，推动一大批新国货、新品牌加快崛起。5G技术的快速发展和应用，提供了高通量低延时及万物互联的可能，进一步加快新型数字化消费场景、模式的创新，以及线上线下新型融合的互动创新，出现多个百亿级、千亿级的新突破，不仅带动了直播带货、社区团购、云逛街、云旅游等加速发展，还在推动数字学习、数字医疗、数字文化、数字传媒，以及智能家庭居住、智能个人穿戴、智能交通出行等领域的加快发展。数字平台及其带动的跨境贸易创新成为全球消费市场一体化发展的新途径，也让中国消费创新成为引领全球消费升级的新风向和新风尚。

数字消费是以互联网信息网络作为重要载体，以数据资源作为关键生产要素，表现为消费数字化和数字消费化的全新生产方式，它意味着消费内容的多样化、虚拟化和个性化，改变了人们的消费习惯和消费决策，打开了内需新空间，构建了发展新格局。数字化解决了供需信息不对称问题，供需两端通过互联网平台实现供需信息快捷搜索和撮合，释放潜在消费潜能；数字化实现了供需时空匹配，引导不同人群错峰和错时消费，大幅提升服务能力和服务效率；数字化更好满足了客户需求，通过为客户提供更多定制化服务，进一步提升客户满意度。大数据、5G、人工智能等新一代数字技术向服务消费领域迅速渗透，催生了一些新模式新业态，促进了数字服务消费的发展。例如，网络定位、搜索引擎、线上教育、社交媒体等，加速了服务业线上线下融合，丰富了服务消费场景，改善了服务消费体验，推动了服务消费变革，促进了服务供给与服务消费需求更有效匹配，为服务消费新业态新模式发展提供了强劲动力。

以跨境交付模式为例，我国跨境电子商务服务需求强劲，从国内看，在数字经济蓬勃发展的推动下，我国消费者网购需求强劲，购买力不断增长。同时，随着国家利好政策的大力支持及居民可支配收入上涨和消费水平的提升，国内消费者对于进口优质商品需求也不断增加，二者共同催化我国跨境电商市场交易规模连续增长。2017—2021年，我国跨境电商市场交易规模从 8.1 万亿元上升至 14.2 万亿元。未来，需求侧与供给侧双轮并驾齐驱，我国跨境电商行业将进一步发展。

从国际看，相较我国已高度发达的电商经济，目前全球电商渗透率尚处于较低水平。相较国内消费者而言，疫情前欧美消费者更加注重购物服务体验，偏好线下消费。而疫情的突然暴发使得欧美消费者逐渐适应新的消费场景，改变了自身消费习惯，线下的消费行为转移到线上。同时，便利性高、品类丰富、性价比高的电商产品逐渐俘获人心，加速跨境电商的进一步渗透。此外，东南亚国家、非洲国家、拉美国家，以及其他"一带一路"上的国家的物流和支付等基础设施虽尚处于建设的早期阶段，但其B2B、B2C 业务触网需求大，市场空间巨大。

同时，在跨境电子商务服务需求的带动下，跨境金融服务需求持续提升。大量国内企业正加速出海拓展全球商机。在数字化与科技应用、人工智能以及区块链等技术的加持下，跨境支付和金融平台可以利用数字技术和创新支付解决方案，为出海企业和个人提供更加快速、安全、高效的跨境支付服务，也为全球经济的互联互通提供了重要支撑。未来，随着数字技术的进一步变革，数字金融服务的功能边界、应用领域将进一步拓展，跨境金融服务将成为全球经济发展的新动能。

三、数字化服务平台与企业兴起

平台经济既是一种经济形态，也是一种商业模式。在产品和服务交易的过程中，随着交易市场的扩展，供求双方数量的持续增长、信息等要素的空前增多、沟通协调等复杂频繁等，客观上要求提供条件、变革模式、创新机制等推动交易的发生和效率的提升，平台企业与平台经济恰是在这样的环境中孕育成长并不断发展壮大的。因此，所谓"平台"，无论是真实还是虚拟的交易场所，其本身并不生产产品，但是经济活动各环节以及经济系统功能发挥的重要结果也是重要保障和动力。而在信息科技高度发达的互联网时代，平台经济则获得了科技的支撑助力而突破了时空的约束和各种瓶颈和限制，形成了经济创新的新高度、新浪潮。2019年，国务院办公厅发布的《关于促进平台经济规范健康发展的指导意见》强调指出，互联网平台经济是生产力新的组织方式，是经济发展新动能，对优化资源配置、促进跨界融通发展和"大众创业、万众创新"、推动产业升级、拓展消费市场尤其是增加就业，都有重要作用。

伴随国际贸易分工的深化，服务市场交易规模、范围的不断扩大，交易对象的不断深化拓展，各类资源和要素在区域以及全球的加速流动，与贸易直接相关的各种平台和平台企业应运而生，在资源、资金、信息的流动、共享以及文化产品和服务交易等各方面发挥着愈加独特的作用。事实上，平台服务本身就是服务模式和业态创新。数字经济、平台经济与服务经济的繁荣交织将为数字服务贸易注入新的动力和发展内涵。

为了推动数字服务平台企业高质量发展，提升企业经营成果的社会效益，我国商务部等12部门于2023年12月19日联合印发了《关于加快生活服务数字化赋能的指导意见》，指出"加强生活服务数字化基础设施建设，培育生活服务数字化平台、品牌。"目前，从信息搜索、商品预订至在线支付、到店体验，服务消费市场中通过在线平台进行到店消费的信息服务已形成流程闭环，极大提高了服务消费便利性。此外，到店信息覆盖的服务品类日益齐全，以美团为例，从餐饮美食、酒店民宿、旅游度假、电影演出、景点门票，到看病买药、车票预定、按摩足疗、洗浴汗蒸、运动健身及汽车服务等，均有涉及。可以看出，平台在连接消费者和商家、对接供需方面正发挥着越来越大的作用。按照现有趋势，未来数字化服务平台将从传统的团购优惠模式，逐渐过渡到提升商家经营效率、优化用户购买决策的 2B+2C 模式，服务业及服务贸易高质量发展将迎来更优支撑。

总体来看，我国平台经济虽起步较晚，但发展极快，现已成为数字经济的重要组成部分。我国平台经济早期以模仿国外商业模式为主，如eBay、Amazon 等。受益于我国经济的迅速成长、巨大的人口红利以及创新驱动，中国平台发展已经完成了由追赶向创新的跨越式转变。截至 2020年，我国市场价值超 10 亿美元的平台经济企业达 197 家，较 2015 年新增133 家，其中市场价值在 10 亿美元以上 100 亿美元以下的平台数量比 2015年增加了 108 家，数量增长了近 2 倍，市场价值增长了 230.5%。在此期间，共有 25 家平台迈入市值 100 亿美元以上的行列。

从全球视角看，中国和美国平台经济发展位于第一梯队。2020 年，100 亿美元以上数字平台数量达 76 家，平台价值合计 12.5 万亿美元，美国占比 71.5%，中国占比 24.8%，中美成为平台经济最大参与者。全球前十大平台企业被中美包揽，其中美国 8 家、中国 2 家（分别是腾讯和阿里巴巴，分列第七位和第八位）。

未来，全球大型企业向平台化转型已成为不可避免的趋势。《2022 年全球市值 100 强上市公司排行榜》的数据显示，前十大市值公司中有 7 家是平台型企业。传统企业也在通过平台化转型来开拓业务增长的新空间。例如，苹果（Apple）最初是电子产品制造商，如今通过内嵌软件商店、广告和支付等服务，已转变成为一家手机服务平台，其服务业务毛利率高达 70%，远高于产品销售 27% 的毛利率。

四、数字技术推动服务交易模式创新

在数字技术加速渗透全球供给链的过程中，得益于近乎零成本及瞬时达的数据传输模式，部分高成本、低效率的环节逐渐被取代，链条间衔接得以完善优化，服务交易的时空限制被大大突破，交易模式发生重大变革，主要体现在以下两方面：

第一，数字技术有效地削减了贸易成本并提升了交易效率。例如，人工智能技术通过自动驾驶、仓储优化和库存管理等手段有效降低了运输和物流成本。据预测，随着贸易成本的降低，到 2030 年全球贸易年均增长率预计为 1.8%~2%。此外，数字技术还在传统贸易中发挥重要作用，例如企业正大量通过电子商务平台进行货物贸易，有效提高了贸易效率和空间。

第二，数字技术的革新不仅改变了生产方式，也改变了商业模式，使贸易产品展现出多样化的特征。在数字技术的带动下，工厂定制、电商和云服务等新兴的生产和商业模式迅速推广。而全球商品贸易体系或将不再局限于单一的大宗贸易模式，逐步向分散化和市场化过渡。企业们根据用户多样化的要求来定制产品和服务，创建了几乎无穷无尽的产品种类，但这种趋势可能导致贸易的同质化率提升。

恰因为数字技术的加持，在推动产品和服务创新方面发挥了重要作用。以文旅为例，"数字+文旅"催生运用数字化技术丰富文旅产品和服务供给，创设了"诗和远方"新场景，给游客带来新鲜有趣的体验，形成文旅市场新的增长点。此外，数字技术还能够使服务更加便捷和人性化。无人超市利用物联网（IoT）和人工智能技术实现自助购物和结算，让消费者更加方便快捷地购物；虚拟试衣间利用增强现实（AR）技术让消费者可以在线试穿衣服，提升购物体验和决策的准确性。数字技术正推动服务交易模式创新，不断优化消费"软环境"，更好地满足人民美好生活需求。

第二节　数字时代世界主要国家和地区服务贸易发展

一、数字时代世界主要国家和地区服务贸易发展

数字时代世界主要国家和地区服务贸易最重要的创新发展是数字服务贸易的兴起。按照 UNCTAD 提出的概念，数字服务贸易即可数字化交付服务，属于数字贸易的重要组成部分。数字贸易的兴起以数字经济为基础，产业和产品在数字经济的不断发展中表现出了新的贸易特征，在数字经济的影响下，全球贸易体系进一步优化升级，数字贸易应运而生。数字贸易是贸易化和数字化发展到一定阶段产生的新型贸易模式，在发展的起步阶段可以被认为是电子商务。随着数字技术的不断发展与在贸易过程中的广泛应用，电子商务的内涵和外延在不断丰富和拓展，这就产生了"数字贸易"这一概念。除了通过电子商务进行交易的货物贸易，以数字订购与交付为交易方式、可数字化服务为交易内容的服务贸易得到了稳定增长。

20 世纪 90 年代以来，数字化技术大幅提升，信息传播速度极大提高。世界正在进入数字经济时代，这为数字服务贸易发展奠定了基础。统计显示，全球 50% 以上的服务贸易已经实现数字化。此外，数字技术使越来越多的服务变得可贸易。一些服务贸易新模式、新业态，如搜索引擎、社交媒体、卫星定位、远程医疗、远程教育等，纷纷涌现并蓬勃发展。数据已成为全球重要的贸易品和生产要素。在此背景下，全球数字服务贸易规模快速增长。

据 UNCTAD 统计，2005 年全球数字传输服务贸易（international trade in digitally deliverable services）出口规模为 1.2 万亿美元；2020 年，这一规模已快速增至 3.16 万亿美元，年均增速达 6.7%。全球数字传输服务贸易在全球服务贸易中的占比也在不断提高，从 2005 年的 44.7% 逐步提高到 2020 年的 63.6% 左右（见图 1.1）。2021 年，全球跨境数字服务贸易为促进全球经济稳定复苏注入新动能。数据显示，2021 年，全球跨境数字服务贸易规模达到 3.86 万亿美元，同比增长 14.3%，在服务贸易中的占比达到 63.3%，在服务贸易中的主导地位日益稳固。此外，中国跨境数字服务贸易增长势头强劲。2021 年，中国数字服务进出口总值达到 3 597 亿美元，同比增长 22.3%，占服务进出口比重达 43.2%。附属机构数字服务贸易发展态势相对较好，跨境电商持续快速发展。①

图 1.1　2010—2021 年全球数字传输服务贸易（出口）规模占全球服务贸易出口比重
资料来源：UNCTAD 数据库。

———————————

① 数字贸易发展与合作报告 2022 [R]. 中国信息通信研究院，2022.

从细分的数字服务结构特征来看，其他商业服务①，ICT 服务、金融服务在数字服务贸易中占据主导地位。根据 UNCTAD 报告，扩大国际收支服务分类（extended balance of payments services，EBOPS）的 12 类细分服务贸易中有六类涉及可数字交付的服务贸易，即数字服务贸易，分别是保险和养老金服务、金融服务、知识产权服务，ICT 服务、其他商业服务，个人、文化和娱乐服务。六类细分数字服务贸易的对应产业发展和国际化分工程度差异巨大，因此其在数字服务贸易中的占比也各不相同。

其中，ICT 服务贸易发展较快。UNCTAD 数据显示，2010 年全球 ICT 服务出口规模为 3 000 亿美元，2021 年增至 8 500 亿美元，年均增速达 9.9%，美国、中国、日本、德国、韩国是最主要的 ICT 服务供应方。以云计算服务为例，据高德纳（Gartner）公司统计和估算，2019 年全球云计算市场规模为 2 278 亿美元，2022 年将达到 3 546 亿美元。又如，金融服务，UNCTAD 数据显示，2009—2018 年通过互联网提供的金融服务规模年均增速达 7% ~ 8%。再如，互联网广告服务，UNCTAD 数据显示，互联网广告收入占全球广告收入的比重已从 2010 年的 15% 增至 2017 年的 38%，2023 年增至 60%。另据市场研究公司 e-Marketer 预计，印度、中国、俄罗斯、美国将成为互联网广告收入增速最快的国家。

从国别来看，大部分欧美国家的服务贸易部门开放度普遍较高，但对于自身竞争力较弱的服务业或涉及国计民生的重要经济部门，则设置了严格的准入门槛，以保护国内相关产业的利益。同时，这些发达国家在推动数字技术应用方面采取了有力措施。美国在数字服务贸易市场中的份额最大，长年保持约 17.3% 的占比。英国紧随其后，但其规模在世界市场上的占比正逐年下降。德国、法国等经济较发达的欧洲国家，其数字服务经济发展水平也排在世界前列，世界市场规模占比为 5% ~ 7%。此外，相较于其他国家，中国的数字服务贸易规模占比有明显的提高，从 2005 年的 1.4% 成长到了 2020 年的 4.8%，而其他国家的世界市场规模占比则多数处于不变或下降的状态。值得一提的是，印度的数字服务贸易规模也在逐年增长，其世界规模占比从 2005 年的 3.1% 增长到了 2020 年的 4.9%。中国和印度是目前亚洲国家中数字服务经济发展潜力较大的两个国家。

---

① 其他商业服务贸易包括研发、会计、法律、广告、管理咨询、公共关系等服务贸易。

二、数字时代 RCEP 成员国服务贸易发展

2020 年 11 月 15 日，由东盟十国发起，包括东盟、中国、日本、韩国、澳大利亚与新西兰在内的 15 个成员国正式签订《区域全面经济伙伴关系协定》（Regional Comprehensive Economic Partnership，RCEP）。从条款内容来看，服务贸易是 RCEP 重要的组成部分，RCEP 成员国承诺开放超过 100 个服务贸易部门，涵盖金融、电信、专业服务等领域，与之前的国际协定和规则相比，RCEP 的服务贸易条款实现了一定突破。另外，在 7 个成员国决定采用负面清单开放方式的同时，其余成员国承诺在 RCEP 生效后 6 年内会转为负面清单开放，中国的服务贸易开放承诺已达到现有自由贸易协定（FTA）的最高水平。

从成员构成角度看，RCEP 无疑是当今世界上参与人口最为众多、成员结构最为多元化的贸易协定。它囊括了全球约三成的人口、经济体量和贸易总额，这象征着全球 1/3 的经济力量已汇聚成一个庞大的统一市场，从而使 RCEP 成为目前规模最大的自由贸易协定。服务贸易是 RCEP 国家重要的经贸合作领域。

（一）RCEP 成员国服务贸易发展的主要经验做法

1. 大力加强区域合作

以澳大利亚为例，由于其特殊的地理位置，澳大利亚面临相对隔绝的地域限制，因此其服务贸易相对于其他国家存在天然劣势。在此背景下，澳大利亚政府希望通过国际服务贸易谈判以实施更开放的自由化策略，达到拓展服务市场的目的。为此，澳大利亚政府积极参与世界贸易组织（WTO）多哈回合谈判、亚太经济合作组织（APEC）区域谈判以及各类双边自由贸易协定谈判，力求在服务贸易自由化方面取得主导地位。然而，随着多哈谈判陷入僵局，2011 年澳大利亚与美国共同发起了针对服务贸易自由化的《服务贸易协定》（TISA）谈判，澳大利亚在其中扮演了重要的召集角色。

此外，东盟各成员国在 1995 年 12 月第五届东盟首脑会议中签署了《东盟服务业框架协议》，标志着东盟在服务业区域合作的正式开始。该协议的目的就是通过拆除服务业市场的壁垒，消除服务业贸易限制，加强成

员国在服务业方面的合作，通过扩大 WTO《服务业贸易总协定》（GATS）的深度和广度来提高东盟各成员国之间的服务贸易自由化水平，提高服务业的效率和竞争力，建立服务业自由贸易区，最终加强东盟服务贸易的争议竞争力。随着服务业与制造业、农业等领域结合的不断加深，东盟服务业合作范围不断拓广。2003 年，第六届东盟投资区理事会会议将东盟投资区的优惠范围扩大到教育、卫生保健、电信、旅游、银行和金融、保险、贸易、电子服务、物流、运输和仓库保管等服务业领域，基本实现了全行业覆盖。

2. 加快信息产业发展

网络经济被认为是 21 世纪全球经济发展的新的支柱，其对国家经济发展的推动作用日益显现，也正因此，各国积极把握此次机遇，以实现其信息技术产业的赶超式发展。

自 2001 年初开始，日本积极实施"电子日本"（e-Japan）战略，迅速而有重点地推进高度信息化社会的建设，国内信息服务、通信服务及计算机服务实现飞速发展，并逐步进军国际市场。到 2005 年，日本已成为世界最先进的信息技术（IT）国家。在信息基础设施及相关人才的支撑下，信息技术领域的辐射作用逐渐显现，日本金融、保险、文化等服务业也随之崛起，在亚洲乃至全球的服务贸易格局中扮演了重要的角色。东盟为积极承接国际服务业转移，在 1999 年 11 月举行的东盟领导人非正式会议上就曾商讨政府与民营部门合作加速信息技术基础设施建设的计划。2007 年 8月，在第七届东盟信息技术部长会议上，各国同意加快信息技术的合作。新加坡作为东盟中唯一的发达国家，提出了向知识经济转型，制订了电子商务发展的方针和计划。目前，新加坡金融等服务行业均实现了电子化、网络化。信息产业的发展改善了东盟的投资环境，为东盟承接国际服务业转移提供了良好的产业基础。

3. 政府积极采取措施

新加坡政府高度重视前瞻性研究，预测和适应变化是其治国理念之一。20 世纪 80 年代中后期，新加坡认为现代服务业将成为新加坡经济发展的重要支柱，因此其迅速调整了发展战略，明确优先培育现代服务业的方向。进入 21 世纪后，新加坡政府将服务业作为参与国际竞争的关键支撑，并全力推动服务经济的知识化和信息化。为此，新加坡政府设立了专门的服务业总体推进机构，构建系统性的产业政策框架和扶持体系，对发展过程中出现的问题进行及时监控与解决，以引导现代服务业发展及维持服务贸易中的优势地位。

日本金融服务公司，如日本邮政控股公司、软银集团等连续多年来位列《财富》500 强榜单上，也是得益于日本政府采取的有效措施。首先，日本政府吸引先进的国外金融机构入驻本国市场，促进本国金融市场的结构调整与升级；其次，日本政府通过税收等方式增加外资在日本进行金融贸易的成本，阻拦外资对日本金融、保险市场的根本性冲击；最后，日本政府对金融自由化过程中出现的问题有的放矢地去解决，在充分的竞争中培养、维护本土金融企业的竞争力。

4. 注重人才培养

现代服务业具有高知识性，其发展依赖于大量专门人才的集聚和创新，因此各国十分注重人才在服务业及贸易中发挥的作用。

新加坡以特设的专门负责人力资源培养和开发的"人力 21 指导委员会"为基础，增加大学学历的服务业专业人才培训，同时在服务行业内注重加强在岗培训和继续教育。此外，新加坡通过采取全球撒网的人才战略积极推动人才引进，不断完善针对外国人的人力资源政策，提供从薪金、居留权、住房、家庭服务、创业就业环境等一系列的优惠政策。日本在推进服务业与服务贸易发展的同时，采取多种措施培养对口人才，在人才培养、继续教育、薪资待遇等方面共同保障行业的健康发展。

5. 重视法律制度建设

良好的外部环境是服务业发展的重要前提。相对于发达的通信设备、便捷的交通网络等硬件设施环境，法律制度的软环境建设对现代服务业的发展更为关键。因此，法律法规的动态更新成为各国关注的重点。

澳大利亚不断调整和更新与服务贸易相关的法律法规，积极建立更为透明和完善的服务业法律监管体系，并从宏观层面的监管至微观层面的技术与具体商业步骤都进行了一一规定。举例来说，澳大利亚的《商业行为法》最初制定于 1974 年，后于 2010 年更名为《竞争和消费者法案 2010》，在不到 40 年的时间里，该法案经历了近 40 次的修改。这种持续的法律更新和调整有助于适应快速变化的服务贸易环境，保障市场公平竞争和消费者权益。新加坡为推动服务业发展，政府逐步放开对服务业的进入管制，并设立专门的推进机构来支持服务业发展，明确监管人不能兼任推动者，以促进公平竞争。同时，加强对服务业的监管，制定统一的规则和标准，以确保服务质量和市场运作的有效性。

（二）RCEP 协定数字服务贸易相关规定

在数字时代背景下，RCEP 有翔实的规定，为 RCEP 成员国推动数字服务贸易的发展注入了动力。

具体到数字服务贸易，RCEP 的相关规定翔实而全面，包括第 8 章的金融服务附件 1 和电信服务附件 2、第 11 章关于知识产权的条款，以及第 12 章电子商务的相关内容。这些章节和附件共同构成了 RCEP 在数字服务贸易领域的完整规则体系，为成员国之间的合作与发展提供了坚实的法律基础（见表 1.1）。

表 1.1　RCEP 数字服务贸易主要条款分布

章节	条款
第 12 章　电子商务	一般条款（第 1—4 条）、贸易便利化（第 5—6 条）、为电子商务创造有利环境（第 7—13 条）、促进跨境电子商务（第 14—15 条）、其他条款（第 16—17 条）
第 8 章　附件 1 金融服务	信息转移与信息处理（附件 1.9）
第 8 章　附件 2 电信服务	接入和使用（附件 2.4）、技术选择的灵活性（附件 2.21）
第 11 章　知识产权	域名限制（第 55 条）、保护电子信息权利（第 15 条）、数字框架下的反侵权（第 75 条）

资料来源：中国自由贸易区服务网。

从内容来看，RCEP 协定在电子商务章节中，对数字服务贸易的多个方面进行了规定。这些条款包括鼓励无纸贸易、有限免税、保证电子认证与电子签字的合法性等，为电子商务的发展和贸易促进提供了良好的环境。另外，协议还对消费者权益保护、个人信息保护和网络安全保护等重点内容进行了重点阐述，以保证在不损害用户权益、行业竞争秩序和公众利益的前提下，促进电商行业的健康发展。在通信领域，RCEP 也有相应的条款。该条款的目的是保证一国电信公司在进入其他国家之后，可以以不受歧视的方式和代价获取有关的基本资源。此外，该协议还通过规制方式、竞争保护条款和技术选择条款来保证竞争的充足性和技术选择的弹性；通过对我国电信行业发展现状的分析，指出了我国目前存在的问题，并提出了相应的对策建议。

此外，RCEP 还涵盖了数字服务贸易的其他重要方面，如知识产权保护、金融数据传输监管等。这些规定旨在构建一个公平、透明、可预测的数字贸易环境，促进各成员国之间的数字服务贸易合作。

（三）与其他协定相关条款的比较及特点

随着数字经济的不断发展，数字服务贸易条款在贸易协定中的重要性日益凸显。自 21 世纪以来，数字服务贸易条款在贸易协定中的出现频率不断攀升，参与其中的发展中国家数量也在稳步增长。RCEP 的数字服务贸易规则凸显出强大的包容性特质，其核心目标在于缩小亚太地区数字鸿沟，推动各国数字经济的均衡发展。目前全球比较有代表性的协定有RCEP、《全面与进步跨太平洋伙伴关系协定》（CPTPP）、《美墨加协定》（USMCA）等。对比上述协定可知：

RCEP 的数字服务贸易规则展现出显著的灵活性。一方面，相较于CPTPP、RCEP 更加聚焦于各国监管环境的差异性，允许成员国基于合法的公共政策目标，对跨境数据流动和计算设施本地化实施监管。这一做法旨在确保在推动贸易自由化的同时，兼顾各国不同的监管需求。另一方面，RCEP 在电子商务章节中设置了多项保护基本安全利益的例外条款，这些条款在确保数据流动自由的同时，充分考虑了成员国在维护国家安全和公共利益方面的需要。与之相反，CPTPP 和 USMCA 则更侧重于数据的完全自由流动，较少考虑不同国家发展进程的差异，也未设计相应的例外条款。

与其他协议相比，RCEP 的数字服务贸易规则显著强化了对安全性的考量，尤其体现在对各国数据主权的尊重上。与传统贸易相比，由于数字服务贸易包含海量数据信息，往往与国家信息安全紧密相连。因此，妥善解决数字服务贸易引发的国际争端成为各国必须正视的重要议题。与《美墨加协定》中相对模糊的数字服务贸易争端解决机制不同，

RCEP 明确规定了双层结构的争端解决框架，这一机制更加公正和高效，能够更有效地应对和解决数字服务贸易中的争端问题（黄瀚乐和康学芹，2024）。

尽管 RCEP 作为当前涵盖区域最广、人口最多的自由贸易协定具有显著的影响力，但其在数字服务贸易方面也存在一定的局限。一方面，与 CPTPP 相比，RCEP 在数字服务贸易的某些条款上尚未全面覆盖，例如数字产品的非歧视性待遇、互联网互通费用的分摊机制以及源代码问题等。这些未涉及的领域可能限制了 RCEP 在数字服务贸易领域的全面性和深度。另一方面，在探讨 RCEP 实施的过程中，一个显著的障碍源于不同成员国在监管框架和理念认知上的差异性。特别是，东亚地区监管结构的多样性和"非整合性"特点尤为突出，这些差异可能会催生区域内的数字服务贸易壁垒，进而对市场的流畅运作构成阻碍，对 RCEP 落实的统一性和效果产生挑战。

第三节　数字时代我国服务贸易发展

一、我国服务贸易总体状况

（一）规模持续扩大

虽然面对内外部发展压力，我国服务进出口整体仍然实现快速增长，贸易规模不断扩大（见图 1.2）。"十三五"时期，服务进出口额累计达到 3.6 万亿美元，比"十二五"时期增长 29.7%。2022 年，我国服务进出口额占全球服务贸易的比重达到 6.48%，分别高于英国、德国、日本、韩国和新加坡 0.57 个、0.14 个、3.74 个、4.52 个和 2.47 百分点（见表 1.2）。2023 年，我国服务贸易规模再创新高，总额达 65 754.3 万亿元，同比增长 10%，连续 9 年位居全球第二。2024 年，在世界经济复苏疲软的背景下，我国服务贸易继续保持平稳增长。根据商务部数据，2024 年第一季度我国服务进出口总额 18 167.4 亿元，同比增长 14.7%。从增速看，近 10 年，我国服务贸易进出口总额年均增长 6.1%，约为同期全球服务贸易平均增速的 2 倍，其中，服务贸易出口额平均增速高于同期全球平均增速 3.4 个百分点。需要指出的是，2020—2022 年在各国人员要素跨境流动受到极大约束的不利形势下，我国服务贸易依然保持了出口增速快于进口、知识密集型服务贸易占比提高的平稳向好势头，表明我国服务贸易发展具有极强韧性。

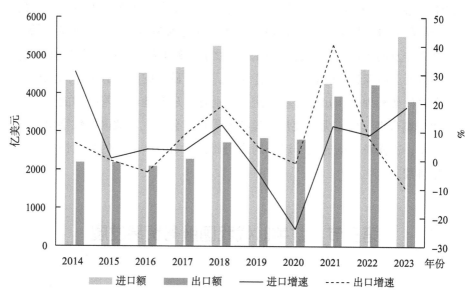

图 1.2　2014—2023 年我国服务贸易进口额与出口额及增速

资料来源：中华人民共和国商务部。

表 1.2　2022 年全球部分发达经济体及 RCEP 国家服务贸易规模及全球占比情况

国家	出口贸易		进口贸易		进出口贸易	
	金额/ 亿美元	占全球 比重/%	金额/ 亿美元	占全球 比重/%	金额/ 亿美元	占全球 比重/%
美国	9 285	13.03	6 967	10.55	16 252	11.84
英国	4 944	6.94	3 171	4.80	8 115	5.91
德国	4 118	5.78	4 592	6.96	8 710	6.34
日本	1 667	2.34	2 096	3.17	3 763	2.74
韩国	1 330	1.87	1 360	2.06	2 690	1.96
新加坡	2 913	4.09	2 586	3.92	5 499	4.01

国家	出口贸易		进口贸易		进出口贸易	
	金额/亿美元	占全球比重/%	金额/亿美元	占全球比重/%	金额/亿美元	占全球比重/%
澳大利亚	506	0.71	637	0.97	1 143	0.83
中国	4 241	5.95	4 651	7.05	8 891	6.48

资料来源：UNCTAD 数据库。

（二）结构不断优化

就贸易标的结构而言，近年来，我国知识密集型服务占比显著提升，如表 1.3 所示。在运输、建筑等传统服务贸易保持平稳增长的同时，金融服务、ICT 服务、知识产权使用费等知识密集型服务贸易快速增长，成为我国服务贸易出口的重要驱动力。2023 年，我国知识密集型服务进出口 27 193.7 亿美元，同比增长 8.5%，占服务贸易总额比重达 23.47%。2024 年第一季度，知识密集型服务进出口 7 332.6 亿元，同比增长 5.6%，其中知识产权服务，个人、文化和娱乐服务出口增幅分别达到 34.4% 和 19%。从重点领域看，我国在 ICT 服务及其他商业服务方面长期保持服务贸易顺差，2023 年顺差分别为 1 369 亿元和 2 646 亿元，成为我国顺差最高的两大部门。

表 1.3 2015—2023 年中国服务贸易各部门出口占比

单位:%

部门	2015 年	2016 年	2017 年	2018 年	2019 年	2020 年	2021 年	2022 年	2023 年
加工服务	10.53	8.96	8.52	7.50	6.50	5.58	4.19	3.91	4.02
维护和维修服务	1.84	2.42	2.79	3.09	4.18	3.23	2.32	2.27	3.11
运输	19.76	16.25	17.48	18.22	19.00	23.81	37.52	39.44	27.04
旅行	29.83	21.35	18.30	16.93	14.27	7.01	3.36	2.63	4.53
建筑	8.40	6.00	5.74	5.82	5.92	5.32	4.53	3.90	4.93
保险和养老金服务	2.56	2.00	1.91	2.11	1.97	2.26	1.53	1.22	2.18

续表

部门	2015 年	2016 年	2017 年	2018 年	2019 年	2020 年	2021 年	2022 年	2023 年
金融服务	1.14	1.55	1.73	1.50	1.59	1.76	1.47	1.39	1.34
知识产权服务	0.55	0.56	2.24	2.39	2.72	3.66	3.48	3.62	3.40
电信、计算机和信息服务	12.60	12.30	12.67	12.89	14.38	16.36	15.06	15.10	18.02
其他商业服务	30.01	27.67	27.46	28.38	28.45	29.51	25.66	25.69	30.52
个人、文化和娱乐服务	0.37	0.36	0.36	0.42	0.36	0.42	0.43	0.37	0.43

资料来源：国家外汇管理局网站。

就贸易地理方向来看，在共建"一带一路"、RCEP 签约生效的背景下，我国服务贸易市场逐步扩大，出口国结构呈现多元化趋势。由表 1.4 可以看出，2015—2021 年，美国、英国、德国等发达经济体在我国服务出口占比中呈现波动上升的趋势，且总体来看较为平稳。其中，美国是我国的主要出口国，占比均达到 10.5% 以上，2021 年达到 10.91%。在 RCEP 成员国中，东盟是我国最大的服务出口经济体，近年来占比均在 11% 以上，其中 2020 年达到峰值 11.88%，2021 年稍有回落至 11.22%。此外，日本和韩国同样是我国重要的服务贸易伙伴国。值得一提的是，2015—2021 年，我国对 RCEP 国家的服务出口总额由 21 748.72 亿美元增长至 33 370.22 亿美元，增长幅度达到 53.44%，表明我国正与 RCEP 国家建立更为紧密的服务贸易关系。

表 1.4　2015—2021 年我国服务贸易出口地区占比

单位:%

部分发达经济体							
经济体	2015 年	2016 年	2017 年	2018 年	2019 年	2020 年	2021 年
美国	10.83	10.92	10.65	10.56	10.64	10.57	10.91
英国	2.08	2.23	2.01	2.09	2.10	2.18	2.18
法国	2.54	2.72	2.18	2.02	1.93	2.19	1.94
德国	3.70	3.95	3.97	3.78	3.85	4.01	3.82

RCEP 区域							
经济体	2015 年	2016 年	2017 年	2018 年	2019 年	2020 年	2021 年
日本	5.22	5.17	4.85	4.91	5.06	5.01	4.49
韩国	5.92	6.15	6.37	6.50	6.09	5.56	4.96
澳大利亚	1.55	1.60	1.63	1.67	1.57	1.40	1.48
新西兰	0.27	0.29	0.31	0.30	0.29	0.27	0.30
东盟	11.06	11.07	11.63	11.24	11.43	11.88	11.22

资料来源：UNCTAD 数据库。

（三）试点地区成效显著

1. 引领示范作用不断增强

2022 年，28 个服务贸易创新发展试点地区所在的 21 个省份的服务贸易规模占到全国服务贸易规模 97% 以上。2020—2023 年，各试点地区累计推动实施的试点任务措施达到 2 883 项，在运输、教育、医疗、金融、专业服务等行业推出一系列开放便利举措，海南自贸港率先实施跨境服务贸易负面清单。服务贸易创新发展吸引实际投资额不断增长，带动更多社会资本支持服务贸易创新发展。

可以看出，在经济结构持续优化升级的推动下，我国服务贸易整体发展态势良好，而各试点地区支持创新政策的效果正在显现，对区域服务贸易的引领带动不断加强，在促进经济循环、稳定预期和消费、保持稳定增长发挥了重要的作用。

2. 产业基础不断夯实

服务贸易发展离不开坚实的产业基础，而产业的成长和竞争力的提升也有赖于贸易的推动。试点地区服务业产值在经济总量中的占比高，尤其是生产性服务业、高科技服务业和新兴业态快速发展，为服务贸易的创新发展提供了良好的产业经济保障。从试点地区服务业增加值状况来看（见表 1.5），2021 年 28 个服务贸易创新发展试点中服务业增加值排名前五的地区分别为北京、上海、广州、深圳与重庆。北京作为国家首都，拥有优越的地理位置、高端的产业结构以及有力的政策支持，在 2021 年服务业增加值中居于首位。相比于 2017 年和 2019 年的情况，上海、广州和深圳依旧榜上有名，排名上也没有较大的变化。苏州、天津进入 2017 年增加值前五名，成都在 2019 年列第五位。

不断夯实的产业基础成为试点地区服务业与服务贸易良性互动的条件和动力。随着试点地区服务贸易规模壮大、结构优化和创新发展，贸易所产生的学习效应、外溢效应、规模效应等将通过产业链、价值链和供应链等进一步传导到产业、消费等层面，进而使产业的高质量、外向型发展特征更加明显，这是试点地区服务贸易创新发展的重要成效之一。

表 1.5　2017—2021 年试点地区服务业增加值前五情况

单位：亿元

2017 年服务业增加值		2019 年服务业增加值		2021 年服务业增加值	
地区	增加值	地区	增加值	地区	增加值
全国	427 032	全国	534 233	全国	609 680
上海	23 288.3	北京	29 663.38	北京	33 545.19
广州	15 254.4	上海	27 686.89	上海	32 190.39
深圳	13 150.3	广州	16 923.22	广州	20 202.89
苏州	8 861.7	深圳	16 406.06	深圳	19 299.67
天津	7 717.5	成都	11 155.86	重庆	14 938.11

资料来源：各省（市）统计局网站。

3. 主体推动作用不断进步

试点以来，各地区汇集区内外资源，市场主体迅速扩大。在发挥龙头企业引领作用的同时，支持有特色、善创新的中小企业发展，进一步创建良好的服务贸易创新企业生态环境，为扩大服务贸易创新主体规模，增强发展动力打下了坚实的基础。以深圳和杭州为例，自 2020 年以来，深圳相继培育了两个国家级和两个省级服务出口基地，43 家深圳企业入围 2022 年广东省数字贸易龙头企业百强，总规模广东省第一；2022 年，杭州市出台《杭州市加快服务贸易发展资金扶持政策》，对服务贸易主体予以专项资金支持，计划培育服务贸易示范园区、特色出口基地 10 家以上，龙头骨干企业 50 家以上。

（四）服务业开放水平持续提升

与此同时，我国加快与国际高标准经贸规则对接，全面建立了以"准入前国民待遇+负面清单"为核心的外商投资管理制度。2013 年，我国上海自由贸易试验区推出外商投资准入负面清单管理模式，成为我国主动与国际高标准自贸协定在跨境服务贸易领域负面清单开放模式对标对接的重要实践探索。2013—2021 年，我国负面清单长度由 190 条减至 31 条，压减比例超过 80%，其中，自由贸易试验区版和海南自由贸易港版负面清单更是缩减至 27 条。

在拓宽服务业开放领域的同时，大力提高商业存在模式下服务贸易的市场准入水平。2021 年，商务部发布我国跨境服务贸易领域首张负面清单——《海南自由贸易港跨境服务贸易负面清单（2021 年版）》。不同于我国入世和加入 RCEP 服务业开放承诺采用正面清单的方式，清单列出了针对境外服务提供者的 11 个门类 70 项特别管理措施。其中，120 个左右的分部门开放水平超过了 WTO 的承诺，多于 110 个分部门的开放水平超过了我国在 RCEP 里做出的承诺。2024 年，商务部发布《跨境服务贸易特别管理措施（负面清单）》(2024 年版) 和《自由贸易试验区跨境服务贸易特别管理措施（负面清单)》(2024 年版)，标志着首次在全国对跨境服务贸易建立负面清单管理模式，形成了跨境服务贸易梯度开放体系，我国服务贸易管理体制改革实现进一步深化。

二、我国与 RCEP 各主要成员国间数字服务贸易发展状况

贸易规模和结构状况：

由图 1.3 可看出，2010—2022 年，数字服务贸易进出口贸易规模变化较为同步，总体呈增长势态。其中，2015 年受全国贸易额大幅度下降等因素影响，我国总体贸易额情况不佳，数字服务贸易进出口额也受到很大的影响。同时，可以发现在 2014 年之前，我国的数字服务贸易呈现逆差，且贸易逆差逐渐加大。2014 年，进出口贸易额基本持平。2017 年以后，我国数字服务贸易呈现顺差状态，且顺差逐渐增大。

从全球及中国的数字服务贸易总量来看，其在全球范围内的份额仅为4.8%，这表明了我们在全球范围内的竞争能力还有待提高。如表 1.6 所示，从全球范围来看，2010—2020 年，全球数字服务贸易的出口额已经超

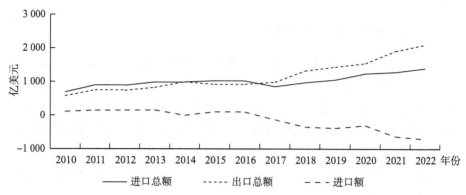

图 1.3　中国数字服务贸易进出口额及差额

资料来源：作者根据 UNCTAD 数据库整理获得。

过了全球的半数，并且所占的份额也在不断增加，到了 2020 年，这个比例已经上升到了 65%，占据了全球服务贸易的 2/3。以我们国家为例，2020年，数字服务贸易的出口额从 2019 年的 33.87% 上升到了 55.02%。自2019 年以来，中国的数字服务贸易总额已经达到了近一半的比重，这一比例在全球范围内都有所下降。

在评估世界及中国数字服务贸易的出口表现时，可以发现，我国数字服务贸易出口规模占全球市场的份额为 4.8%，这一数据凸显了我国在国际数字服务贸易领域中竞争力的不足，有待进一步增强。详细观察表 1.6的数据，我们发现，从全球视角来看，2010—2020 年，我国的数字服务贸易出口已经占到了全世界的一半以上，而且这个比例还在不断增长，到了2020 年已经达到 65%，占到了整个服务贸易总额的 2/3。从 2010 年的33.87% 到 2020 年的 55.02%，我国数字服务的出口总额大幅上升。其中，从 2019 年开始，中国的数字服务贸易已经占据了整个服务贸易的一半，但是这个增长速度仍然慢于世界范围内的整体增长速度。

表 1.6　世界与中国数字服务贸易出口占服务贸易的比重

单位：亿美元,%

年份	数字服务贸易出口规模		服务贸易出口规模		占比	
	世界	中国	世界	中国	世界	中国
2010	18 928.40	576.53	38 322.30	1 702	49.39	33.87

续表

年份	数字服务贸易出口规模		服务贸易出口规模		占比	
	世界	中国	世界	中国	世界	中国
2011	21 666. 23	750. 07	43 230. 18	2 010	50. 12	37. 32
2012	22 410. 26	736. 54	44 436. 84	2 016	50. 43	36. 53
2013	23 961. 31	825. 49	47 278. 55	2 070	50. 68	39. 88
2014	26 198. 71	990. 24	50 385. 53	2 191	52. 00	45. 20
2015	25 383. 89	919. 44	47 990. 10	2 186	52. 89	42. 06
2016	26 262. 78	924. 37	48 569. 46	2 095	54. 07	44. 12
2017	28 404. 20	983. 76	52 976. 55	2 281	53. 62	43. 13
2018	31 517. 92	1 321. 37	58 337. 01	2 668	54. 03	49. 53
2019	32 624. 10	1 437. 75	59 845. 77	2 836	54. 51	50. 70
2020	31 994. 38	1 543. 75	49 206. 52	2 806	65. 02	55. 02
2021	38 170. 495	1 914. 90	62 099. 34	3 921	—	—
2022	39 419. 25	2 105. 4	71 270. 56	4 240	—	—

资料来源：WTO 数据库。

根据表 1.7 中国数字服务贸易出口的贸易结构组成上看，ICT 服务及其他商务服务的出口额占据很大比例，但 2013—2022 年，个人、文化和娱乐服务的贸易总量很小，平均只有 0.8% 的份额，这说明我们在文化娱乐领域的竞争力并不强。我们应该利用庞大的市场、内需和供给容量来支撑和引导国外的循环，推动数字化服务贸易向国外输出。2013—2022 年，中国知识产权服务出口增长迅速，从 2013 年的 8.87 亿美元增长到 2022 年的 135.39 亿美元，增长了近 15 倍，这是中国企业自主创新能力和自主创新能力不断增强的重要标志。

基于表 1.7 对中国数字服务贸易出口结构的深入分析，个人、文化和娱乐服务在 2013—2022 年的贸易规模相对较小，平均而言，其在我国数字服务贸易出口总额中的占比约为 0.8%，这在一定程度上反映出我国在互联网文体娱乐行业的国际竞争力有待提升。ICT 服务及其他商业服务占据了显著的主导地位。

为应对这一挑战，应充分利用我国超大规模市场的优势，为国内市场提供庞大的供应能力，同时推动对外贸易的流通，从而增强我国数字服务贸易产业的国际竞争力。

从表 1.7 可知，数字服务贸易产业进口规模，数字服务贸易中的 6 种行业均呈现出增长态势，这反映了数字服务贸易在全球范围内的普及和需求的增加。其中，ICT 服务：从 2013 年的 76.24 亿美元增长至 2022 年的 380.33 亿美元，增长近 5 倍。这一增长表明，随着技术的不断发展和数字化转型的加速，全球对 ICT 服务的需求持续增长。个人、文化和娱乐服务从 2013 年的 7.83 亿美元增长至 2022 年的 40.80 亿美元，增长近 27 倍。2019 年 12 月，新冠疫情出现，2020 年全面暴发，各类经济活动受到严重影响。但从表 1.7 可知，在 6 种数字服务贸易类型中，只有个人、文化和娱乐服务出现负增长，负增长率为 26.28%。其他 5 种都出现正增长，也可以说明新冠疫情不仅没有对数字服务贸易的发展产生阻隔，反而为数字服务贸易发展提供了机会。在这 6 种贸易类型中，知识产权服务在进口总额中所占比例最大。这体现了知识产权在数字服务贸易中的重要性，也反映了全球对创新和创意产业的重视。随着数字化和知识产权保护的加强，预计未来知识产权服务在数字服务贸易中的占比还将继续增加。

表 1.7　中国数字服务贸易分行业出口总额

单位：亿美元

年份	ICT 服务	金融服务	保险和养老金服务	个人、文化和娱乐服务	金融服务	知识产权服务	其他商务服务
2013	76.24	36.91	220.93	7.83	36.91	210.33	473.25
2014	107.48	49.40	224.54	8.73	49.40	226.14	407.39
2015	113.90	25.71	79.62	18.99	25.71	219.55	396.52
2016	126.42	19.69	129.82	22.53	19.69	238.60	434.58
2017	192.45	16.17	104.09	27.53	16.17	285.75	428.54
2018	237.70	21.21	118.79	33.93	21.21	355.91	472.82
2019	268.98	24.72	107.76	40.80	24.72	343.81	498.50
2020	329.68	31.74	123.44	30.08	31.74	376.29	504.87
2021	401.13	53.46	160.37	—	53.46	468.89	—

续表

年份	ICT 服务	金融服务	保险和养老金服务	个人、文化和娱乐服务	金融服务	知识产权服务	其他商务服务
2022	380.33	37.44	208.88	—	37.44	444.26	—

资料来源：根据 UNCTAD 数据库筛选数字可交付的服务贸易分类获得。

通过表 1.8 的数据分析可知，我国向 RCEP 成员国出口的数字服务贸易中，日本显著占据领先地位，随后则是新加坡和韩国。日本、新加坡和韩国这三个国家合计占据了我国对 RCEP 成员国数字服务贸易出口总额的八成以上，显示出极高的集中度。相较之下，其他 11 个 RCEP 成员国的占比则显得相对有限。这一数据分布不仅体现了我国数字服务贸易出口的主要市场方向，也揭示了与特定 RCEP 成员国间紧密的经贸联系。

表 1.8 中国对 RCEP 成员国数字贸易服务的出口额占比

单位:%

成员国	2013 年	2014 年	2015 年	2016 年	2017 年	2018 年	2019 年	2020 年	2021 年
柬埔寨	0.07	0.09	0.09	0.08	0.10	0.11	0.12	0.06	0.08
日本	33.62	35.49	35.12	33.60	32.10	31.51	32.53	29.12	29.18
新加坡	30.64	29.67	29.37	27.74	29.92	30.79	28.43	25.67	23.75
印度尼西亚	5.11	4.20	4.30	4.33	3.98	3.70	3.92	3.55	4.04
老挝	0.02	0.02	0.01	0.01	0.02	0.02	0.02	0.03	0.05
文莱	0.40	0.43	0.41	0.41	0.32	0.40	0.43	0.37	0.45
马来西亚	4.56	3.83	3.85	5.57	3.93	4.68	4.37	3.90	4.47
缅甸	0.28	0.21	0.20	0.17	0.26	0.30	0.24	0.10	0.05
菲律宾	1.64	1.76	2.16	2.36	2.27	2.11	2.29	2.56	2.76
澳大利亚	14.96	14.95	14.74	14.61	14.70	14.95	15.57	14.15	14.36
新西兰	1.23	1.15	1.12	1.12	1.14	0.99	1.18	1.74	1.78
泰国	5.52	4.70	4.91	5.25	4.65	4.82	4.86	4.02	4.27
越南	1.21	1.21	1.14	1.15	1.11	1.10	1.18	1.13	1.46
韩国	10.74	12.29	12.60	13.61	15.52	14.55	14.91	13.58	13.09

资料来源：根据经济合作与发展组织（OECD）数据库国际服务贸易数据整理获得。

日本作为我国对 RCEP 成员国数字服务出口的主要对象，其年均占比超过 35%，但这一比例在近年来呈现出逐渐下降的趋势。与此同时，老挝、柬埔寨和缅甸这三个国家在我国对 RCEP 成员国的数字服务贸易出口中占比均不足 0.4%，且这一比重呈现出增加的趋势。

从整体来看，2013—2021 年，那些原本出口占比较大的国家其占比逐渐减少，而原本占比较小的国家其占比则逐渐增加。这表明我国对 RCEP 成员国的数字服务贸易出口正在呈现出多元化的趋势，尽管日本、新加坡和韩国等主要国家的地位仍然稳固，但对其他国家的数字服务贸易出口潜力也在逐步释放。

从表 1.9 可以看出，日本持续占据我国对 RCEP 成员国的数字服务贸易进口的主导地位，韩国与新加坡次之。据统计，2013—2021 年，我国对日本、韩国、新加坡这三个国家的数字服务进口额，占我国对 RCEP 成员国数字服务贸易进口总额的平均比重超过 80%，而其余 11 个成员国的占比则相对较小。特别值得注意的是，日本始终是我国数字服务贸易进口的最大来源国，尽管其年均占比超过 42%，但近年来呈现出逐渐下降的趋势。相比之下，韩国与新加坡的占比则分别为年均超过 20% 和 17%，其中韩国的占比波动较为平稳，而新加坡的占比则呈现出逐渐上升的趋势。

表 1.9 中国对 RCEP 成员国数字贸易服务的进口额占比

单位：%

成员国	2013 年	2014 年	2015 年	2016 年	2017 年	2018 年	2019 年	2020 年	2021 年
柬埔寨	0.00	0.00	0.09	0.00	0.01	0.00	0.00	0.01	0.01
日本	42.86	43.85	40.52	40.84	38.80	38.53	36.48	34.82	33.77
新加坡	16.94	17.23	22.67	21.30	25.40	23.22	26.83	27.81	27.81
印度尼西亚	1.81	1.24	0.95	1.06	1.04	1.06	1.00	0.72	1.02
老挝	0.01	0.01	0.01	0.01	0.01	0.01	0.01	0.01	0.02
文莱	0.03	0.01	0.01	0.01	0.01	0.01	0.01	0.01	0.01
马来西亚	2.75	1.98	1.75	1.94	1.95	1.98	2.04	2.82	3.25
缅甸	0.05	0.08	0.04	0.03	0.05	0.07	0.07	0.04	0.06
菲律宾	3.96	3.93	4.21	4.17	3.70	3.59	3.37	2.86	3.31

成员国	2013 年	2014 年	2015 年	2016 年	2017 年	2018 年	2019 年	2020 年	2021 年
澳大利亚	5.86	5.38	5.00	4.90	6.00	5.73	6.25	8.55	10.48
新西兰	0.80	0.57	0.61	0.76	0.78	0.71	0.70	0.64	0.82
泰国	1.45	1.19	1.05	1.24	1.05	1.06	1.07	0.86	1.09
越南	0.33	0.23	0.25	0.33	0.35	0.33	0.37	0.62	0.82
韩国	23.15	24.31	22.93	23.42	20.87	23.71	21.79	20.19	20.61

资料来源：根据 OECD 数据库国际服务贸易数据整理获得。

在 RCEP 成员国中，老挝的数字服务进口额最少，其次是柬埔寨和文莱。这三个国家在我国对 RCEP 成员国数字服务贸易进口中的占比均不足0.03%，且这一比重还呈现出下降趋势。总体来看，我国在 RCEP 区域的数字服务贸易进口表现出显著的集中性，主要依赖于少数几个国家，而其他国家则有待进一步拓展。

国内生产总值（GDP）作为衡量国家经济发展水平的关键指标，当某一国数字服务贸易发展势头强劲时，这往往意味着该国经济充满活力，具备巨大的增长潜力。根据图 1.4 的数据可以看出，RCEP 成员国的数字服务贸易总额正呈现出稳步上升的趋势。具体而言，这一总额从 2013 年的3 088.479 亿美元增长至 2020 年的 5 136.212 亿美元，翻了 1.66 倍。同时，RCEP 成员国在全球数字可交付服务贸易总额中的占比也相应提升，从2013 年的 13.01% 增长至 2020 年的 16.22%，实现了 3.21 个百分点的增长。

如图 1.5 所示，根据 2013—2021 年我国对 RCEP 成员国服务出口的详细分类占比数据，可以观察到，代表服务竞争力的知识密集型服务，如ICT 服务、金融服务以及知识产权服务等，在我国的出口中占比较低。相比之下，发达国家在服务贸易整体中，知识密集型服务业的占比高达 60%以上。这一对比反映出我国在知识密集型服务出口方面与发达国家存在的差距，也揭示了我国服务业结构优化的潜力和方向。比较 2013—2021 年我国对 RCEP 成员国服务出口的行业结构变化，尽管 ICT 服务、知识产权服务、金融服务以及个人、文化和娱乐服务等高附加值的新兴服务出口呈现增长态势，然而这些服务在总体出口结构中的占比仍然偏低。这一现状表明，我国数字服务贸易出口结构尚存在显著的优化空间，未来需要针对这些高附加值服务领域进行更加深入的拓展和提升。

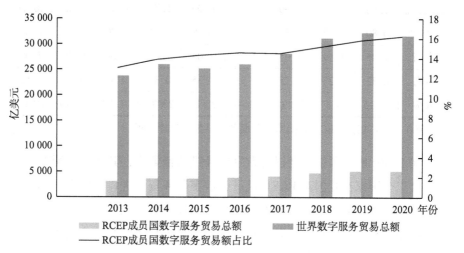

图 1.4　2013—2020 年 RCEP 成员国数字服务贸易总额及占比

资料来源：UNCTAD Beyond 20/20 WDS（unctad. org）。

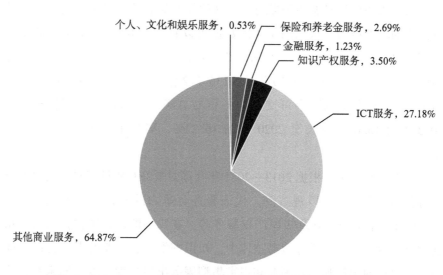

图 1.5　2013—2021 年中国向 RCEP 成员国服务出口分行业总占比

资料来源：根据 OECD 数据库整理获得。

第二章

数字时代服务贸易发展趋势与数字化转型态势

从发展历程来看，早在 2013 年，美国就在对外贸易谈判中涉及电子商务、数字贸易等议题，其发布的《数字贸易法案》也代表着美国是最早进入数字服务贸易领域的国家。美国在布局之初就高度主张在全球范围内建立自由开放的数字服务贸易体系，其在《数字贸易法案》中强调美国作为全球互联网发展的"领头羊"，以互联网赋能的服务贸易在美国贸易结构中的地位越来越重要，并且主张在全球服务贸易体系构建中消除数字服务贸易壁垒。之后陆续颁布的《数字贸易 12 条》《跨太平洋伙伴关系协定》的规则协定不断落实自由开放的主张，如推动数据自由跨境流动、取消数字产品关税等。与美国主张自由开放不同，欧盟在布局数字服务贸易之初更重视监管的重要性。2015 年，欧盟发布《数字化单一市场战略》，对建立版权框架、打造更安全、更信任的数字网络环境以及摸索数据自由流动与安全之间的平衡进行了充分的提议；2018 年正式生效的《一般通用数据保护条例》进一步对数据在欧盟成员国之间进行收集、传输、处理的行为，提出了明确的规定。总体来看，数字服务贸易呈现出强劲的增长势头，服务贸易数字化转型大势所趋。

第一节　数字时代服务贸易发展趋势

一、数字服务贸易价值创造能力进一步增强

数字服务贸易作为数字贸易的重要组成部分，其价值和地位不断提升，经济贡献能力和社会稳定能力不断增强。数字服务贸易保留了传统服务贸易的交付和消费的特征，通过数字技术融合，形成了独特的生产机制和价值规律，更适应数字化时代的发展趋势。

从总体规模看，全球数字服务贸易已经初具规模。UNCTAD 数据显示，2019 年全球数字服务贸易规模达 31925.9 亿美元，占服务贸易的 52.0%，占全部贸易的 12.9%。从增长趋势看，数字服务贸易增速领先于

服务贸易和货物贸易。2010—2019 年全球数字服务贸易、服务贸易、货物贸易的年平均增长速度依次为 6.1%、5.0% 和 2.5%。依据世界贸易组织统计，2019—2023 年，全球可数字化交付服务出口年均增速达 10.8%，高出同期服务出口增速 4.9 个百分点。2023 年，全球可数字化交付服务出口额 4.25 万亿美元，规模再创历史新高，同比增长 9%，在全球服务出口中的占比达到 54.2%。① 快速发展的数字化交付服务不仅显示出服务贸易创新发展的强劲动力以及巨大的商业机遇，也为服务贸易数字化转型以及人才成长开辟了广阔的空间。

二、数据价值挖掘和数字技术创新持续深入

数字贸易的发展深刻揭示了数据的价值意义和互联网相关技术创新的重要性，持续推动数据价值挖掘和数字技术创新研发至关重要。麦肯锡（MGI）发布的《数据全球化：新时代的全球性流动》报告指出，自金融危机以来，传统的货物贸易、服务贸易和资本流动增长已经趋于平缓，然而跨境数据流动却在飞速增长，支撑和促进了几乎所有其他类型的跨境流动，对全球经济增长贡献甚至超过了传统货物贸易。跨境数据流动，一方面为不同国家间经济主体信息传递提供支持，使得价值链能够更高效地配置、协同，推动货物流、服务流、资金流向更低成本、更高效率、更贴近用户方向发展；另一方面促进了数字服务贸易的发展，使得搜索引擎、社交媒体、云计算等基于数据流动的新业态、新模式成为国际贸易的一部分。

数字技术创新不仅可以进一步提速数字贸易相关领域的价值创造，也可以为旅游、医疗康养等传统服务领域带来新的活力。未来，科技创新成果加快扩散，围绕服务意识、服务标准、服务质量、服务流程，其渗透于服务消费的每个环节，加速服务企业数字化、网络化、智能化转型升级，提高旅游服务质量。

三、数字服务平台与企业作用凸显

自进入 21 世纪以来，数字通信技术、互联网技术及算法技术等的发

---

① 王一鸣. 以高水平开放推动数字贸易创新发展 [EB/OL]. (2024-11-04) [2024-12-11]. http://views.ce.cn/view/ent/202411/04/t20241104_39190986.shtml.

展，使数字服务提供商主要通过平台方式集聚供需双方，形成专业性或综合性的全球数字贸易平台。数字贸易平台可降低跨境贸易的信息搜索成本。谷歌（Google）等公司的算法技术改变了原来意义上的数据库和数据概念，这种改变不仅影响某个局部领域，还影响整个人类的经济和社会生活。

数字服务平台通过整合资源和优化分配，促进了数字经济的快速增长。平台在减少信息不对称、提升消费需求方面起到了重要作用，通过提供如线上医疗、线上问诊、生鲜电商等服务，大幅提升了人们的生活质量和服务水平，从而推动了经济的稳定增长。不仅如此，数字服务平台的迅速发展为就业市场注入了新活力，特别是在新兴的"数字+服务"视频、音乐新融媒体平台方面。新融媒体从业者的就业方式灵活、就业时间自由，增加了就业者的收入，形成了灵活用工及就业创新发展的新模式。根据麦肯锡全球研究所的一项报告，到2030年，全球将面临多达8 500万高技能人才的短缺，这一现象将显著影响数字服务贸易的发展进程。[1] 因此，数字服务平台不仅为劳动市场注入了新活力，还为解决全球就业问题提供了有效途径。

高效配置资源也是数字服务平台的重要功能之一。平台通过整合市场消费需求和服务产品供给，实现了供需的精准对接，大大提升了数字服务贸易的效率，促进了市场的供需平衡，对数字服务贸易的健康发展具有重要作用。以阿里巴巴为例，其数字化平台不仅涵盖了电子商务、金融支付、物流配送等多个领域，还通过大数据分析和人工智能技术，为企业提供精准营销、供应链管理和智能决策支持，极大地提升了产业链的整体效率和竞争力。

此外，数字服务平台在分担监管职能方面也发挥了独特作用。平台在运行过程中，为确保自身发展和盈利，需要对平台的规范健康运行进行监管。数字服务平台具有技术和数据优势，对市场的敏感性强，能够利用丰富、高效、多元、快速的监管手段及时发现平台发展中的痛点并采取措施，从而在一定程度上分担了政府的监管职能。这种主动监管不仅提升了

① Susan Lund, Anu Madgavkar, James Manyika, Sven Smit, Kweilin Ellingrud, and Olivia Robinson. The Future of Work after COVID-19 [R]. McKinsey Global Institute. 2022.

平台的运营效率，也为数字经济的健康发展提供了保障。

四、制造业服务化与服务贸易数智化

（一）制造业在投入和产出两方面显示出服务化趋势

投入服务化是指制造业企业增加对服务投入的需求与依赖，以提高产品质量、降低成本和拓展市场，高精尖制造业在生产投入时对专业性的服务有较高的要求，现代制造业在发展过程中呈现出对传统生产要素的需求减少，对服务业性中间投入品的需求增加的特点，其产品投入成本结构也相应发生变化，其中制造加工的成本相对降低，产品设计、研发、物流等服务业成本相对升高。在具有新特点的现代制造业的生产过程中，商业、金融、银行、物流、广告等服务渗入其中，从而促进制造业的服务化转型。根据相关研究，现代制造业的服务产出比超过60%，对生产性服务的需求更是高达70%。

产出服务化是指通过提供维修、保养、技术支持和培训等服务加强产品附加值。随着生产分工的不断深化和价值链的不断延长，信息技术在制造业中的参与不断增加，从制造产品的外包装服务到后期经营过程中的广告服务等，服务业已经贯穿现代制造业的始终。随着现代制造业价值链中服务业的占比不断增加，制造业服务化成为当前数字化经济时代发展的必然趋势。

（二）服务贸易的数智化转型正在全链条、全环节地深入推进

数字平台和在线市场的出现使得服务贸易的营销和供需对接更加高效。通过大数据和人工智能技术，企业可以精准分析市场需求，制定个性化的服务方案，提高客户满意度。此外，远程医疗、在线教育、虚拟咨询等服务形式在服务交付过程中得以广泛应用，不仅突破了地理限制，还大幅提升了服务的覆盖面和便利性。

数字支付工具和区块链技术的应用使得服务贸易跨境支付和结算变得更加快捷和安全。区块链技术不仅能确保交易的透明度和不可篡改性，还能减少中介成本，提高资金流转效率。数字结算平台的普及也为中小企业参与国际服务贸易提供了便捷途径，降低了交易门槛。

数字技术的赋能推动服务贸易提高监管效率并降低合规成本。通过大数据分析和人工智能技术，政府和相关机构可以实时监控服务贸易活动，及时发现和解决潜在风险，确保贸易活动的合法合规。同时，数字化手段可以简化监管流程，提高监管效率，减少企业的合规成本。智能合约技术在服务贸易合同管理中深度应用，在实现自动执行合同条款的同时，能确保合同的公平性和透明度，减少了因合同纠纷带来的风险和损失。

五、服务贸易生产、交易与消费数字化

在全球经济快速发展的背景下，服务贸易正以前所未有的速度朝着生产、交易及消费全面数字化的趋势发展，这一趋势不仅重塑了传统的服务贸易模式，还推动了全球经济的深度融合和创新发展。

（一）数字化技术的应用极大地提高了服务生产的效率和质量

人工智能、自动化和大数据分析技术的广泛应用，使得服务生产从人工操作转向智能化和自动化，从而大幅减少了人力成本和错误率，提高了服务的标准化水平。智能投顾利用人工智能算法为客户提供个性化的投资建议，大幅降低了投资服务的门槛和成本，同时提高了投资决策的科学性和准确性。在医疗领域中，人工智能辅助诊断技术通过分析海量医疗数据，为医生提供诊断支持，提升了诊断的效率和准确性，减少了误诊率。在线教育平台通过数据分析技术，能够实时评估学生的学习情况并进行针对性辅导，提高了教育效果。此外，云计算技术的普及使得服务提供商能够灵活调配计算资源，应对不同时段的服务需求高峰，确保服务的连续性和稳定性。

（二）数字化平台的兴起改变了服务贸易的交易方式

电子商务平台、在线支付系统和区块链技术的应用，使得服务贸易的交易更加便捷、高效和安全。电子商务巨头亚马逊和阿里巴巴通过其全球化的数字平台，打破了时间和空间的限制，使服务交易可以在全球范围内实时进行。Statista 数据显示，2023 年全球电子商务交易额达到 4.9 万亿美元，显著提升了服务贸易的交易规模和效率。在线支付系统如 PayPal、支付宝和微信支付的普及，使得跨境支付更加便捷和低成本，促进了国际服

务贸易的发展。区块链技术在交易中的应用确保了交易的透明性和不可篡改性，有效减少了交易中的欺诈行为和信息不对称问题，同时，通过实时记录和追踪货物的运输过程，实现在物流和供应链管理中的应用，确保了信息的透明和可追溯性，提高了供应链的安全性和效率。

（三）数字技术的普及使得消费者的消费习惯和消费体验发生根本性变化

虚拟现实（VR）、增强现实等技术的应用，使得消费者可以在虚拟环境中体验和选择服务，大幅提升了消费的互动性和沉浸感。旅游业通过增强现实技术为消费者提供虚拟导览服务，使得消费者在预定旅游产品前可以全方位了解目的地的详细信息，提升了消费决策的精准性和满意度。在零售业中，增强现实试衣间的应用使得消费者可以在线试穿衣物，极大地增强了线上购物的体验感和购买决策的准确性。此外，数字化技术还通过大数据分析和个性化推荐系统，为消费者提供个性化的产品和服务推荐，提高了消费的便捷性和满意度。智能家居设备通过物联网技术，实现了家庭环境的自动化控制，提升了用户的生活质量和便利性。

六、国际数字治理难度加大

跨国数字化治理矛盾凸显。随着数字贸易的发展，数字服务跨越国境，数字服务的提供者和消费者可能分别处于不同国境内，数字治理问题变得更为复杂。一是不同国家数字治理法律法规不同。在传统货物贸易，当一个国家向另一个国家出口时，海关等外贸监管部门负责对商品合规性进行检查，确保出口国的商品符合进口国的法律法规。在数字化的产品和服务贸易，许多数字服务提供商身处其他国家，且在进口国缺乏实体存在，难以对企业进行直接监管；贸易过程由线下转移到线上，对商品的检查难度加大。二是不同国家数字治理价值标准不同。在一些数字服务领域，虽然没有直接触犯法律法规，但是因为不同国家价值标准和判断尺度的不同也可能导致争议。例如，在一些社交媒体平台，平台企业依仗自身全球影响力，通过删帖、删账号等方式，公然干预他国内政。三是不同国家数字经济发展水平不同。数字经济发展较快的国家希望通过数字贸易推动本国数字产业发展，主张市场开放、降低壁垒和减少监管；数字经济发展较慢的国家希望数字贸易为本国经济发展服务，而不要过多冲击传统产业，主张适当的贸易保护、完善治理。

第二节 服务贸易数字化转型的效应

一、成本降低效应

服务贸易的数字化转型是当前全球经济发展的重要趋势，是数字经济与服务贸易协同发展衍生出的服务贸易新业态。数字服务贸易在降低成本方面发挥了显著作用。[①]

（一）数字化技术的应用显著减少了服务贸易的运营成本

传统的服务贸易往往需要大量的人工和物理资源，如办公室租赁、设备采购和维护等。与传统服务贸易模式相比，数字服务贸易通过引入大数据、云计算、人工智能和自动化工具，深度嵌入服务贸易的各环节和各领域，在赋能服务贸易品本身增值的同时，大幅度降低运营成本。企业可以通过云计算平台进行数据存储和处理，避免了自建数据中心的高昂费用。在线协作工具和远程办公软件的普及，使得企业能够减少物理办公空间的需求，从而节省租金和维护费用。

（二）数字化服务平台极大地降低了服务贸易的交易成本

由于地理距离和贸易差异的存在，传统跨境服务交易需要经过复杂的中介和烦琐的手续，而数字服务贸易平台具有整合资源、灵活分配的特点，通过数字化平台直接连接服务提供商和消费者，简化交易流程，减少中介费用，促使数字经济规模不断增长。同时，金融服务平台、信息技术平台通过引入区块链技术的应用，实现了数据分析、数据对接等功能，确保了交易的透明性和安全性，减少了因信息不对称带来的风险和成本。智能合约技术的使用，使得服务合同的执行更加自动化和可靠，降低了合同

---

① 马香品. 数字经济赋能服务贸易高质量发展研究 [J]. 价格理论与实践，2022（8）：59-62.

管理和执行的成本。数字化技术使得企业能够更精准和高效地进行营销。通过大数据分析和人工智能算法，企业可以深入了解客户需求和市场趋势，制定更加有效的营销策略。这不仅提高了营销的精准度和效果，还减少了传统营销方式中的浪费和冗余。

二、生产效率提升效应

服务贸易数字化转型不仅降低了成本，还极大地提升了服务贸易中的全要素生产率。

（一）数字化转型提高了劳动生产率

自动化工具和人工智能应用在服务贸易过程中具有高渗透性，作为新型数字生产要素在代替大量的重复性劳动时发挥了极大的作用，使得员工可以专注于更具创造性和增值性的工作。客户服务机器人可以处理大量的基础咨询和问题解答，提高了客户服务的效率和质量。同时，员工通过数字化培训平台进行技能提升，不仅提高了自身能力，还促进了企业整体生产率的提高。

（二）数字化转型提高了资本的使用效率

通过物联网技术和智能设备，企业能够实时监控和管理资产，提高资产利用率和维护效率。智能物流系统的应用可以优化运输路线和仓储管理，减少库存积压和运输成本。区块链技术在供应链管理中的应用，增强了供应链的透明度和可追溯性，减少了资本占用和风险。数字化技术为服务贸易的创新提供了新的动力和平台。大数据分析和人工智能不仅能够发现新的市场需求和机会，还能够支持企业进行产品和服务的创新开发。同时，虚拟现实和增强现实技术在旅游、教育和医疗等领域的应用，为用户带来了全新的体验和服务模式。数字化平台通过开放接口和生态系统，促进了跨界合作和资源共享，激发了更多的创新灵感和商业模式。数字化技术优化了服务贸易中的资源配置。通过数据分析和智能算法，企业可以更有效地分配和利用资源，提高生产和服务效率。远程医疗平台可以合理分配医疗资源，缓解传统医疗体系中的资源紧张问题。在线教育平台通过个性化推荐和学习分析，优化了教育资源的分配，提高了教育质量和学习效果。

三、贸易协同效应

从全球经济和国际贸易发展的宏观趋势来看，服务贸易和货物贸易正在加速融合，呈现出互动互促的态势，并且与数字贸易协同发展的趋势也日益显著。

（一）货物贸易的扩展为服务贸易的壮大提供了广阔的空间

货物贸易和服务贸易是国际贸易的重要组成部分，分别代表了不同的产业领域。货物贸易主要涉及第一产业和第二产业的产品，而服务贸易则主要集中在第三产业。随着货物贸易的不断发展，相关基础设施的完善和技术的进步，服务贸易的供给能力得以增强，专业化程度不断提升。物流、运输和金融服务的需求因货物贸易的增长而增加，进而推动了服务贸易的快速发展。这种趋势在一些具有较高货物贸易水平的国家表现尤为明显，服务贸易的发展水平与之相适应。[①]

（二）服务贸易在提升货物贸易附加值方面发挥了关键作用

随着全球价值链的深入发展，服务贸易在国际贸易中的地位和作用日益凸显。技术服务、电子商务的普及以及会计电算化的应用，简化了货物贸易流程，降低了贸易成本，提高了效率，为货物贸易企业的创新提供了更多可能性。服务贸易促使着货物贸易向高附加值的产业进行转变，为货物贸易的发展提供了有利的支撑。另外，服务贸易对货物贸易的支撑渗透在货物贸易的每个部分。知识密集型服务被应用到商品生产的每个阶段，从上游的市场调研到中游的质量监控再到下游的售后维修，在商品生产各个阶段提供的服务都为国际货物贸易提供了有力的支撑，是贸易产品差异化和增值的主要来源。同时，文化服务、营销服务、培训服务和广告服务等则帮助企业开拓市场，打造品牌效应，从而提升其在国际市场中的竞争力。此外，服务贸易在风险管理、金融服务等方面为货物贸易提供了重要保障，降低了成本，提高了效率，增强了企业应对国际市场波动的能力。

---

① 陈择涵，陈林. 产业升级的新动能：货物贸易与服务贸易的融合发展 [J]. 产业组织评论, 2019, 13 (3)：67-87.

（三）服务贸易、货物贸易与数字贸易协同发展的趋势也愈发明显

数字贸易，通过互联网和数字技术的应用，极大地改变了传统服务贸易和货物贸易模式。电子商务平台不仅简化了交易流程，还扩大了市场覆盖面，使企业能够更高效地进行国际贸易。跨境电商的发展，使得中小企业能够更便捷地参与全球市场竞争，推动了货物贸易的增长。与此同时，数字技术在物流、支付、风险管理等方面的应用，提高了服务贸易的效率和质量。区块链技术的引入，增强了贸易过程的透明度和安全性，为服务贸易和货物贸易提供了新的发展动力。

四、创新驱动效应

企业创新作为现代经济发展的重要驱动力，正不断催生服务贸易的新模式和新业态，这不仅深刻改变了传统服务贸易的运作方式，还推动了全球服务贸易市场的结构性变革和优化升级。

（一）技术创新引领了服务贸易模式的变革

随着信息与通信技术（ICT）的迅猛发展，云计算、大数据、人工智能、物联网等新兴技术被广泛应用于服务贸易领域，从而形成了诸如共享经济、平台经济和数字贸易等全新的服务贸易模式。例如，共享经济平台如 Uber，通过利用互联网技术和移动应用，构建了供需双方直接对接的服务平台，大幅降低了交易成本，提高了服务的供给效率和用户体验。据普华永道（PwC）预测，到 2025 年，全球共享经济市场规模将达到 3350 亿美元，显示出其强劲的发展潜力。[①] 同时，数字技术在服务业领域的广泛应用，跨越了服务生产与消费不可分离的障碍，使得很多传统不可贸易的服务部门如教育、健康、医疗、文化等变得可贸易，将催生出更多服务贸易新业态、新模式。

（二）企业在服务创新方面的突破为服务贸易带来了新的业态

通过深度挖掘用户需求，企业不断开发出个性化、定制化和高附加值

---

① PwC. The sharing economy. pwc. com/CISsharing, Consumer Intelligence Series, 2015.

的服务产品，催生了诸如智能客服、虚拟体验、远程医疗等新兴服务业态。智能客服利用人工智能和自然语言处理技术，为客户提供24/7的高效服务，大幅提升了客户满意度和服务响应速度。虚拟体验通过虚拟现实和增强现实技术，为用户提供身临其境的互动体验，广泛应用于旅游、教育、零售等行业。远程医疗利用互联网和物联网技术，实现了跨地域的医疗服务供给，特别是在新冠疫情期间，远程医疗服务的需求激增，有力支持了医疗资源的优化配置和高效利用。贝哲斯咨询数据显示，预计到2028年全球视频远程医疗市场规模将达到40.95亿美元，2023—2028年复合年增长率为15.79%，显示出其广阔的发展前景。①

（三）商业模式创新推动了服务贸易生态系统的重构

企业通过构建开放、协同和共享的商业生态系统，打破了行业壁垒和地域限制，实现了服务资源的跨界整合和高效配置。例如，阿里巴巴的阿里云平台，通过提供全面的云计算解决方案，支持全球数百万企业的数字化转型，构建了一个涵盖电子商务、金融、物流、制造等多个领域的数字化生态系统。另一个典型案例是微软（Microsoft）的Azure云服务平台，通过与全球范围内的科技公司和初创企业合作，推动了跨行业的技术创新和服务集成，形成了一个开放共赢的服务贸易生态系统。

五、融合促进效应

随着全球经济的数字化进程加速，数字服务贸易在促进制造业与服务业的深度融合和制造业的转型升级中扮演着至关重要的角色。数字服务贸易通过提供先进的信息技术、数据分析、云计算、物联网和人工智能等服务，不仅有效提升了制造业的生产效率和产品质量，还极大地推动了制造企业在供应链管理、客户关系管理和市场拓展等方面的创新发展。根据麦肯锡全球研究所的一项研究显示，利用物联网技术的制造企业在生产效率方面的提升幅度可达20%至30%，并且通过数据驱动的预测维护技术能够将设备停机时间减少50%。

---

① 贝哲斯咨询. 2023—2028年全球视频远程医疗市场规模将以15.79%的CAGR稳步增长［EB/OL］.（2024 - 05 - 31）［2024 - 07 - 25］. https://baijiahao. baidu. com/s? id = 1800530853951263473&wfr=spider&for=pc.

数字服务贸易在促进制造业与服务业融合方面，具体表现为技术融合、业务融合和市场融合三方面的深度结合。

（一）技术融合

数字服务贸易推动了两业的技术融合。制造业与生产性服务业融合是建立在高度关联的技术基础上。作为一种通用性工具，数字技术本身的开放性和外部性决定了其能够与其他技术实现快速匹配，从而改变企业原有的生产形式，引发两业形成共同的技术基础。企业通过数字化改造，把全部信息纳入同一个系统，借助物联网实现不同环节数据的采集、整理和分析，消除信息流动障碍，及时调整和优化生产流程。数字技术引发的平台变革使得生产所需的技术组合日益多样化和复杂化，单纯依靠自身资源难以满足外部的技术需求，这就要求提升产业间的互动频率，通过学习效应拓展自身技术的深度和广度。

（二）业务融合

在技术融合的基础之上，制造业和生产性服务业出现了业务流程的延伸、交叉和重组，积极发展新产品和新服务，进而推动业务融合。通过构建开放性视域，内部和外部主体都可能提供创意来源并进入市场产生价值，极大地提高了产品创新能力。海尔智家不仅提供实体商品，还提供了一系列智能化的服务，推出了"U+智能生态云"和"智能家电维修服务"平台，形成了服务导向的智能制造模式。此外，人工智能、物联网等数字技术能够把一切场景进行语言编码和数字映射，深刻改变了服务业的产业特性。服务内容标准化、服务模式自动化和服务时间弹性化，引发了服务业和制造业特征日益趋同，并形成基于数字经济范式下的融合架构。服务商依托渠道和创意优势引入更多制造元素，通过品牌授权、委托制造或直接建设工厂，提高自身服务效率的同时倒逼制造业提升产业能级，进而增强与生产性服务业融合的匹配度。企业在提供产品的基础上叠加服务，赋予产品更多差异化的特征。

（三）市场融合

数字服务贸易推动了制造业和生产性服务业的市场融合。数字经济的整合应用将不同利益相关者置于一个开放的价值网络中，有助于在更大范围内实现供需平衡，促进制造业和生产性服务业细分市场的融合。供给端的企业通过数字化转型，能够迅速获取市场信息并反馈到生产过程中，从而减少时间和内容的消耗，提高生产效率；需求端的消费者利用互联网筛选和匹配个性化需求，并通过评论和投诉反映对特定事物的态度，增强双方的交流互动。尚品宅配推出的"随心选"全屋定制模式，借助数字化技术建立"设计工厂"，涵盖柜类、软装、电器、智能家居等品类，能够根据客户需求和设想迅速提供定制方案，产生显著的长尾效应。此外，数字经济有助于构建线上线下相一致的市场营销渠道，用户可以通过互联网查询产品参数信息、咨询并下单，绕过中间商和零售商，移动支付的普及提升了交易的便捷性，从而实时推动供需对接，形成全渠道消费模式。苏宁易购为消费者提供24小时不打烊的购物体验，线上"云店"与实体店销售相同商品，消费者在"云店"下单后，最快1小时内即可送货到家。与此同时，以德国的"工业4.0"战略为例，众多制造企业通过与数字服务企业的合作，成功实现了从传统制造向智能制造的转型，显著提高了产品的技术含量和附加值，进而推动了整个制造业的结构升级和产业链的优化。

六、绿色发展效应

贸易的数字化转型能够引发生产要素投入、生产力效率提高以及生产关系的优化升级，全链条推动数字经济的绿色变革，实现绿色效益的全面激发。

（一）数据要素为绿色发展奠定了可能性

首先，数据要素作为一种全新的生产要素，在数字经济时代，被投入生产要素体系中，为数字经济与数字贸易的绿色发展奠定了可能性。在当前的学术和实践领域中，数据已成为推动绿色发展的关键资源，数据的收集、处理、分析和共享等环节，均是获取绿色发展相关信息的重要途径。通过这些过程，可以更精确地识别和解决绿色发展过程中遇到的挑战，进而采取有效措施以应对。[①]

其次，数据作为新型生产要素，具有超越传统生产要素的特性。其复

---

① 韩晶、陈曦、冯晓虎. 数字经济赋能绿色发展的现实挑战与路径选择［J］. 改革，2022（9）：11-23.

制和传播过程不会产生额外的知识或信息成本，但复制后的数据依然保持其原有的价值。这种特性使得数据不仅对原始持有者具有价值，也为其他利用者提供了同等的价值，从而有助于促进经济规模的扩大和效率的提升。数据要素与其他生产要素如劳动力、资本、土地和资源等的融合，能够显著提升这些要素的利用效率。数据分析，可以揭示这些传统生产要素的潜在信息，减少其在生产过程中的直接投入，从而降低生产成本。数据要素通过与物理实体的互动，也能够显著提高这些传统生产要素的产出效率，通常带来倍增的效益，最终推动绿色全要素生产率的快速增长。这种效应不仅提高了资源的利用效率，也为绿色发展提供了新的动能。

（二）数字技术促进全链条绿色化转型

数字服务贸易通过数字技术改造传统产业、促进产业结构优化升级，推动产业数字化和绿色化发展。大数据、云计算、AI 机器人等新兴技术赋能传统产业流程，催生出电子商务等新型数字服务平台，不仅优化了传统产业的要素投入、重构了传统产业与贸易的业务流程，还提高了传统产业的生产效率。同时，新兴智能技术的运用降低了市场的进入门槛，通过打破传统产业链中不同生产阶段之间的壁垒，使数字技术深度融入产业链的各个环节，加强企业之间的交流与合作，引导企业向低碳生产迈进，促进整个链条的绿色化转型。产业链和贸易流程的数字化，显著降低资源的消耗和浪费，提高了资源的配置效率，此外，在数字化的过程中，创造出新的生产环节和生产阶段，加速了传统产业的升级步伐。

第三节　服务贸易数字化转型中的困境与问题

一、技术壁垒与竞争

（一）技术壁垒影响服务贸易数字化转型

首先，服务贸易数字化转型依赖于先进的数字技术和数字基础设施，如大数据、云计算、人工智能等。然而，不同国家和地区在技术发展水平上存在显著差异，导致了服务贸易数字化进程的不均衡。一些发达国家和地区在技术创新和应用方面处于领先地位，能够迅速实现服务贸易的数字化转型。例如，美国、中国和欧盟等国家和地区在云计算、大数据技术的应用方面已经走在世界前列，推动了金融服务、物流服务和电子商务等领域的快速发展。相反，许多发展中国家和地区由于技术基础薄弱，数字基础设施落后，难以有效利用数字技术提升服务贸易水平，导致其在全球服务贸易市场中处于不利地位。

其次，技术壁垒不仅包括硬件设施和软件应用的差距，还涵盖了技术标准、专利保护、技术转移机制以及人才的可获得性等方面，发达国家在这方面占据了显著优势，形成了技术垄断，发达国家主导的技术标准往往成为国际规范，发展中国家在适应和采用这些标准时面临着高昂的成本和复杂的程序，进一步阻碍了发展中国家服务贸易实现数字化的进程。这种技术壁垒不仅限制了服务贸易的全球化发展，也加剧了国家和地区之间的数字鸿沟。

(二) 数字技术的滥用加剧不公平竞争

数字技术的广泛应用，使得服务贸易市场竞争更加激烈。在数字背景下，不同国家之间的竞争尤为显著。传统服务贸易企业面临着来自数字平台企业的巨大竞争压力。以电子商务为例，亚马逊、阿里巴巴等全球领先的电子商务平台通过先进的数字技术和完善的服务体系，占据了全球服务贸易市场的重要份额。这些平台企业不仅能够提供高效的交易服务，还能够通过大数据分析和人工智能技术，精准掌握消费者需求，提供个性化服务，进一步增强了市场竞争力。传统服务贸易企业如果不能及时适应数字化转型的趋势，将面临市场份额被进一步挤压的风险。同时，数字化转型带来的市场进入门槛降低，使得更多的新兴企业能够迅速进入服务贸易市场，加剧了市场竞争的激烈程度。然而，新兴企业在进入市场时，同样面临着发达国家和大型平台企业的竞争压力，进一步加剧了服务贸易领域的竞争压力。

二、数据与人才要素流动

(一) 跨国数据流动影响服务贸易数字化进程

传统上，资源要素的国际流动受到国际相关规则和各国法规政策的约束。然而，随着数字技术的进步和数据信息在全球范围内高效配置，跨国数据流动更加频繁，数据国际流动的界限变得日渐模糊，数据在访问、处理和储存的过程中被泄漏和滥用的风险增加，数据安全和个人隐私面临着前所未有的挑战。[①] 数据流动安全问题的复杂性体现在服务贸易的本质上，服务贸易设计跨境的数据传输和处理，包括但不限于金融服务、医疗保健、教育、咨询等领域，这些服务在数字化过程中使得大量敏感数据（如个人健康信息、财务数据、商业机密等）通过网络进行全球化流动，从而使数据安全面临多方面的挑战。

首先，数据流动的安全性受到网络安全威胁的持续影响。随着网络攻击技术的不断演变，黑客、恶意软件和数据泄露事件的频发使得数据流动的安全性备受挑战。脸书（Facebook）和领英（Linkeln）的数据泄露事件揭示了企业在数据保护和安全措施上的漏洞。其次，不同国家对数据主权和跨境数据传输的法律与政策存在差异性，对于数据合规性也具有不同的界定，这些不统一性为全球数据跨境传输带来极大的不便，同时，影响服务贸易的数字化进程。

（二）人才要素流动制约数字服务贸易发展

首先，数字服务贸易的核心竞争力在于技术和创新，而这两者高度依赖于高素质的专业人才。随着数字服务贸易的不断扩展，企业对于数据科学家、人工智能专家、网络安全工程师等高技能人才的需求急剧增加。然而，各国在教育水平、培训体系和人才政策方面的差异，导致了全球范围内高技能人才的供需不平衡，进一步加剧了人才争夺战，高技能人才的短缺将显著影响数字服务贸易的发展进程。

其次，跨国界的人才流动面临着诸多制度和政策上的障碍，这些障碍包括签证限制、工作许可制度的复杂性、文化差异以及语言障碍等。许多国家为了保护本国劳动力市场，对外国专业人才的引进设置了严格的限制，导致企业在全球范围内调配和使用人才时面临巨大的挑战。以签证政策为例，美国的 H-1B 签证政策限制了高技能外国人才进入美国市场的数

---

① 黄茂兴，薛见寒. 新发展格局下我国数字服务贸易高质量发展路径研究 [J]. 当代经济研究，2024（3）：49-60+129.

量，直接影响了科技企业的全球人才战略和创新能力。此外，欧盟在推动数字单一市场战略过程中，也面临着成员国之间在人才流动政策上的不一致，这种政策碎片化现象削弱了欧盟整体的数字服务贸易竞争力。

最后，人才的流动性还受制于数字技能的供给与需求之间的结构性矛盾。一方面，数字经济的发展催生了大量新兴岗位，要求从业人员具备最新的数字技能；另一方面，现有的教育和培训体系难以快速跟上技术发展的步伐，导致数字技能人才供给不足且结构失衡。根据世界经济论坛的《未来就业报告》，到 2025 年，全球将有 9 700 万个新的数字技能岗位，但同时将有 8 500 万个传统岗位被技术取代①，这一转变需要大规模的技能再培训和职业转型支持。

三、数字经济下的知识产权保护

（一）数字新业态加强了侵权行为的灵活性和隐蔽性

在数字经济时代，信息技术的飞速发展催生了多种新事物的产生，高速网络的普及以及在贸易中的运用，带来信息传播速度极快，人工智能生成技术的出现与爆发，让创意更能创造出价值。但传播速度提高的同时，知识产权的侵权速度和概率也在提高，比如，具有知识产权的音乐、图书、漫画、作品等的作品在数字时代都可以在互联网上以更快的速度传播和分享，所以，在线侵权成为 21 世纪侵犯著作权的主要形式，并且呈现爆炸式增长。创意创造的机会和形式越来越丰富时，侵权行为的方式和形式也更灵活和多样，也就更不容易被察觉治理，侵权行为的灵活多样和隐蔽性，加大了知识产权的保护难度。

（二）对知识产权保护的需求增长速度超过知识产权法律体系完善速度

在全球贸易领域，特别是随着服务贸易所占贸易比重的不断增加，在

---

① 田甜. 未来五年全球净减少 1400 万个工作岗位，留学时我们应如何选择"保就业"专业？[EB/OL]. （2024 - 05 - 23）[2024 - 07 - 26]. https://mp. weixin. qq. com/s? _ biz = Mzg3NzcxNjA4NA = = &mid = 2247501373&idx = 1&sn = 46f31fa85e5034c946cf73a76925cdff&chksm = cf1c3126f86bb83003c79cec0bd25e347c70457294455ccb48f79fbfb105a654702ddebca1d8&scene = 27.

贸易中对知识产权的保护需求不断增加。知识产权的跨界性和交叉性越来越明显，知识产权保护的形态也不断变化。例如，数字产品由于其具有特殊性，其中可能存在知识产权组合交叉，同时涵盖了多个领域的知识产权，如专利权、著作权、商标权等，各种知识产权之间存在复杂的交叉归属关系，这对在贸易过程中处理知识产权问题带来了不便。同时，数据作为数字经济的核心要素之一，也表现出复杂的保护难度。在数字经济时代，数据不仅具有个人隐私属性，其财产属性也得到越来越多的重视。数字时代的新生事物，如远程教育、远程医疗、在线办公，网络游戏与视频等目前都处于知识产权的灰色地带，对于新生事物的管制是现有知识产权法规体系面临的难题。

（三）世界各国难以形成统一的知识产权保护体系

数字服务贸易的本质是跨境交易，跨境交易涉及的知识产权问题并非单独一国之力能够解决的，需要贸易各国通力合作，但在实践层面，实现跨国合作并非易事。首先，利益主体不同，跨境交易在数字化过程中不仅规模不断变大，其进入门槛也在变低，不仅有政府、组织参与其中，企业和消费者的规模也在不断壮大，进一步丰富了交易利益主体的多样性，主体关系错综复杂，利益诉求也不尽相同，给知识产权维护也带了相应的苦难。其次，各国对产权的度量尺度和法律体系并非一致。知识产权保护在各国法律体系中的地位越来越重要，各国都在根据自身实际加速推进本国知识产权保护进程。但是各国的经济发展和社会历史背景不同，知识产权保护制度也并不统一，各国对知识产权的界定与保护程度存在较大的差异性。以专利保护制度为例，美国《专利法》中的专利保护对象更为宽泛，其中，一些专利并不在我国专利保护制度中，最为典型的便是动植物新品种。法律制度不一给数字经济跨境知识产权保护带来了挑战。①

四、数字服务平台规制

（一）数字技术的高度集成性容易形成垄断地位

数字服务平台通过信息的高度集成，为用户和商家提供了便捷的服

---

① 叶爽. 数字经济时代知识产权保护的难点与对策［J］. 中国集体经济，2023（25）：95-98.

务，但同时容易形成垄断地位。这种垄断地位往往伴随着"二选一"的独家交易现象，即平台强制商家在自身和其他竞争平台之间做出选择。根据欧盟竞争法，独家交易双方或者一方的市场份额超过30%，协议原则上不能依据欧盟纵向协议集体豁免条例得到豁免，即这种独家交易就会对相当大范围的市场产生影响。这种做法不仅限制了商家的销售渠道，也损害了消费者的选择权，进而影响了市场的公平竞争。就我国的电子商务平台来说，在中国电商市场中，阿里巴巴、京东和拼多多是主要平台，艾瑞咨询数据显示，2024年阿里巴巴、京东和拼多多的市场份额分别为53.3%、27.8%和18.2%[①]，这一结构说明我国平台巨头已经产生，且巨头企业之间存在规模不平衡问题，新兴企业难以进入市场取得生存地位。此外，寡头垄断的市场结构和经营规模的不平衡，以及间接网络效应的存在，进一步加剧了市场的不平等性，导致资源配置的效率降低。

（二）寻租经济降低市场效率

数字平台具有明显的规模效应，并且只有在成规模的基础上才能真正激活数字平台内在的网络增强效应。从技术层面来看，在不同的具体业务领域，可能只需要几个巨型平台，便足以通过信息化方案保证流通价值链上的生产者、流通者、消费者均可获取和互通信息，提升大规模交易活动要求的响应速度，从而支撑起全部的相关业务活动。这同时就意味着，数字平台在重塑社会流通过程的同时，很容易形成独特的渠道垄断地位，并通过这种垄断地位反制产业链上的上游企业[②]，从而获得"寻租经济"。当获得垄断地位的数字服务平台，不参与实际的经济活动，却要求获得相应的超额利润，此时，平台就不再只是一个交易场所，更像是一个有身份的地主。通过收取"货币资金"或者"数据资金"将"垄断权"转化为"索租权"，通过不正当的手段积累财富，进一步巩固其市场垄断地位，这种行为不仅降低了市场的整体效率，还可能产生"挤出效应"，阻碍了新兴企业的进入和创新的发展。

---

① 2024年中国电商市场和海外跨境电商市场发展趋势分析［EB/OL］.（2023-11-23）［2024-07-22］. https://www.sohu.com/a/781949774_121894857.

② 蔡超. 对数字平台企业规制的政治经济学分析：基于马克思的流通费用理论［J］. 经济学家，2022（2）：109-117.

（三）全球难以形成统一的治理共识

面对数字服务平台存在的问题，进行有效规制显得尤为重要。我国在数字化转型的过程中，始终重视平台的规制问题，并且颁布了《电子商务法》《反不正当竞争法》《反垄断法》等相关法律，这些规制不仅可以防止平台滥用市场支配地位，维护公平竞争的市场环境，还可以保护消费者权益，促进资源的有效配置。但数字技术的快速更新和平台新业态不断涌现，目前的法律规制体系都存在一定的问题和局限性；并且全球主要经济体对数字服务平台并未形成统一的管理规制体系，取得一定竞争优势的平台企业在国际市场扩张，行使"赢者通吃"的垄断行为，这可能会衍生出数字贸易"倾销"等行为，引发国际贸易争端。

五、行业标准缺乏

（一）基于经济发展水平的数字化程度不同

数据作为一种的新的生产要素投入到数字经济中，其经济属性不断发挥着创新驱动效用。以数据流动为引擎的数字经济，是全球产业和贸易数字化转型的前提载体和发展趋势。由于各经济体数字化发展进程的不同步性，目前全球并未形成统一的数字治理规范体系，数字行业发展的标准也不明晰。各国制定并适用的数字行业标准难以统一。数字技术的发展严重依赖经济发展水平，不同国家存在经济差异，进入数字领域的阶段也存在差异，从而数字发展水平和规模催生的数字规制标准也不同。数字领域先进的国家主张自由开放的规制标准，通过自身积累的先发优势在国际竞争中取得更多收益。相反，数字领域起步较晚，发展程度相对落后的国家更倾向于保守封闭的规制标准，以保护本国的数字市场不被侵占，在数据跨境流动和数字市场开放等方面表现得十分谨慎。

（二）各经济体制定数字行业标准各有侧重

各经济体制定数字行业标准的侧重点存在差异，难以形成一套有效明晰的标准体系。美国进入数字领域的时间较早，数字化发展水平处于世界前列，相对于其他数字化起步的国家和地区来说，美国已经在技术领域、规模领域以及治理领域都具有了显著优势，所以在全球数字标准制定中，主张"开放自由"的标准立场，重视数据的自由流动和宽松的市场监管，从而更容易以自己的数字标准进入他国市场，抢占国际市场份额。欧盟制定数字标准的立场和出发点与美国具有巨大的差异，相对于美式的强调自由市场，欧盟更看重保护人权。欧盟在遵循开放数字服务市场的基础上，重视数据的个人隐私属性。欧盟在 2016 年通过《一般通用数据保护条例》，这条被视为最严格的个人隐私保护条例于 2018 年开始生效，从而提高了国际贸易中的个人隐私保护壁垒，因为其他国家只有达到欧盟规定的隐私保护标准，才能进行数据的跨境流动。

（三）不同区域经济体数字治理的立场存在差异

不同区域经济体数字治理的立场各不相同，难以达成规范的行业标准。以美国为核心的北美自由贸易区表现出以大国为主导的数字规范体系。美国主张在以自己为核心的北美自由贸易区使用美国的数字治理方式。同时，美国极力推动美式模板成为全球通用数字治理标准，通过在WTO、TISA 等组织中抛出能够反映美国数字治理立场的"美国议案"，利用 APEC 等国际合作机制阐明自己的数字治理主张，在双边和多边合作中主张自己的数字标准模板，如美国与欧盟曾经开展的"安全港""隐私盾"合作、美国与英国达成的数据跨境获取协议等。长期以来，美国一些大型数字企业，如微软、谷歌、亚马逊、脸书、苹果等，都利用自己的技术优势和全球影响力，积极参与并不断推动数字治理的相关国际规则和标准的制定。[①] 与美国的"大国主导"立场不同，欧盟在数字经济发展的过程中，更重视单一市场的建设。欧盟为了能够实现数字商品和服务在成员国之间自由流动，打破成员国之间的法律和行政壁垒，打破阻碍数据自由流通的隐性障碍，努力推动统一大市场建设。通过建设单一市场，协调欧盟区域内部的数字发展标准，进而发挥规模效应和范围效用，促进欧盟数字经济的发展。同时，亚太贸易区由于国家经济发展程度多元，为了实现整体效益的提升，在数字经济标准制定需要更加细化，RCEP、DEPA 等贸易协定相对于欧美国来说，更具开放性，更注重践行数字多边主义。

---

① 张茉楠. 全球数字治理：分歧、挑战及中国对策［J］. 开放导报，2021（6）：31-37.

第三章

服务贸易数字化转型的底层逻辑

随着数字技术的蓬勃发展，服务贸易呈现出包括虚拟化、平台集约化、普惠共享化等方面的全新特征。第一，恰因数字技术的赋能，原本具有无形性的服务贸易更进一步实现虚拟化，体现在要素虚拟化、交易方式虚拟化以及传输方式虚拟化等多个方面。第二，平台集约化也在服务贸易发展趋势中体现出来，数字技术的融入使得服务贸易逐渐具备服务数字化、贸易数字化特征，从而向数字服务贸易不断演进，集约化平台在此间扮演了重要作用。通过对劳动力、资本、技术、数据信息等资源的高效整合，进一步实现资源的优化配置。第三，互联网的普及改变了中小微企业和广大消费者参与数字服务贸易的行为习惯，普惠与共享成为服务贸易数字化进程中的主要特征之一，也极大地释放了中小微企业的生产潜力和消费者的购买潜力，使他们能够更加充分地分享贸易带来的红利。[①] 此外，在数字技术的推动下，服务贸易还展现出数据成为贸易标的、发展的扩展化、个性化以及生态化等其他特征，进一步丰富了服务贸易的内涵和外延。

第一节 数字技术对服务贸易数字化转型的影响

一、数字技术在服务贸易数字化转型中的具体表现形式

可见，数字技术在服务贸易数字化转型中发挥着核心作用，并呈现出三种具体表现形式。

（一）电子商务平台拓展产业链数字化

电子商务的兴起成为服务贸易数字化转型的重要标志之一。一方面，电子商务平台通过互联网连接全球买家与卖家，为服务贸易提供了一个无

[①] 郑伟，钊阳. 数字贸易：国际趋势及我国发展路径研究 [J]. 国际贸易，2020（4）：56-63.

国界的展示与交易平台。这包括建立在线商城、服务市场或平台，支持服务的数字化展示、在线咨询、即时交易、安全支付以及便捷的售后服务。通过 SEO、SEM 等网络营销手段，提升平台曝光度，吸引国际客户。同时，跨境物流的整合是关键一环，能够确保服务的顺利交付。另一方面，全球跨境电商平台进一步推进服务贸易产业链各环节的数字化进程。2022年，我国实现的可数字化交付服务进出口总额为 2.51 万亿元，相较上年同期增长了 7.8%，位列全球第五，刷新了历史规模纪录。其中，数字化交付服务出口额为 1.42 万亿元，同比增幅达到 12.2%，较进口增速高出 9.6个百分点。进入 2023 年，我国可数字化交付的服务进出口规模持续扩大，同比增长 12.3%，这一增速高于服务进出口总体增速 3.8 个百分点。[①] 特别是在出口方面，数字化交付服务出口的增长势头更为强劲，达到了 16%的同比增长率，比服务出口总体增速高出 21.9 个百分点，充分显示了我国服务贸易数字化进程的进一步加速。[②]

（二）以先进技术运用提升企业数字化

1. 人工智能

人工智能作为现代科技的集大成者，其核心在于模拟、延伸与拓展人类智能的复杂系统，其在企业应用中的常见形态广泛而深入，尤以智能客服与 AI 辅助技术最为显著。这些技术深度融合了自然语言处理（NLP）、机器学习（ML）等前沿算法，构建起高效、智能的服务体系。智能客服系统，作为该领域的典范应用，实现了全天候、无间断的客户服务能力，通过自动化处理常见问题，显著减轻了人工客服的工作负担，提升了服务效率与质量。例如，AI 辅助翻译技术以其强大的跨语言处理能力，彻底打破了传统语言交流的壁垒，促进了全球化背景下的多语种服务交流，极大地增强了企业在国际市场的服务响应能力与竞争力。而个性化推荐系统，则依托大数据分析技术，深入挖掘用户行为模式，精准预测用户偏好，实现定制化服务与产品的智能推送，不仅提升了用户体验，还有效增强了用

---

① 服务贸易开放发展新动能加速释放——2023 年中国国际服务贸易交易会亮点前瞻［N］.光明日报. 2023-08-22（04）.

② 王林. 数字技术赋能，服务贸易跑出"加速度"［EB/OL］.（2023-09-06）［2024-07-19］.https://baijiahao.baidu.com/s?id=1776286833404311994&wfr=spider&for=pc.

户黏性，为企业的精准营销与长期发展奠定了坚实基础。综上所述，人工智能在企业中的应用，尤其是智能客服与 AI 辅助技术，正以前所未有的方式重塑服务生态，推动产业升级与变革。

2. 区块链技术

区块链技术，作为一种分布式账本技术，凭借其去中心化、高度安全且不可篡改的核心特性，在服务贸易领域展现出了革命性的潜力。在跨境支付场景中，区块链技术通过简化交易流程，去除中介环节，极大地加速了资金的跨国界流动，有效降低了交易成本，并借助其公开透明的交易记录，提升了交易的可追溯性与透明度。对于版权保护而言，区块链技术的应用更是为创意产业带来了前所未有的变革。它能够为每件创意作品生成唯一的数字身份（即数字指纹），通过时间戳和加密技术确保这些信息的永久性与不可篡改性，从而构建起强有力的版权证明体系，有效防止了盗版与侵权行为的发生，保护了创作者的合法权益。

此外，区块链技术在合同执行与供应链管理方面也展现出巨大价值。通过智能合约的自动执行机制，区块链能够确保合同条款的严格履行，降低违约风险。同时，在供应链管理中，区块链技术能够实现供应链各环节信息的实时共享与追溯，提升供应链的透明度与协同效率，为构建可信、高效的全球供应链体系提供了有力支撑。

3. 元宇宙

元宇宙，作为 VR、AR 与混合现实（MR）等前沿技术融合构建的综合性数字空间，正逐步重塑人类的服务体验与交互模式。VR 技术以其全沉浸式的虚拟环境构建能力，为用户开启了跨越地理界限的旅行新篇章，使人们即便身处家中，亦能身临其境地探索全球名胜古迹，体验异国风情，极大地丰富了旅游体验的维度与深度。

在教育领域，AR 技术的融入则实现了知识的可视化与情境化，通过将抽象概念、复杂结构等以直观、互动的方式呈现，有效降低了学习门槛，提升了学习者的兴趣与理解力，为教育模式的创新与发展开辟了新路径。而在娱乐产业，元宇宙的兴起更是引领了沉浸式娱乐的潮流。VR 游戏以其高度的代入感与互动性，为用户创造了超越现实的冒险体验；结合VR 技术的虚拟演唱会，则让音乐爱好者仿佛置身于现场，与偶像近距离互动，享受前所未有的沉浸式娱乐盛宴，极大地丰富了人们的文化生活与精神世界。

（三）以数据和算力构建数字交易新模式

1. 大数据分析与应用的深度挖掘

大数据技术作为数字时代的核心驱动力之一，其核心价值在于对海量、多样化数据的深度挖掘与分析。这一过程不仅限于对用户行为、偏好及交易记录的简单收集，更在于通过高级算法与机器学习模型的运用，实现对市场趋势的精准预测与消费者需求的深刻理解。企业借此能够实施更为精细化的市场细分与定位策略，优化服务流程与产品设计，从而提升服务效率与质量，实现差异化竞争优势。相关研究表明，2021 年我国数据交易市场规模达 463 亿元，呈现快速增长趋势。同时，我国数据交易格局逐渐明晰，数据交易市场集聚效应逐渐显现。据不完全统计，全国新建数据交易机构 80 多家，其中省级以上政府提出推进建设数据交易场所的近 30 家，全国共有大数据企业 6 万余家，专业数据人才 30 余万人。[①] 总体而言，我国数据交易市场呈现交易规模持续扩大、交易类型日益丰富、交易环境不断优化的发展特点。

在精准营销领域，大数据分析更是展现出了其无与伦比的潜力。对用户数据进行深度剖析，企业能够构建出详尽的用户画像，实现广告的个性化推送与服务的定制化提供。这种基于数据驱动的营销策略，不仅能够有效提升广告的曝光率与点击率，更能显著提升广告投入的转化率，实现营销效果的最大化。此外，大数据分析在风险管理领域同样发挥着重要作用。企业实时监测并分析交易数据，能够及时发现并识别潜在的欺诈行为与异常交易模式，从而采取相应措施予以应对，保障交易安全与市场秩序的稳定。

2. 云计算与边缘计算的协同赋能

云计算技术的兴起，为企业提供了弹性可伸缩的计算资源与服务解决方案。通过按需分配计算资源与服务，企业能够显著降低 IT 基础设施的投

---

① 国家发展和改革委员会. 加快构建全国一体化的数据交易市场体系［EB/OL］.（2022-12-20）［2024-08-17］. https://www.ndrc.gov.cn/xxgk/jd/jd/202212/t20221219_1343660.html.

资成本与维护难度，同时提高资源的利用率与灵活性。云计算还支持服务的快速部署与扩展，使企业能够迅速响应市场变化与业务增长的需求，保持竞争优势。

而边缘计算的引入，则进一步推动了数据处理与应用的边界延伸。将数据处理能力推向网络边缘即用户端附近，边缘计算有效减少了数据传输的延迟与带宽消耗，提升了实时服务的响应速度与可靠性。这对于那些对时延要求极高、数据密集型的服务场景如远程医疗、自动驾驶等而言尤为重要。边缘计算与云计算的协同工作不仅实现了数据处理的高效与实时性，还确保了数据的安全性与隐私保护，为数字交易生态的健康发展提供了坚实的技术支撑。

二、数字技术在服务贸易数字化转型中的地位与作用

（一）数字技术在服务贸易数字化转型中的地位

在当前全球经济深度融合和数字化转型的背景下，服务贸易作为经济增长的新引擎，其数字化进程受到了广泛关注。在这一过程中，数字技术以其独特的魅力和强大的功能，成了引领服务贸易创新变革的核心动力，它不仅是服务贸易发展的工具，更是推动服务贸易质量和效率提升的关键因素。数字技术的广泛应用，使得服务贸易的边界日益模糊，为服务贸易的高质量发展提供了坚实的基础。

首先，在服务贸易的数字化转型过程中，数字技术为服务贸易提供了强大的基础设施支撑。这些基础设施包括高速的网络连接、高效的数据处理能力和智能化的服务平台，它们使得服务贸易能够跨越地理界限，实现全球范围内的快速响应和高效协同。例如，通过云计算技术，服务提供者可以实现资源的弹性伸缩，根据需求实时调整计算能力；而大数据技术的应用，则可以帮助服务提供者深入挖掘客户需求，实现精准服务。

其次，数字技术在服务贸易发展中不仅是工具，更是其创新的源泉。通过数据分析、算法优化、智能决策等手段，数字技术能够不断推动服务贸易模式的创新，开发出更多符合市场需求的新型服务产品，提升服务贸易的附加值和竞争力。例如，人工智能技术可以应用于金融服务，通过智能投顾、风险控制等手段，提升金融服务的效率和准确性；而区块链技术

的应用，则可以实现物流、供应链等领域的透明化和安全化。

此外，在数字技术的推动下，服务贸易逐渐形成了一个以数据为核心、以平台为载体的生态系统。这个生态系统涵盖了服务提供者、消费者、监管者等多个主体，通过数据共享、协同合作，实现了服务贸易的持续优化和迭代升级。例如，共享经济平台如 Airbnb、Uber 等，通过连接供需双方，实现了资源的高效利用；而电商平台如阿里巴巴、京东等，则通过大数据分析和个性化推荐，提升了消费者的购物体验。

因此，在新一代的数字化浪潮下，数字技术在服务贸易的数字化转型过程中扮演着举足轻重的角色，成为继劳动、资本、知识等传统变量之外，影响服务贸易发展的重要变量。随着数字技术的不断发展和应用，服务贸易将迎来一个新的黄金时代。

（二）数字技术在服务贸易数字化转型中的作用

数字技术在服务贸易数字化转型过程中扮演了至关重要的角色，其影响力渗透在各个层面。首先，数字技术极大地拓展了传统服务贸易的规模，使之不再受地域和时间的限制，从而实现了服务贸易的全球化。其次，通过数字技术的赋能，服务贸易的国际竞争力得到了显著提升，这不仅体现在服务贸易的效率和质量上，也体现在服务贸易的创新能力上。再次，数字技术在服务贸易领域的广泛应用，也在一定程度上提高了社会福利水平，使得公众能够更加便捷地享受到高质量的服务。最后，数字技术的融入也完善了贸易治理体系，提高了贸易治理的效率和公正性。总的来说，数字技术在服务贸易数字化转型过程中的作用是全方位的，它不仅改变了服务贸易的面貌，也为服务贸易的未来发展奠定了坚实的基础。

在扩大贸易规模方面，以大数据、云计算为代表的数字技术打破了服务供给的时空限制，使得原本局限于现场的服务（如音乐表演、体育赛事、医疗教育等）能够面向全球开展，从而拓展了服务贸易的空间，提升了服务贸易的规模和效率。此外，随着平台企业的兴起，以数据为核心要素的数据服务产品不断创新，丰富了服务产品的种类，进一步扩大了服务贸易的规模和范围。[①]

---

① 夏杰长. 以数字技术推动服务贸易高质量发展 [J]. 红旗文稿, 2023 (19): 38-40.

在提升贸易竞争力方面，数字技术的发展有效缓解了贸易中的信息不对称问题，降低了交易成本。互联网平台将生产者、供应商、零售商和消费者紧密联结在一起，通过精准匹配生产与需求，提高了资源配置效率和产业分工效率。同时，数字技术促进了服务贸易产业链、供应链和价值链的多链协同发展，推动了产业链和价值链分工的深化，重塑了全球贸易网络和利益分配格局，大大提升了本国贸易竞争力。

在增强社会福利方面，数字技术通过提高社会资源的利用率，有助于满足人民日益增长的美好生活需要。例如，在线教育缓解了教育资源不均衡问题，提升了教育服务的公平性；线上问诊、远程会诊等提高了医疗服务的可及性。同时，数字技术推动了服务贸易向个性化、多样化和定制化方向转型。各类传统服务型企业利用机器学习、数据分析等新型营销技术为人们提供多样化、个性化的数字服务，开辟了新型服务商业模式。

在完善贸易治理体系方面，数字产品的市场准入、数据的跨境自由流动、网络安全等成为这个时代新的贸易规则关注的焦点。完善数字技术规则及数字贸易治理体系，有助于降低制度因素导致的交易成本，推动全球价值链的进一步发展。同时，数字技术促进了服务贸易领域的国际合作与交流。构建以中国服务贸易为核心的数字服务平台，加强与共建"一带一路"国家服务贸易合作，推动建立数据确权、数据交易、数据安全等方面的标准和规则，有助于形成更加开放包容的国际贸易环境。

因此，数字技术在服务贸易数字化转型中占据核心地位，发挥着扩大贸易规模、提升贸易竞争力、增强社会福利和完善贸易治理体系等多重作用。未来，随着数字技术的不断发展和应用，服务贸易的数字化转型将迈向更高水平，为全球经济的可持续发展注入新的动力。

三、数字技术推动服务贸易数字化转型机制分析

（一）数字技术的应用推动降低服务贸易成本

1. 生产成本的角度

数字服务的核心特征体现在其"去中介化"和"扁平化"的属性上，这意味着在服务贸易的数字化转型过程中，成本的竞争变得尤为关键。换句话说，如何在提供数字服务时有效降低成本，成了衡量企业竞争力的重

要指标。在这个背景下，数字服务要素在生产端所发挥的作用日益凸显，它们成为数字竞争的核心所在。简而言之，随着数字化转型的不断深入，数字服务的成本控制和创新要素的整合将决定企业在未来市场中的地位。

首先，数字技术在数字服务中的应用成本主要在于生产初期的固定成本之中，因此这个事实决定了数字服务存在较强的规模效应，即数字服务的可持续发展要求较大的固定成本和可观的市场规模。因此，数字服务生产者通常需要以潜在的市场规模来决定是否进行研发、技术设施建设和市场推广等投入。与此同时，数字服务产品在市场规模方面所面临的内在要求，不仅包括网络效应和信息回馈优化等多个方面的影响，还涉及一系列复杂的因素。其中，最为突出的例子就是平台服务类型。对于大多数普通产品来说，生产商通常会将生产规模维持在长期平均生产成本曲线的最低点，以确保产品的市场竞争力和盈利能力。然而，在数字服务领域，这一传统模式并不完全适用。数字服务产品的特殊性在于，它们的规模效应和网络效应往往更为显著，这意味着，只有当用户数量达到一定的规模，才能实现成本的优化和收益的最大化。因此，数字服务产品在追求市场规模的扩张时，需要充分考虑到这些因素，以实现持续的发展和优化。

其次，从服务贸易的运营和维护角度出发，数字技术的应用对于降低成本具有显著成效。具体而言，数字营销工具及现代社交媒体等技术的融入，极大地促进了服务贸易的市场准入，并显著提升了服务产品的国际市场曝光度。同时，在服务贸易数字化转型的进程中，数字技术的应用打破了在线教育、远程医疗等服务在地理和时间上的局限，使得服务更加灵活便捷。此外，数字支付技术的推广简化了原本烦琐的跨境支付流程，而平台对跨境支付、关税、法律法规及国际惯例等问题的专业化管理，更为跨境服务企业提供了极大的便利，这在一定程度上降低了企业运营成本。

2. 贸易成本的角度

数字技术的崛起深刻重塑了服务贸易的运作模式，显著降低了其交易成本，加速了服务贸易的数字化转型进程。数字技术在降低服务贸易成本方面发挥着核心作用，通过消除地理障碍、优化通关流程、提升监管效率以及促进国际合作，为服务贸易的数字化转型提供了强大动力。这一影响机制体现在几个关键维度上。

首先，数字技术彻底颠覆了传统服务（如咨询、金融、软件开发等）

的交付方式，使得地理界限几乎不再成为障碍。通过云计算、远程协作平台等工具，服务的传输成本降至极低乃至可忽略不计，极大地缩减了跨境服务的信息传递成本，并简化了服务交付流程。此外，增强现实和虚拟现实技术的应用进一步降低了跨境服务交易中的不确定性，提升了用户体验。

其次，数字技术优化了跨境服务贸易的通关流程，通过增强电子文档处理能力和自动化水平，加快了通关文件的准备、审核速度及准确性。服务商能够提前在线提交和处理相关文件，实现快速通关审批，从而大幅降低了跨境通关的时间和金钱成本。

再次，数字技术的运用极大地增强了服务贸易的监管效能，实现了从实时监管到高频次、广覆盖的转变。通过构建单一窗口平台，服务提供商能够集中处理所有跨境交易相关的监管程序，显著减少了重复文档提交和审核，加快了处理速度。电子认证的集成化不仅提升了认证过程的安全性和效率，还减少了人为错误和延误，进一步降低了监管和审查的人工成本。

最后，多国共建和维护的单一窗口平台及电子认证系统，促进了跨境服务贸易流程的标准化和透明化。通过共享技术、标准和数据，各国能够更加顺畅地协调监管要求，简化跨境交易流程，共同降低服务贸易的跨境成本。这种国际合作模式不仅降低了企业的贸易成本，还增强了全球服务贸易市场的互联互通和一体化水平。

（二）数字技术的应用推动服务贸易结构升级

数字技术的迅猛发展，对于推动服务贸易的多链融合，以及提升一个国家的贸易竞争力，起到了至关重要的作用。通过运用先进的数据处理和互联网技术，数字技术极大地缓解了传统贸易过程中普遍存在的信息不对称问题，这一问题的解决，进一步降低了交易的成本，提高了交易效率。在此基础上，互联网平台的作用也不容忽视，它将成千上万的生产者、供应商、零售商以及消费者紧密地连接在了一起，通过高效的资源配置和产业分工，实现了生产与需求的精准匹配，从而提升了资源配置效率和产业分工效率。这种服务贸易产业链、供应链和价值链的多链协同发展，不仅推动了产业链和价值链的进一步深化，还加速了全球贸易网络和产业链分工的重塑，从而改变了全球利益分配的格局，显著提升了本国的贸易竞争力。此外，数字技术的应用，还在推动服务贸易向智能化、数字化、网络化转型的过程中，促使产业链和价值链向高端发展。这不仅有助于提升我国服务贸易在全球服务贸易中的地位，也增强了我国在全球服务贸易中的影响力。总的来说，数字技术在服务贸易中的应用，对于推动我国服务贸易的发展，提升我国在全球贸易中的竞争力，具有深远的意义。

（三）数字技术的应用推动提升服务贸易的社会福利

数字技术，作为当代社会进步的强大驱动力，正以前所未有的深度和广度重塑服务贸易的格局，极大地促进了资源的优化配置与社会福利的全面提升。其核心力量不仅体现在技术层面的革新，更在于其深刻改变了服务提供与消费的方式，为全球经济注入了新的活力与可能性。

在服务贸易领域，数字技术的广泛应用为企业提供了前所未有的洞察力，使他们能够借助大数据分析、人工智能等先进技术，精准捕捉并深入分析消费者的多元化、个性化需求。这一转变不仅促使传统服务模式发生根本性变革，还激发了企业的创新思维，催生出众多基于用户需求的新型服务商业模式。这些模式打破了时间和空间的限制，使得服务贸易更加灵活、高效，加速了个性化、多样化和定制化服务的普及，极大地丰富了市场供给，满足了消费者日益增长的差异化需求。以教育领域为例，数字技术的融入彻底革新了传统教育模式。在线教育平台通过云计算、虚拟现实、增强现实等先进技术，为学习者量身打造个性化学习路径和在线解决方案，有效缓解了教育资源分配不均的问题，使得优质教育资源能够跨越地域，惠及更广泛的学生群体。这种教学模式不仅提高了学习效率，还激发了学生的学习兴趣和自主学习能力，为终身学习体系的构建奠定了坚实基础。在医疗领域，数字技术的应用同样带来了革命性的变化。线上问诊、远程会诊、智能医疗设备等服务的兴起，不仅打破了传统医疗服务的时空壁垒，使得患者能够便捷地获取专业医疗咨询和诊断服务，还显著提高了医疗服务的可及性和效率。特别是对于偏远地区的患者而言，数字技术为他们搭建了一座通往优质医疗资源的桥梁，有效缓解了医疗资源紧张的问题，提升了全民的健康水平。

因此，在货币收入不变的条件下，服务贸易的数字化转型显著提升了消费者的福利水平。多样化的服务供给满足了消费者多样化的需求，而价格的降低则使得更多人群能够享受到高质量的服务，从而促进了社会整体福祉的提升。

（四）数字技术的应用推动完善服务贸易治理体系

传统上，贸易规则紧密围绕着"一国生产、一国销售"的最终产品贸易模式构建，核心聚焦于互惠关税削减与市场准入的扩大。然而，随着 21 世纪全球经济一体化的加深，国际贸易模式转型为"世界生产、全球销售"的价值链贸易，这一变化促使贸易规则的核心逐步向服务、投资、知识产权保护及竞争政策等"边境后措施"倾斜。[①]

在服务贸易数字化转型的过程中，数字技术的广泛应用成了关键驱动力。它不仅极大地削弱了地理距离、基础设施等传统贸易壁垒的限制，还通过促进信息的无缝流通与高效处理，为服务贸易的全球化发展铺设了更加宽广的道路。数字技术的应用使得服务产品能够跨越国界，实现即时、便捷交付，从而催生了全新的服务贸易形态与商业模式。

同时，可以说数字技术的兴起直接推动了服务贸易治理体系的完善。随着数字产品市场准入、数据跨境自由流动、网络安全等议题日益成为国际贸易规则的新焦点，各国政府及国际组织开始积极探索如何构建适应数字经济时代的贸易规则框架。在这一过程中，数字技术的规范应用、数据保护标准的统一以及网络安全合作机制的建立，成了完善服务贸易治理体系的重要组成部分。

（五）数字技术的应用推动降低服务贸易风险

在当今信息化迅猛发展的时代背景下，数字技术已广泛渗透至服务贸易的各个领域，其应用范围之广泛、影响之深远，均属前所未有。数字技术的普遍应用促使原本由小型生产商独立承担的价值链环节逐渐剥离，转由专业化的服务提供商接手运营，此举旨在追求规模效应，以在激烈的市场竞争中占据更有利位置。在农业与制造业领域，原本未被视为独立服务

---

① 夏杰长. 以数字技术推动服务贸易高质量发展 [J]. 红旗文稿，2023（19）：38-40.

环节的诸多业务，如土壤与水资源管理咨询、供应链管理等服务，现已被独立化并纳入服务贸易范畴。这些新兴服务的出现，不仅丰富了服务贸易的内涵，更为其发展注入了新的活力与动力。

从数字服务的生产成本结构分析，数字服务提供者凭借较高的初期固定投入，开发出多种可共享此类初始投入的数字服务产品。此即所谓的生产范围经济，它有助于在一定程度上降低初期高昂的固定成本，并有效分摊风险。同时，范围经济的存在促使数字服务提供者能够基于资产的共用性，挖掘更多潜在的数字服务供给，从而进一步促进数字服务贸易的增长。数字技术在服务贸易领域的深入应用，不仅重塑了服务贸易的传统模式，更为其未来发展开辟了新的可能性与机遇。这一切均预示着服务贸易的前景将更加光明与广阔。

（六）数字技术的应用推动吸引外商直接投资

从外商直接投资的视角审视，数字技术对我国服务贸易数字化转型进程的影响深远且多维。

首先，我国作为全球数字服务消费市场的重要一极，其庞大的消费潜力持续吸引国际数字要素的涌入。尽管数字技术显著降低了对物理实体的依赖，但在定制化服务、品牌建设、信任构建及本土合作等关键领域，实体存在仍被视为不可或缺的投资策略。此外，受我国合规与监管政策的影响，部分数字服务领域明确要求在国内设立实体运营。[①]

其次，鉴于数字技术固有的快速迭代特性、复杂的市场准入门槛及高标准的知识产权合作需求，外国投资者倾向于采取非股权投资模式进行对华 FDI，以此灵活参与中国市场并有效管理潜在投资风险。此趋势对我国服务贸易的开放与发展构成了显著影响。

最后，数字技术的特性将进一步引导 FDI 的区位选择倾向。外商对数字服务企业的投资将更加聚焦于技术创新中心、人才聚集区及基础设施完善的区域，这一趋势在推动我国服务贸易开放水平提升的同时，可能加剧地区间数字服务发展的不均衡现象。

---

① 邱斌，张群，孙少勤. 服务业开放、数字化赋能与国际循环质量提升 [J]. 开放导报，2024（1）：26-40.

综上所述，数字技术在外商直接投资领域的应用，既是我国服务贸易数字化转型的重要驱动力，也带来了市场准入、知识产权保护及地区发展差异等挑战。因此，我国需在外商投资管理、市场监管、知识产权保护等方面强化政策制定与执行力度，以全面促进服务贸易数字化转型的健康发展。

第二节　数据要素与现代信息网络对服务贸易数字化转型的影响

一、数据要素与现代信息网络在服务贸易数字化转型中的表现形式

数据要素和现代信息网络作为数字经济时代创新的生产要素，逐渐成为数字贸易的核心，也是服务贸易数字化转型的驱动因素。数据要素与现代信息网络在服务贸易数字化转型主要集中于四个方面，即贸易方式的数字化、贸易对象的数字化、产业链与价值链的数字化以及监管与治理体系的数字化。以下是数据要素与现代信息网络在这些方面具体的数字化表现形式。

（一）贸易方式的数字化

在服务贸易的数字化转型中，贸易方式的数字化是核心环节之一，它极大地改变了传统贸易的运作模式，提高了效率和透明度。数据要素与现代信息网络在贸易方式数字化发挥了中介作用，主要通过在线交易平台、跨境电商、智慧物流等几个关键领域体现出来。

1. 在线交易平台领域中，数据要素和现代信息网络发挥了基础作用

一方面，在线交易平台通过收集和分析用户浏览、搜索、购买等行为数据，利用大数据技术进行用户画像，从而精准推送个性化商品和服务，提升用户体验和转化率。平台利用算法对供需双方的数据进行智能匹配，包括价格、质量、地理位置等多个维度，实现快速、高效的交易对接，降低交易成本。

另一方面，基于用户交易数据构建的信用评价体系，能够有效评估交易双方的信用状况，为交易提供安全保障，促进信任机制的建立。从商品展示、下单、支付到售后服务，整个交易流程实现线上化、无纸化，大大提高了交易效率，减少了物理文档的使用和存储成本。

2. 在跨境电商领域中，数据要素与现代信息网络的现实应用主要体现在对市场需求的预测、供应链管理优化、个性化推荐及跨文化交流等方面

首先，跨境电商平台通过大数据分析消费者购买行为、搜索趋势等数据，预测未来市场需求，指导商家调整商品结构和营销策略。其次，利用数据分析工具对供应链各环节进行实时监控和预测，包括库存水平、物流状态等，实现供应链的精细化管理，减少库存积压和物流延误。再次，基于用户的购买历史和浏览行为，跨境电商平台能够为用户提供个性化的商品推荐，提高用户黏性和购买转化率。最后，跨境电商还涉及不同国家和地区的消费者，数据分析可以帮助平台更好地理解不同市场的文化偏好和消费习惯，制定更具针对性的营销策略。

3. 在智慧物流领域中，数据要素与现代信息网络的应用主要体现在货物追踪、路线优化、仓储管理、智能调度等方面

首先，通过物联网技术将货物与数据连接起来，实现货物在运输过程中的实时追踪和定位，提高物流透明度和可追溯性。其次，利用大数据和人工智能技术分析历史运输数据、交通状况、天气变化等因素，为物流车辆规划最优路线，减少运输时间和成本。再次，智慧仓储系统通过物联网、射频识别技术（RFID）等技术实现库存的自动化管理和实时监控，提高仓储效率和准确性。同时，数据分析可以帮助预测库存需求，避免库存积压或短缺。最后，在物流配送环节，智慧物流系统能够根据订单量、配送区域、交通状况等因素进行智能调度，合理分配配送资源，提高配送效率和服务质量。

综上所述，数据要素与现代信息网络在贸易方式的数字化中发挥着至关重要的作用。它不仅支持了高效、便捷的在线交易平台的构建，还推动了跨境电商的快速发展和智慧物流的广泛应用，为服务贸易的数字化转型提供了强大的动力。

（二）贸易对象的数字化

在服务贸易的数字化转型中，贸易对象的数字化是一个显著的趋势，它扩展了服务贸易的范围和深度，使得依赖数据和现代信息网络形式存在的服务成为国际贸易的重要组成部分。

首先，数字服务贸易是指通过数字技术和互联网平台提供的服务，这些服务以数据为核心，通过现代信息网络进行传输和交付。典型的数字服务贸易包括数字金融、数字教育及数字医疗等。其中，数字金融包括在线支付、数字货币、区块链金融等，这些服务通过数字化手段实现了资金的快速、安全转移和交易，降低了交易成本，提高了金融服务的可及性和效率。数字教育包括在线教育平台、虚拟教室、电子图书等资源，使得学习者可以跨越地理界限获取优质教育资源，促进了知识的全球传播和共享。数字医疗服务包括远程医疗、在线诊疗、健康数据管理等服务，利用数字技术提升了医疗服务的效率和覆盖面，使得患者能够更方便地获得专业医疗建议和治疗。

其次，随着数字技术的不断发展，一些以数据形式存在的服务逐渐成为服务贸易的新对象。它们不仅丰富了服务贸易的内容，还推动了服务贸易模式的创新，如按需服务、个性化定制等。在ICT服务贸易中，电信服务是基础。随着5G、物联网等技术的普及，电信服务不再局限于传统的语音通话和数据传输，而是向更广泛的领域拓展，如车联网、智慧城市等。数据要素在电信服务中发挥着关键作用，通过实时监控网络状态、优化资源配置，提高了电信服务的可靠性和效率。此外，信息服务是指利用信息技术提供的信息检索、处理、分析等服务。在数字化时代，信息服务的需求日益增长，如大数据分析、云计算、人工智能等技术的应用，使得信息服务更加智能化、个性化。数据要素是信息服务的基础，通过收集、处理和分析海量数据，信息服务提供商能够为客户提供有价值的信息和洞察。软件复制和分发是ICT服务贸易的重要组成部分。在数字化时代，软件产品以数据形式存在，通过互联网进行快速复制和分发。数据要素在软件复制和分发中扮演着重要角色，通过数字版权管理、软件授权等技术手段，保障了软件产品的知识产权和合法使用。

因此，贸易对象的数字化是服务贸易数字化转型的重要趋势之一。以数据形式存在的服务、ICT 服务贸易以及数据跨境流动等领域的发展，不仅丰富了服务贸易的内容和形式，还推动了全球经济的繁荣和发展。

（三）产业链与价值链的数字化

在产业链与价值链的数字化转型中，数据要素与现代信息网络发挥着至关重要的作用，促进了服务贸易产业链、供应链和价值链的多链协同发展，优化了资源配置，推动了产业升级。以下是数据要素和现代信息网络在相关领域发挥作用的具体形式。

首先，数据要素与现代信息网络极大地促进了服务贸易产业链、供应链和价值链的多链协同发展。一方面，数据要素的流动打破了传统产业链、供应链和价值链之间的信息壁垒，使得各个环节之间的信息能够实时共享和交换。这种信息的透明化和即时性有助于各环节之间的协同合作，提高整体运行效率。另一方面，利用大数据分析技术，可以精准地匹配服务贸易中的供需双方，减少信息不对称现象。这有助于降低交易成本，提高资源配置效率，促进产业链、供应链和价值链的顺畅运行。同时，数据要素在现代信息网络中的共享和流动促进了创新合作。不同企业和机构可以基于共享的数据资源进行联合研发、市场拓展等活动，共同推动服务贸易的创新发展。

其次，数据要素与现代信息网络在资源配置优化中也发挥了关键作用。一方面，通过数据分析，可以准确地了解服务贸易各环节的资源需求情况，实现资源的精准配置。这有助于减少资源浪费，提高资源利用效率。另一方面，数据要素的流动促进了产业分工的细化和优化。企业可以根据自身优势和市场需求，在产业链、供应链和价值链中选择合适的环节进行专业化发展，从而提高整体竞争力。此外，数据要素的开放和共享促进了企业之间的竞争与合作。企业可以通过数据分析了解竞争对手的情况，制定更加合理的竞争策略；同时，可以通过合作共享数据资源，实现互利共赢。

最后，数据要素与现代信息网络推动了服务贸易的数字化转型，具体来说，是推动服务贸易向智能化、数字化、网络化转型，极大地促进传统产业的升级。在智能化转型方面，可以通过利用人工智能、机器学习等先进技术对数据进行分析和处理来实现。例如，在金融服务领域，智能风控系统可以实时监测交易风险，提高金融服务的安全性和效率。在数字化转型方面，数据要素的数字化特性使得服务贸易更加便捷和高效。通过数字化手段，服务提供者和消费者可以跨越地理界限进行交易和合作，降低交易成本和时间成本。在网络化转型方面，互联网平台将生产者、供应商、零售商和消费者紧密连接在一起，形成了庞大的服务网络。这种网络化的服务模式有助于实现资源的优化配置和高效利用。

总之，数据要素在产业链与价值链的数字化转型中发挥着关键作用。它促进了多链协同发展、优化了资源配置、推动了产业升级，为服务贸易数字化转型提供了有力支持。

（四）监管与治理体系的数字化

数据要素与现代信息网络在服务贸易中的大规模应用，为服务贸易的监管模式带来了前所未有的创新，同时推动了服务贸易治理体系的持续完善。这种创新和完善的进程，不仅提升了服务贸易的效率和质量，也为全球经济的发展注入了新的活力。在这个过程中，数据要素和现代信息网络为服务贸易的监管提供了强大的技术支持，使其更加精细化、智能化和高效化。同时，使得治理体系更加公正、透明和有序。

首先，利用大数据、现代信息网络及人工智能等技术，服务贸易的监管模式得到创新。监管部门可以实现对服务贸易活动的实时监控和智能分析。对海量数据进行挖掘和分析，监管部门能够及时发现异常交易行为、潜在风险点等，提高监管的精准性和有效性。例如，在海关数据仓库云平台的建设中，通过数字化、信息化手段，实现海关执法的科学化、智能化。该平台采用先进的大数据技术和云计算技术，具有数据采集、数据存储、数据分析、数据可视化等一系列功能，为海关监管提供了强大的技术支持。此外，基于数据分析的风险预警系统能够在风险事件发生前进行预警，帮助监管部门提前采取措施，防范和化解风险。对历史数据进行分析和模型预测，监管部门可以识别出潜在的风险因素，并制定相应的风险应对策略。例如，在跨境电商领域，大数据分析被广泛应用于市场需求预测和供应链管理优化中，同时为风险预警提供重要支持。通过监测市场趋势、交易数据等，跨境电商平台可以及时发现并预警潜在的贸易风险，如欺诈行为、知识产权侵权等。

其次，数据要素和现代信息网络参与下的服务贸易也使得服务贸易治理体系更加完善。例如，制定和完善与数字经济、服务贸易相关的法律法规，明确数据产权、数据流动、数据安全等方面的权利和责任。对于跨境经营数字服务的企业，出台有关法律，规定相关权利与责任，明确数据跨境流动规则。加强与国际社会的合作与交流，参与国际标准的制定和修订工作，推动形成符合国际规则的数字服务贸易治理体系。在数据安全保护方面，建立健全数据安全保护机制，加强数据在采集、存储、处理、传输等各个环节的安全防护。采用加密技术、访问控制、数据脱敏等手段保护数据的机密性、完整性和可用性。数据服务提供商的监管和评估工作更加严格，确保其具备足够的数据安全保护能力和合规性。在保障数据安全的前提下，推动数据跨境有序流动。签署双边或多边协议、建立数据跨境流动合作机制等，可以为数据跨境流动提供便利和保障。加强与国际社会的合作与交流，共同应对数据跨境流动中的挑战和问题，推动形成开放、公平、透明的数据跨境流动环境。

因此，数据要素和现代信息网络在服务贸易监管体系中的应用推动了监管方式的创新和发展；同时使数字经济时代的服务贸易治理体系愈加完善，其中包括在加强法律法规建设、数据安全保护、数据跨境流动等方面的工作。

二、数据要素与现代信息网络在服务贸易数字化转型中的地位与作用

（一）数据要素在服务贸易数字化转型中的地位与作用

近年来，全球经济在数字化转型的浪潮中迅猛前行，数字贸易作为一股新兴力量，不仅重塑了传统国际贸易格局与全球价值链结构，更在后疫情时代展现出其作为全球经济复苏关键引擎的重要作用。数据要素作为此变革的核心基石，其规制与治理日益受到国际社会的广泛重视。数据，这一新兴生产要素，正以史无前例的方式深入全球化生产的各个领域，引领着生产方式发生深刻变革。

随着大数据、人工智能、云计算等前沿技术的迅猛发展，国际贸易正经历从传统价值链向数字价值链的飞跃式转变。跨境数据流动的加速，极

大地推动了全球数字贸易的繁荣，使数据成为价值创造的新源泉，在数字贸易的广阔舞台上持续释放其巨大潜能。

联合国贸易和发展会议的数据显示，2011—2021 年，全球跨境数字服务贸易规模实现了从 2.15 万亿美元至 3.81 万亿美元的显著增长，年均增长率高达 6.76%。即便在全球经济面临诸多挑战的 2021 年，跨境数字服务贸易仍展现出强大的韧性，同比增长 14.3%，创下近十年的最高增速，彰显了其无可替代的重要地位。与此同时，跨境数据流动规模亦呈现爆炸式增长态势，从 2011 年的 53.57TB/s 飙升至 2021 年的 767.23TB/s，增幅超过 14 倍，年均增速在 2011—2019 年间超过 25%，并在 2020 年后稳定在高位，连续两年增速超过 29%。2022 年，全球跨境数据规模达 99.7 万 GBPS，近三年平均规模增速超 30%，总体处于高位。[①] 这一系列数据充分表明，有效激活数据要素，对于深化我国数字服务贸易的发展，拓展其广度与深度，具有不可估量的战略意义。这一趋势与数字全球化及数字贸易的迅猛发展紧密相连，进一步凸显了数据作为关键生产要素的核心价值。

在服务贸易数字化转型的过程中，数据要素扮演着至关重要的角色。首先，它推动了国际经济活动的全面数字化转型，通过跨境流动赋能传统生产过程，持续创造并提升经济价值。其次，跨境数据流动已成为数字贸易的灵魂，作为数字贸易最本质的特征之一，它深刻影响着贸易的形态与模式。最后，数据要素与大数据、AI、物联网等技术的深度融合，推动了数字产品与服务的持续创新，使得数字平台服务在数字贸易中占据不可或缺的地位。

（二）现代信息网络在服务贸易数字化转型中的地位与作用

现代信息网络是指电子信息传输的通道，它是构成这种通道的线路、设备的总称，是网络的一种。它涵盖了电话通信网、数据通信网、计算机通信网、综合业务数字网和宽带 IP 网等内容板块。现代信息网络曾经是现代服务业发展的信息化基石。现代服务业之所以"现代"，关键在于其建立在信息与网络基础设施之上。从服务的生产、销售、管理到创新，每一

---

① 中国信息通信研究院. 全球数字治理白皮书（2023）[EB/OL]. [2024-07-24]. http://www.caict.ac.cn/english/research/whitepapers/202404/P020240430474919481102.pdf.

个环节都高度依赖于信息基础设施，特别是网络基础设施、服务生产工具和自动化服务设施。这种依赖不仅提升了服务的效率与质量，还促进了服务产业的创新与发展。① 而如今，现代信息网络同样在服务贸易数字化转型的过程中起着重要的支撑作用。借助卫星电视和互联网技术，服务贸易得以跨越地理界限，实现全球范围内的即时传递与消费。卫星电视的广泛覆盖使文化、体育等表演产业能够直达世界各地，而互联网则以其可复制、低成本的特性，提供了多样化的"观看"模式，极大地降低了消费者获取服务的门槛，从而极大地拓展了服务消费的市场规模。这种跨境服务的提供方式，不仅改变了传统服务业的运营模式，还促进了服务全球化的深入发展。

在现代信息网络技术的推动下，信息技术和网络专业知识被深度融入服务贸易的各个环节。从服务创新到内部管理，技术的渗透使得服务过程更加智能化、高效化。这种深度融合不仅提升了服务贸易的数字化水准，还催生了大量新兴服务业态，为服务贸易的数字化转型提供了强大的技术支撑。同时，现代信息网络空间服务消费的一个重要特征是网络外部性或"消费的规模经济效应"。这种效应在网络时代被进一步放大，沟通成本的降低使得网络外部性的影响更容易跨越国界，促进了服务消费的全球趋同。这种趋势不仅丰富了服务贸易的内容与形式，还推动了服务贸易的全球化进程。

三、数据要素与现代信息网络在服务贸易数字化转型中的机制分析

（一）强化规模经济

数据要素具有独特的复制与扩散特性，其成本相较于传统实体商品而言极低。在服务贸易数字化转型的过程中，数字产品（如软件、在线服务、数字内容等）的复制与分发几乎不增加额外的边际成本。这一特性使得当数字产品的销售规模达到一定程度时，固定成本（如研发、设计、初

---

① 史运涛. 浅析现代信息网络技术对于现代服务业的支撑作用 [J]. 太原科技, 2009 (9): 21-22+26.

期市场推广等）成为总成本的主要部分，而随着销售量的增加，平均成本不断下降，甚至趋近于零。这种成本结构极大地促进了服务贸易的规模化发展。

同时，"跨境数据自由流动"等支持性条款是确保数字贸易顺利发展的关键因素之一。它允许数据在不同国家和地区间自由流动，从而打破了地理界限，使服务提供商能够轻松接入国外市场。这不仅扩大了服务贸易的市场规模，还促进了全球贸易的进一步融合。通过跨境数据流动，企业可以更有效地利用全球资源，优化资源配置，提高生产效率，进而实现规模经济效应。

数据要素在服务贸易数字化转型中不仅表现为单一的成本降低，更通过其乘数效应带动整个经济体系的优化升级。数据通过协同、复用和融合，与其他生产要素相结合，作用于不同主体，产生扩张效应。例如，通过数据分析和挖掘，企业可以更精准地了解消费者的需求，优化产品设计和服务流程，提高市场竞争力。同时，数据的复用和融合创新还能催生新技术、新产业、新业态和新模式，为服务贸易的数字化转型注入新的活力。

现代信息网络为服务贸易数字化转型提供了强大的基础设施支撑。高速、稳定、安全的信息网络使得数据能够在全球范围内实时传输，为服务贸易的数字化转型提供了有力保障。信息网络的发展降低了信息获取和传递的成本，提高了信息处理的效率，使得服务提供商能够更快速地响应市场需求，提供更个性化、更高质量的服务。这种高效的信息处理能力进一步推动了服务贸易的规模化发展。[①]

（二）增强外部性

数据作为数字经济时代的核心生产要素，其核心价值在于其可复制性、可共享性以及无限增值的潜力。在服务贸易领域，数据的积累、分析与利用是推动服务产品创新的关键。随着大数据、人工智能等技术的深入应用，企业能够更精准地把握市场需求，优化服务流程，提升服务

---

① 陈赛琦. 签订"跨境数据自由流动"能否有效促进数字贸易：基于 OECD 服务贸易数据的实证研究 [J]. 国际经贸探索，2020，36（10）：4-21.

质量。这种基于数据的智能化转型，使得服务产品能够更快地适应消费者偏好变化，从而吸引更多用户参与，形成正反馈循环。具体而言，当用户行为数据被有效收集和分析后，服务提供商能够定制化推出更符合用户期望的产品和服务，如个性化推荐系统在网络购物、在线教育等领域的应用，极大地提升了用户体验，进而增强了服务的吸引力和市场价值。

现代信息网络，包括互联网、云计算、物联网等基础设施，为数据的高效流通和服务的远程交付提供了强有力的支撑。它们不仅打破了地理界限，使得服务贸易能够跨越国界，实现全球范围内的即时交易，还极大地降低了交易成本和时间成本。这种无缝连接的特性，使得服务贸易的数字化转型成为可能，并加速了国际市场的拓展。在此过程中，信息网络成为连接生产者与消费者的桥梁，使得数字产品能够迅速获得全球用户的认可和使用，进一步放大了其正外部性效应。例如，一个优秀的在线学习平台，通过全球互联网的广泛覆盖，可以迅速吸引来自世界各地的学员，形成庞大的用户社群，这种规模效应不仅提升了平台的教学质量，还促进了教育资源的全球共享。

当数据要素与现代信息网络深度融合于服务贸易中时，其外部性效应机制得以深化和扩展。一方面，随着用户基数的扩大，数字产品的边际成本趋近于零，而边际效用却不断增加，这种"网络效应"促使更多用户加入，形成良性循环。另一方面，数据的累积和分析使得服务提供者能够不断迭代优化产品和服务，进一步提升用户体验和满意度，从而增强用户黏性，形成品牌忠诚度和市场垄断地位。同时，标准化和统一化的数据格式及接口促进了不同服务之间的互联互通，降低了服务集成的难度和成本，加速了服务生态的构建和扩展。

(三) 促进创新

在服务贸易的数字化转型过程中，数据的虚拟替代性和多元共享性不仅深刻影响了企业内部的业务流程，还成了推动企业模式创新、提升业务效率、实现价值创造与数据资产化的核心驱动力。这一过程不仅是技术层面的变革，更是思维模式、组织模式、研发模式、生产模式以及营销模式等多个维度的全面创新，这些方面共同构成了数据要素与现代信息网络在服务贸易数字化转型中的创新性效应机制。[①]

在思维模式创新方面，数据驱动的思维模式转变可以认为是服务贸易数字化转型的先决条件。企业开始从传统的产品导向或市场导向，转向数据导向，将数据视为核心资产和决策依据。这种思维模式的创新促使企业更加重视数据的收集、分析与应用，通过数据洞察市场趋势、客户需求及业务绩效，从而做出更加精准、科学的决策。同时，企业开始培养数据文化和数据意识，鼓励员工拥抱数据，将数据思维融入日常工作中，形成数据驱动的企业文化。

在组织模式创新方面，随着数据在企业中的地位日益提升，传统的组织结构已难以满足数字化转型的需求。企业开始探索更加灵活、高效的组织模式，如扁平化管理、跨部门协作团队、数据治理委员会等，以更好地促进数据的流通与共享。这些创新性的组织模式打破了部门壁垒，促进了信息的无缝对接，使得企业能够更快地响应市场变化，提高决策效率。同时，企业还注重培养专业的数据团队，负责数据的收集、处理、分析及应用，为企业的数字化转型提供有力支持。

在研发模式创新方面，服务贸易领域中数据驱动的研发模式创新正引领着服务产品的迭代升级。企业利用大数据、人工智能等技术，对用户需求进行深度挖掘与分析，从而设计出更加符合市场需求的服务产品。同时，企业还通过构建开放式的研发平台，吸引外部创新资源参与产品研发，形成产学研用一体化的创新生态。这种以用户为中心、数据为驱动的研发模式，不仅提高了产品的创新性和竞争力，还缩短了产品研发周期，降低了研发成本。

在生产模式创新方面，服务贸易数字化转型中的生产创新主要体现在服务的个性化定制与智能化交付上。企业利用数据分析技术，对用户需求进行精细化划分，实现服务的个性化定制。同时，借助现代信息网络，企业可以实现服务的远程交付与实时监控，提高服务效率与质量。此外，企业还通过构建智能化的生产流程，实现服务的自动化与智能化生产，降低人力成本，提高生产效率。这种以数据为驱动的生产模式创新，使得服务

---

① 李海舰，赵丽. 数据成为生产要素：特征、机制与价值形态演进 [J]. 上海经济研究，2021（8）：48-59.

贸易更加灵活、高效、便捷。

在营销模式创新方面，企业利用大数据分析技术，对消费者行为进行精准画像，实现精准营销与个性化推荐。同时，借助社交媒体、移动应用等现代信息网络渠道，企业可以更加广泛地触达潜在客户，提高品牌知名度和市场影响力。此外，企业还通过构建数据驱动的客户关系管理系统（CRM），实现客户全生命周期的精准管理与服务，提升客户的满意度与忠诚度。这种以数据为驱动的营销模式创新，不仅提高了营销效率与效果，还为企业带来了更多的商业机会与增长动力。

第三节　发展战略与政策对服务贸易数字化转型的影响

一、促进服务贸易数字化转型的全球治理与国际规制

（一）多边贸易体制更加注重数字贸易便利化和电子商务规制

近年来，WTO 作为全球贸易体系的核心机构，其目光深远地聚焦于构建服务贸易数字化转型的全球治理体系框架，旨在通过强化国际合作，为数字经济的蓬勃发展提供坚实的制度保障。随着科技的飞速进步，服务贸易与数字技术的深度融合已成为不可逆转的趋势，WTO 努力引导这一变革，确保各国能够平等、安全地参与全球数字贸易竞争。

在此过程中，数字贸易便利化成了谈判桌上的热点议题。各国围绕如何简化跨境贸易流程、提升数据交换效率、保障网络安全与隐私等关键领域展开了深入讨论。WTO 致力于制定一套全球公认的标准与规则，以降低交易成本，加速货物与服务的跨国流动，进而激发全球市场的活力与潜力。同时，代表世界贸易 90% 份额的 76 个 WTO 成员于 2019 年 1 月发起"电子商务诸边谈判"，旨在制定电子商务/数字贸易领域的国际规则，以适应经济的全球化和数字化发展。这也是当前 WTO 在构建服务贸易数字化转型全球治理体系框架过程中的核心议题。

1. 贸易便利化中的数字议题

2014 年 11 月，WTO 正式通过了《贸易便利化协定》（TFA）议定书，

该协定随后于 2017 年 2 月 22 日正式生效。其核心目标为简化国际贸易流程、削减贸易成本。随着现代信息通信技术日新月异的发展与应用，数字技术已成为推动货物与服务跨境流动相关程序优化的重要力量，这一趋势亦被部分学者冠以"数字贸易便利化"或"无纸化贸易"之名。[①] 在数字贸易便利化的进程中，自动化海关系统、电子单一窗口及其他形式的数字海关便利化措施占据了优先地位。这些创新性的改进措施，已成为众多国家（地区）竞相采纳的焦点，其背后动机既包括对保持国际贸易竞争力的迫切需求，也包括对电子商务等新型贸易形态所带来的小批量、高频次货运模式及贸易管制挑战的积极应对。

数字贸易便利化是一项促进服务贸易数字化转型关键的战略，它极大促进了国际贸易的顺畅流动，显著降低了交易成本，并显著提升了交易效率。众多国际组织和经济合作论坛已经认识到数字贸易便利化的重要性，并采取了一系列积极措施。同时，他们制定了一系列相关的协定和规制，以期推动这一进程。这些协定与规制，不仅为数字贸易便利化提供了重要的指导，也为全球经济的繁荣和发展提供了重要的支持。

2. 电子商务诸边谈判

WTO 关于电子商务的谈判历程可追溯至 2019 年初，谈判标志着全球贸易体系向数字化转型迈出了重要一步。该谈判的核心协定文本广泛覆盖了多个维度，包括但不限于电子商务的赋能作用、其与贸易开放性的关系、促进电子商务互信的措施、跨部门合作的议题、电信基础设施的发展以及市场准入条件的优化等。历经近五年时间的深入讨论与协商，截至2023 年 12 月 20 日，这一进程取得了显著成果。共有 90 个 WTO 成员及地区，在包括电子认证与电子签名的互认、电子合同的法律效力、无纸化贸易流程的推广、电子发票的应用、单一窗口系统的建设、电子交易框架的搭建、政府数据的开放共享、开放式互联网接入的保障、在线消费者权益保护、未经请求的商业电子信息管理、个人信息保护的强化、网络安全体系的完善以及谈判透明度的提升等 13 个关键议题上，达成了基本共识。这一成就不仅彰显了各国对于推动全球电子商务环境标准化、促进贸易便利

---

① 李鑫，魏姗. 数字贸易便利化发展的国际趋势和中国实践 [J]. 经济学家，2022（8）：77-85.

化的共同愿景，也为未来国际经贸合作树立了新的里程碑。

虽然在核心的跨境数据流动、数据本地化、电子传输关税和数字税、源代码披露和算法公开等敏感领域，参与 WTO 电子商务诸边谈判的各方还存在很大分歧，但在大多数领域达成基本共识的突破性成就仍然推动了服务贸易数字化转型的进程。[①]

尽管在跨境数据流动、数据本地化要求、电子传输关税与数字税征收以及源代码披露与算法透明度等核心且敏感的议题上，参与 WTO 电子商务诸边谈判的各方仍面临显著分歧，但不容忽视的是，在多数关键领域所取得的基本共识构成了突破性的成就。这些共识极大地推动了全球贸易体系向更加开放、高效、安全的数字时代迈进。通过电子认证、电子签名、无纸化贸易等措施的普及，以及政府数据开放、在线消费者保护等机制的建立，服务贸易的边界被进一步拓宽，效率与质量得到了双重提升。因此，尽管挑战依旧存在，但谈判所取得的进展无疑为未来服务贸易数字化转型进程提供了强大的动力。

（二）区域及双边层面纳入更加精细化的治理议题

随着数字技术和数字经济的蓬勃兴起，全球数字贸易治理展现新貌：多极格局显现，各国竞相成为数字贸易中心；治理体系不断升级演进，适应快速变化的技术与市场环境；治理议题呈现复合面向，涵盖数据流动、隐私保护、税收公平等多个维度；同时，地缘博弈加剧，各国在数字领域既竞争又合作，共同塑造全球数字贸易新秩序。[②] 这些特征相互交织，推动全球数字贸易治理向更加开放、包容、平衡的方向发展。面对百年未有之大变局，各国为抢占数字贸易制高点，纷纷加入签订数字贸易相关区域合作协议，希望在促进全球数字贸易发展的同时，把握数字贸易发展的话语权和国际规则制定。目前全球已经形成了数字贸易治理的"美式模板""欧式模板"及"新式模板"。

1. 数字贸易治理的"美式模板"

从发展历程上来看，自 2000 年美国—约旦 FTA 开始包含第一个具有

---

① 王金波. WTO 电子商务谈判与全球数字治理体系的完善 [J]. 全球化，2024（3）：68-78+135.

② 周念利. 全球数字贸易治理的主要模式与典型特征 [J]. 当代世界，2024（7）：45-50.

非约束力的电子商务章，到 2003 年美国—新加坡 FTA 中出现第一个具有法律约束力的电子商务章，再到 2007 年美国与韩国签署自由贸易协定，美国在数字贸易条款内容制定上逐渐多元化和强制性，形成了"美式模板"的初级版本。到 2015 年美国主导的 TPP 协定中出现完整的数字贸易章，数字贸易规则在美国所主导的区域贸易安排中的地位可谓日渐重要，数字贸易条款内容也逐渐深入。到目前为止，广泛认为"美式模板"主要以《全面与进步跨太平洋伙伴关系协定》（CPTPP）、《美墨加协定》（USMCA）和《美日数字贸易协定》（UJDTA）为代表。[1]

从影响范围来看，美国为了在全球数字贸易中保障自身安全和利益，致力于在国际层面主导建立自身利益最大化的规则体系。[2] 美国不仅在美洲地区积极推广契合其自身利益的数字贸易规则框架，以促进贸易自由化，其影响力更辐射至亚洲。日本与韩国成为"美式模板"的推崇者，而新加坡与澳大利亚等国则在接纳这些模板的基础上，融入人工智能、数字竞争等前沿议题，旨在增强自身在数字贸易治理舞台上的声音与影响力，共同塑造与时俱进的数字贸易环境。

从治理理念上来看，美国致力于在充分保障合法公共政策目标达成的前提下，积极倡导数据跨境的自由流动，以及数据存储的非强制性本地化。同时，它强调源代码与密钥的保护至关重要，致力于减少数字贸易中的壁垒，以进一步推动数字贸易的自由化与全球化进程。依托自身在数字技术领域的显著优势，美国倾向于推动"互联网开放"的核心理念，倡导构建一个开放、安全、互操作性强且值得信赖的互联网环境，确保在线信息的自由流通。这一立场在"美式模板"中得以鲜明体现，其两大标志性特征是：一是坚决消除数字贸易障碍，促进数据跨境流动；二是努力推动数字基础设施及相关技术标准与规范的统一化进程，以进一步促进全球数字经济的融合与发展。[3]

---

① 李杨，陈寰琦，周念利. 数字贸易规则"美式模板"对中国的挑战及应对 [J]. 国际贸易，2016（10）：24-27+37.

② 刘洪愧，林宇锋. 数字贸易国际规则的主要"模板"，融合前景与中国应对 [J]. 全球化，2023（4）：90-99+136.

③ 李杨，陈寰琦，周念利. 数字贸易规则"美式模板"对中国的挑战及应对 [J]. 国际贸易，2016（10）：24-27+37.

2. 数字贸易治理的"欧式模板"

欧盟也是除美国之外推动数字贸易国际化治理的重要力量。从发展历程上来看，2005年欧盟与智利签订了自由贸易协定，协定条款中包含一些温和而有劝导性的数字贸易相关条款，在推动双方数字贸易合作中发挥了重要作用。随着WTO谈判因南北国家间深刻分歧而陷入停滞，欧盟意识到需要调整策略以更有效地在全球贸易规则中体现其诉求。在此过程中，欧盟的谈判语言也从昔日的谨慎"软性"逐渐转变为更为直接和"进攻性"的条款，旨在更加有力地捍卫其利益。《欧韩自由贸易协定》的签订，则是在这一背景下，特别是在受到美国主导的"美式模板"影响下，欧盟在数字贸易规则制定上迈出的重要一步。该协定在措辞上更为详尽且具备更强的约束力，体现了欧盟在数字贸易领域日益增强的谈判实力和决心。紧接着，在《综合性经济贸易协议》（CETA）中，欧盟更是开创性地设立了专门的"电子商务章"，特别是在"消费者保护"方面，引入了更为深入和细致的条款，旨在通过加强监管和保障消费者权益，进一步推动电子商务的便利化和规范化发展。这一系列举措不仅彰显了欧盟在数字贸易治理中的领导地位，也为全球数字贸易规则的制定提供了重要参考。目前普遍认为欧盟与韩国签署的《欧韩自由贸易协定》、与加拿大签署的《全面经济贸易协定》等是数字贸易规则"欧式模板"的代表。①

从影响范围来看，欧盟区域一体化程度最高，与其他经济体贸易联系紧密，但由于欧盟高标准的个人隐私与视听内容保护，能够达到其认证并签订RTAs的经济体较少。电子商务和数据贸易协议条款（TAPED）数据库的数据显示，截至2024年，欧盟签署包含数字贸易规则的协定数量有28个，签署的协定中涉及具体数字贸易议题的平均数量为19个，而美国签署包含数字贸易规则的协定数量有15个，签署的协定中涉及具体数字贸易议题的平均数量为27个。②

从治理理念上来看，欧盟在构造数字贸易规则时对"跨境数据自由流动""知识产权保护""视听例外"等议题进行了深度考虑，这也是欧盟在

---

① 周念利，陈寰琦. 数字贸易规则"欧式模板"的典型特征及发展趋向 [J]. 国际经贸探索，2018，34（3）：96-106.

② 魏龙，黄轩，黄艳希. 全球数字贸易治理：规则分歧与策略选择 [J]. 国际贸易，2024（2）：5-17.

国际上进行数字贸易谈判中的重要关注点。在"跨境数据自由流动"的问题上，欧盟一方面处于对经济增长等方面的考虑而迫切需要支持此立场，但同时由于欧盟对"隐私保护"的严格约束，寻找二者之间的平衡点是目前欧盟在数字贸易谈判中亟待突破的难点。在知识产权保护方面，欧盟削减《与贸易有关的知识产权协定》（TRIPS）中的保护和例外条款，引入提高对知识产权所有者保护水平的"TRIPS+"条款。在文化例外性原则的议题上，欧盟一直以来立场较为坚定。

3. 数字贸易治理的"新式模板"

从发展历程上来看，新加坡作为亚太地区数字经济发展的先驱角色，已具备较高的数字化和信息化水平，随着"智慧国"（smart nation）宏伟蓝图的提出与实施，新加坡不仅致力于在国内层面深化数字化转型，提升整体社会的智能化与信息化水平，还积极投身于全球数字化治理的广阔舞台，展现出前瞻性的国际视野与战略布局。[1] 近年来，新加坡在推动数字贸易自由化与规则制定的进程中，采取了积极而富有成效的外交与经济合作策略。随着其陆续与新西兰、智利、澳大利亚、英国和韩国等签订《数字经济伙伴关系协定》（DEPA）、《新加坡—澳大利亚数字经济协定》（SADEA）、《英国—新加坡数字经济协定》（UKSDEA）和《韩国—新加坡数字伙伴关系协定》（KSD-PA）等一系列专门的数字贸易协定，数字贸易规则的"新式模板"开始逐渐形成。

从影响范围来看，新加坡在数字经济领域的积极探索与国际合作，不仅巩固了其在亚太地区乃至全球数字经济治理中的重要地位，还显著拓宽了"新式"数字贸易规则模板的国际影响力与适用边界。这些协定不仅覆盖了数据流动、数字产品与服务贸易、网络安全、个人数据保护等核心议题，还创新性地探讨了数字身份认证、跨境数据治理等新兴领域，为全球数字贸易规则的制定提供了宝贵的实践样本与理论参考和借鉴。通过强化国际合作，越来越多数字贸易相关协议的签订不仅促进了全球数字经济的繁荣发展，也为解决跨境数据流动、数字税收、消费者保护等全球性挑战贡献了智慧与方案，推动了全球数字经济向更高质量、更深层次发展。

---

① 周念利，廖宁. 数字贸易规则"新式"模板下数字经济与创新的演进分析 [J]. 新经济导刊，2023（6）：64-67.

从治理理念上来看，相较于侧重于捍卫个体数字主权的"美式"范式与聚焦于个人隐私保护的"欧式"架构，"新式"模式显著体现出对推动数字经济蓬勃发展的深切关怀，其学术化视角旨在平衡技术进步与权益保障，促进数字经济生态的可持续繁荣。新加坡在《数字经济伙伴关系协定》的框架中前瞻性地纳入了"数字经济创新"这一核心议题，并在后续签订的一系列数字贸易协定（如 SADEA、UKSDEA、KSD-PA 等）中，进一步深化并升级了"数字经济创新"的相关条款与措施。在"数字经济创新"的议题上，具体规则主要围绕数据驱动创新展开。其细分模块主要包括"政府数据公开"和"数据创新"两个部分。相关条款的设置促进了国际间对数字经济规则共识的凝聚，加速了全球数字贸易体系的重塑。通过构建开放、包容、透明的数字贸易环境，鼓励技术创新与跨国合作，降低了数字贸易壁垒，增强了全球数字经济的互联互通与韧性。

二、促进服务贸易数字化转型的区域战略与国别政策——以 RCEP 为例

（一）RCEP 框架下与服务贸易数字化转型相关的规则分析

1. RCEP 与数字化转型相关的规则分析

数字经济的迅速发展对全球贸易模式和商业环境产生了深远影响。RCEP 作为亚太地区的重要经济合作机制，数字化条款的引入为成员国间的数字贸易与合作提供了新的框架。

在电子商务方面，RCEP 鼓励成员国推动电子交易的发展，包括认可电子合同、电子签名和数字付款等的法律效力，从而简化交易流程；协议中提到各国应采取措施消除电子商务中的不必要壁垒，例如不合理的进口限制和监管要求。

在跨境数据流动方面，RCEP 承诺在保障数据隐私的前提下，促进成员国之间的跨境数据流动。这为企业在数字经济中更有效地使用数据提供了支持。同时，强调成员国不得实施对数据存储地点的不合理要求，这样可以避免对企业经营的限制。

在数据隐私和保护方面，RCEP 强调成员国应采取措施保护用户个人数据，确保数据处理及存储的安全性，从而提升消费者对数字交易的信

任；条款要求成员国在个人数据保护方面建立透明的政策，并为消费者提供关于数据使用的回报机制。

在技术合作方面，RCEP 倡导成员国在数字技术领域进行合作与知识分享，帮助提升各国在数字经济中相关能力和技术水平，鼓励各国分享在数字经济和服务贸易方面的最佳实践，促进区域内部的信息流通和技术交流。

在电子支付方面，RCEP 认可并支持多种电子支付手段，包括数字货币和移动支付，推动区域内的金融科技发展，为电子商务和服务贸易提供便利。

在透明和程序简化方面，RCEP 要求成员国在数字产品和服务的监管上保持透明，告知企业所需遵循的法规，以减少合规成本与不确定性。同时，推动简化电子商贸相关的行政程序，使得企业在进行跨境交易时能够更加高效便利。

在技术标准方面，RCEP 鼓励各国在技术标准方面进行协调，以提升区域内数字产品和服务的一体化水平。这些数字化条款旨在促进区域内的数字贸易，加速服务的数字化转型，增强各国经济之间的互联互通。通过这些数字化措施，RCEP 希望为成员国创造更加开放、便利的数字经济环境。

2. RCEP 与数字化转型相关规则的影响分析

RCEP 数字化条款为服务贸易的数字化转型提供了重要的政策支持和框架，其具体作用体现在多个方面。首先，RCEP 的数字化条款鼓励数据的自由流动，旨在减少各国间的数据壁垒。这一措施对服务贸易的影响尤为显著，特别是在云计算、在线教育和电子商务等领域。例如，在在线教育平台的运作中，教育机构能够跨境访问大规模的学习数据，从而快速分析学生的学习行为和需求，提供个性化的教育服务。此外，跨境数据流动的便利性也鼓励了企业采用云服务，优化资源配置，提高运营效率。

其次，数字化条款为电子交易提供法律保障，确保电子合同的有效性和可执行性。这将显著提升服务交易的透明度和安全性，减轻交易风险，进而增强企业在跨境交易中的信心。以电子商务为例，消费者能够更加放心地进行在线交易，因为法律条文确保了他们的权益。这种信任的建立，推动了跨境服务交易的增长，尤其是在旅游和金融服务等行业中，吸引了大量用户。

此外，RCEP 数字化条款的实施还有力促进了技术创新和新兴商业模式的产生。通过推动成员国间的合作和信息共享，这些条款为企业间的技术合作提供了良好环境。例如，在医疗健康领域，利用区块链技术的跨境医疗服务平台可以提升患者数据的安全性和访问效率，实现数据的有效共享。这种创新不仅提高了服务质量，还推动了医疗服务的数字化转型，使得跨境医疗变得更加便捷和透明。

除此之外，这些条款还促进了数字基础设施建设的合作。在 RCEP 框架下，成员国可通过共同投资数字基础设施，如高速互联网和数据中心，来增强技术互联互通。这种合作能够推动区域内服务贸易的更高效发展，提高各行业的数字化水平。举例来说，在物流和供应链管理领域，数字基础设施的完善使得跨境电商和物流公司能够实现实时追踪和效率优化，从而减少了运输时间和成本。

然而，RCEP 数字化条款在实施过程中同样面临一定的挑战。尽管推动了数据的自由流动，成员国在隐私保护、网络安全及数据治理方面的法律及政策差异仍可能造成一定的摩擦。在这种情况下，各国需要加强沟通与协调，共同制定符合区域经济发展的标准和规范，以确保数字化转型成果的共享与互利。

（二）RCEP 主要成员国促进服务贸易数字化转型的政策分析

1. 提高价值链数字化水平

日本与韩国作为技术先进国家，积极推动"工业化 4.0"或类似战略，旨在通过高度自动化、智能化和网络化技术，提升制造业和服务业的数字化水平。这包括采用物联网、大数据、人工智能、云计算等先进技术，优化生产流程，提高服务效率，并促进服务贸易的数字化转型。例如，日本通过"社会 5.0"愿景，强调人与技术的深度融合，推动服务业如医疗、教育、零售等领域的数字化转型；韩国则通过"K-ICT 战略"和"未来创造科学部"等机构，加大对数字技术的研发投入，促进服务产业的智能化升级。① 新加坡作为亚洲的金融科技和创新中心，致力于构建智慧国愿景，

---

① 张永涛. 数字贸易规则"日本模式"：构建路径与发展趋向 [J]. 现代日本经济，2023，42（3）：23-34.

通过数字政府、智慧城市等项目，推动包括金融、物流、教育在内的多个服务行业的数字化转型。澳大利亚则通过"国家创新与科学议程"和"数字转型战略"，鼓励企业采用新技术，提升服务质量和效率，特别是在农业、医疗和教育服务等领域。东盟各国虽发展水平不一，但普遍认识到数字化转型的重要性，纷纷出台相关政策支持"工业化4.0"或类似计划，如越南的"智慧越南"计划、泰国的"泰国4.0"战略等，旨在通过提升价值链数字化水平，增强服务贸易的国际竞争力。[①]

2. 重视基础设施建设

在推动《区域全面经济伙伴关系协定》框架下服务贸易数字化转型的进程中，各成员国深刻认识到，构建高质量的信息通信基础设施体系是奠定转型基石的关键所在。为此，各国政府已普遍将增强基础设施建设作为战略重点，聚焦于高速互联网网络的全面升级、高性能数据中心群的战略布局以及云计算平台的创新优化，旨在形成强大的数据处理与传输能力，以高效支撑大数据深度分析、远程服务无界拓展及电子商务模式的创新迭代。

此外，RCEP成员国还积极寻求跨境光缆铺设与海底电缆连接的国际合作新机遇，通过多边协商机制强化信息传输的跨国界整合，促进数据要素的自由流动与安全共享，进而提升整个区域的信息化互联互通水平。这一系列举措不仅加速了区域内服务贸易的数字化转型步伐，还为构建开放、包容、共享的数字贸易生态体系奠定了坚实的物质基础与技术支撑。

3. 积极参与国际合作

在加速服务贸易数字化转型的征途中，RCEP成员国表现出了强烈的国际合作意愿，通过构建多层次、宽领域的合作机制，共同塑造并引领国际数字服务贸易规则体系的演进。它们不仅深度参与WTO框架下的电子商务谈判，致力于探索并确立数字贸易的全球性标准与规范，还积极强化在APEC、东盟+3等多边平台中的协作，共享数字化转型的成功案例与实践经验，协调并统一政策导向，以促进区域乃至全球数字服务贸易的协同发展。

---

① 王勤，温师燕. 东盟国家实施"工业4.0"战略的动因和前景［J］. 亚太经济，2020（2）：36-43+150.

与此同时，RCEP 成员国亦注重通过双边自由贸易协定与投资协定的签订，为服务贸易的数字化进程铺设坚实的法律基石与市场准入通道。这些协定不仅涵盖了数字服务贸易的广泛领域，如跨境数据流动、数字支付、在线版权保护等，还致力于减少贸易壁垒，提升市场透明度，为服务贸易的数字化转型提供更为稳定、可预测的国际环境，从而激发市场活力，促进全球服务贸易的繁荣与发展。

4. 加强数据保护和隐私安全

在服务贸易数字化转型的浪潮中，数据作为核心生产要素，其安全性与隐私保护问题凸显为 RCEP 成员国共同面临的重大挑战。为此，各成员国积极响应，纷纷强化国内立法体系，致力于构建全面、严谨的数据保护法律框架，以法律手段明确界定数据权属、规范数据处理流程、加强跨境数据流动监管，从而确保个人数据隐私与企业商业秘密在全球化背景下的有效保障。

此外，RCEP 成员国还深刻认识到国际合作在应对数据安全与隐私保护挑战中的关键作用。它们通过参与或主导国际论坛、签订双边及多边协议、共享情报与最佳实践等方式，加强跨国界的信息交流与合作，协同打击网络犯罪活动，防范数据泄露风险，共同维护一个安全、可信的数字贸易环境。这一系列举措不仅有助于提升区域内数字服务贸易的竞争力与可持续性，也为全球数字经济的健康发展树立了典范。

5. 提高各行业信息化水平

在全面拥抱服务贸易数字化转型的进程中，RCEP 成员国将提升各相关行业信息化水平视为核心战略之一。它们通过综合运用政策引导、财政扶持及专业技能培训等多重策略，积极激励企业采纳并深度融合信息化管理系统、电子商务平台等先进信息技术工具，旨在重塑服务流程、优化资源配置、增强服务创新能力，进而实现服务质量和运营效率的双提升。

此外，为深化数字化转型的广度与深度，RCEP 成员国还致力于构建跨行业的信息化交流平台，促进信息资源的开放共享与高效整合。强化产业链上下游企业间的信息互通与协同合作，不仅加速了技术、知识与管理经验的传播与应用，还促进了产业生态的数字化转型联动，为构建智能化、网络化、服务化的新型产业体系奠定了坚实基础。这一系列举措不仅推动了区域内服务贸易的现代化转型，也为全球服务业的发展贡献了宝贵的经验与智慧。

三、发展战略与政策推动服务贸易数字化转型的机制分析

（一）消除数字贸易壁垒

自由贸易区理论认为，当两个或更多经济体通过协议形式取消关税，并推行互利互惠的贸易政策时，能够有效消除相互间的贸易壁垒。此举能显著降低成员国间的贸易成本，加速商品与服务流通，进而推动国家间的经贸合作与发展。自由贸易区的建立，旨在促进贸易量的提升，加速区域经济发展，并深化区域经济一体化的进程。

区域贸易协定的核心目标之一，便是通过消除区域内的贸易壁垒，优化资源配置与利用。此类协定旨在促进成员国间的经济贸易共同发展，从而提升整个区域的国际竞争力。同时，它们也促进了成员国间的经济合作，强化了区域经济联系，推动了区域一体化进程。①

在数字贸易领域，相关规则和协定同样具有举足轻重的地位。这些规则与协定，如避免设置不必要的电子商务壁垒、不征收数字关税、保障国民待遇与最惠国待遇等，旨在减少或消除贸易壁垒，为数字贸易的发展铺平道路。它们的实施，有助于构建一个自由、便捷且安全的数字贸易环境，促进数字贸易的稳健前行。

此外，针对数字贸易的协定或规则还包含一系列具体措施，如电子商务便利化条款、无纸贸易、电子认证、电子传输关税豁免及非歧视性原则等，旨在消除数字贸易中的各类壁垒。这些措施简化了贸易流程，降低了贸易成本，提升了贸易效率，为服务贸易的数字化转型创造了有利条件。随着这些规则和协定的逐步实施，数字服务贸易将得到更广泛的推广与应用，为全球经济的发展注入新的强劲动力。

（二）降低信息不对称

服务贸易的数字化依托于信息网络与数字技术的全新贸易形态，其核

---

① 卞继娜. RCEP 国家数字贸易规则对数字贸易发展水平的影响研究［D］. 西北师范大学，2023.

心在于数据流的顺畅流通，它贯穿于商品与服务从研发、生产、交付到使用及售后的每一个环节，成为连接生产者与消费者的关键桥梁。通过数字服务贸易相关的发展战略与政策，政府能够有效推动数据信息的跨境自由流动。区域贸易协定中专门设计的数据条款，正是这一努力的集中体现，它们不仅为数字信息的跨国界共享提供了法律基础，还大大增强了信息的透明度与可获取性。这种信息共享的深化，直接作用于生产端与消费端之间的信息不对称问题，通过减少信息壁垒，使得双方能够基于更加全面、准确的信息做出决策，从而提高市场效率与资源配置的精准度。

具体而言，发展战略与政策的引导促进了全球或区域内数据信息的交流与融合，使得生产要素（如资本、技术、人才）与产品能够在全球范围内实现更优化的配置与使用。这种优化不仅提升了服务贸易的数字化水平，还加速了服务贸易的创新与发展，为全球经济注入了新的活力。同时，随着信息不对称性的降低，消费者能够更加便捷地获取商品与服务的详细信息，做出更加理性的选择；而生产者则能更精准地把握市场需求，提高产品与服务的针对性和竞争力。

（三）扩大市场开放与合作交流

政府通过实施一系列旨在放宽市场准入、加强国际合作的政策措施，积极推动服务贸易市场的开放与竞争。这些举措旨在吸引外资与技术涌入中国市场，为我国服务贸易的数字化转型注入强劲动力。此外，政府亦致力于深化与各国及地区的合作与交流，共同探索全球服务贸易数字化转型的可行路径，旨在实现与世界各国在服务贸易领域的互利共赢，携手促进全球服务贸易的繁荣与发展。

在政府的积极推动下，我国服务贸易市场正逐步构建成为一个开放、包容、竞争有序的发展环境。市场准入的放宽为外资企业开辟了进入中国市场的广阔空间，带来了先进的科技与管理理念，显著提升了我国服务贸易的国际竞争力。同时，政府还积极拓宽国际合作渠道，通过多边或双边机制，促进全球服务贸易数字化转型的深入发展。这种开放合作的姿态，不仅为我国服务贸易的转型升级提供了有力支持，也为全球服务贸易的繁荣与发展注入了新的活力。

我国政府在推动服务贸易市场开放与竞争的同时，不断深化国际合作，共同推动全球服务贸易数字化转型的进程。这一系列举措不仅契合了我国经济发展的内在需求，也顺应了全球经济一体化的时代潮流。[①]

（四）增强监管与安全保障

在加速服务贸易数字化转型的过程中，各国政府清醒地认识到建立健全监管体系与强化安全保障的极端重要性。因此，数字服务贸易相关的发展战略与政策旨在全方位规范与引导服务贸易的数字化进程，构建全面又高效的监管框架。[②]

首先，以区域贸易协定为核心的发展战略与政策致力于推动成员国在服务贸易数字化转型监管方面的标准统一，减少因监管差异造成的市场壁垒。这种一致化不仅简化了跨境服务贸易的流程，还提高了监管的透明度和可预测性，为服务贸易的数字化转型营造了更加有利的国际环境。

其次，区域贸易协定鼓励成员国在服务贸易数字化转型监管领域加强合作，通过建立联合监管机制、信息共享平台等途径，共同应对跨境非法活动、网络安全威胁等挑战。这种合作不仅提升了监管效率，还增强了成员国间在维护市场秩序、保障消费者权益方面的协同能力。

最后，区域贸易协定往往要求成员国在服务贸易数字化转型相关法律法规方面进行完善与协调，确保各国法律之间的兼容性与互补性。这种协调有助于减少法律冲突，为服务贸易的数字化转型提供更加清晰、可执行的法律指引，增强了法律保障的有效性。

因此，服务贸易数字化相关发展政策与规制在增强服务贸易数字化转型的监管与安全保障方面发挥着重要作用。它们通过促进监管标准的一致化、加强跨境数据流动管理、推动监管合作与信息共享以及促进法律法规的完善与协调等途径，为服务贸易的数字化转型营造了一个更加安全、可信、有序的国际环境，有力地推动了服务贸易的转型升级与高质量发展。

[①] 彭羽，杨碧舟，沈玉良. RTA 数字贸易规则如何影响数字服务出口：基于协定条款异质性视角 [J]. 国际贸易问题，2021（4）：110-126.

[②] 马骏，袁东明，马源. 重塑制度：紧抓数字化转型战略机遇 [R/OL]. (2019-10-10) [2024-03-10]. https://baijiahao.baidu.com/s?id=1646974836269366833&wfr=spider&for=pc.

第四节　其他因素对服务贸易数字化转型的影响

一、数字化人才储备

在服务贸易领域内，数字化转型的征程正稳步推进，而构建一支多元化、技能精湛的数字化人才梯队，则是推动这一变革的核心驱动力。此领域汇聚了数据分析师、软件工程师、网络安全专家等众多专业精英，他们的智慧与技能是解锁云计算、大数据、人工智能等前沿技术潜能的关键所在。确保充足的人才储备，方能加快技术应用步伐，确保转型过程的高效与精准，为服务贸易企业开辟前所未有的服务优化路径，并显著提升其市场竞争力。

尤为重要的是，这批兼具创新思维与数字化技能的人才，如同催化剂般持续激发服务内容、模式及渠道的创新活力，精准捕捉市场动态，引领客户需求升级的新风尚。在技术迭代与流程优化的不息进程中，他们凭借深厚的专业素养，精准把握转型关键，策划并执行了一系列卓有成效的改进举措，为数字化转型的成功铸就了坚实的基础。

稳固且持续壮大的数字化人才团队，不仅是服务贸易企业应对转型挑战、保持创新活力与可持续发展的坚固基石，更是驱动整个行业蓬勃发展的核心引擎。因此，必须深刻认识到数字化人才培养与引进的重要性，为他们的成长营造优越的环境与条件，充分激发其创新潜能，使他们在服务贸易数字化转型的征途上展现更加耀眼的风采。

二、实体经济数字化转型程度

随着实体经济数字化转型的深入，云计算、大数据、人工智能等前沿技术得到广泛应用。这些技术不仅提升了实体经济的生产效率，也为服务贸易提供了更多的创新可能。例如，通过大数据分析客户需求，服务贸易企业可以提供更加个性化的服务；人工智能技术的应用则可以实现服务的自动化和智能化，提高服务效率和质量。实体经济数字化转型推动了共享经济、平台经济等新兴业态的发展，这些新业态为服务贸易提供了全新的服务模式。服务贸易企业可以借助这些平台，实现服务的在线化、便捷化，拓展服务范围，提升服务体验。

然而，受制于传统企业互联网意识与能力不足、互联网企业对传统产业理解不深等原因，中国实体产业的数字化转型程度不高，时不时出现企业数字化转型失败的案例。2018 年，中国 1 000 强企业中的 50% 把数字化转型作为企业的发展战略核心，但是转型的失败率高达 70%~80%。① 根据国务院发展研究中心国际技术经济研究所 2019 年发布的《中国云计算产业发展白皮书》，在云计算规模方面，与美国相比，中国市场规模还相对较小。2018 年，中国云计算市场规模仅相当于美国的 8% 左右，而同期中国的 GDP 约占美国 GDP 的 66%，中国的云计算产业化水平与经济发展水平呈现出严重的不匹配。实体经济数字化转型程度不高可能导致服务贸易数字化转型面临一些挑战，如技术瓶颈、人才短缺、数据孤岛等问题，这需要政府、企业和社会各界采取措施合力解决。

三、国内相关政策法规

中国在数字服务贸易领域的立法进展明显滞后于该行业的迅猛增长与实际需求，这直接加剧了监管空白与不足的问题。目前，关于数字服务贸易的政策框架主要停留于宏观指导层面，缺乏详尽且具备可操作性的执行细则，难以为行业的精细化管理和稳健发展提供有力支撑。特别是在数据全生命周期管理（涵盖收集、整理、生成、存储、传输、使用等各环节）及隐私保护、商业秘密和知识产权保障等核心领域，相关法律法规体系尚不完善。

以个人信息保护为例，作为全球网络信息时代的重要基石性法律，中国的个人信息保护法尚未正式出台。相比之下，加拿大早在 1983 年便建立了《隐私法》的基础，并于 2000 年通过《个人信息保护与电子资料法》实现了法律框架的现代化与高效化，为个人信息电子资料构筑了坚实的法律防线。中国在此领域的立法滞后，不仅危及个人数据的安全与隐私权益，也阻碍了数字服务贸易中数据要素的高效流通与利用。

---

① 朱福林. 中国数字服务贸易高质量发展的制约因素和推进路径［J］. 学术论坛，2021，44（3）：113-123.

此外，传统服务贸易领域的政策法规体系在应对数字服务贸易这一新兴业态时显得捉襟见肘。数字服务贸易以其无国界性、以数字化知识和信息为关键生产要素的特性，在全球范围内自由流动，这对现有的生产、交付、监管、税收、版权保护及个人隐私保护等法律法规体系构成了全新挑战。国内现行政策的不足与滞后，不仅难以有效应对数字化带来的新型风险与挑战，还直接制约了数字服务贸易的创新发展。

具体而言，如电影分级制度的缺失，既为国外数字电影的进口带来分类难题，也阻碍了国产数字电影在国际市场上的合理定位与有效推广，成为文化产业数字化转型升级的显著瓶颈。综上所述，国内在数字服务贸易领域的立法滞后与不完善已对服务贸易的数字化转型造成显著影响，亟须加速立法进程，构建适应数字时代需求的法律法规体系，以支撑并保障数字服务贸易的健康发展。

四、资金等支持性要素供给程度

服务贸易数字化转型过程中涵盖技术研发、设备更新换代、人才培养等多个维度，势必需要庞大的资金作为支撑。这一资金要求不仅是对企业当前财务状况的深刻考量，更是对其未来增长潜力的前瞻性投资。确保充足的资金注入，能够使企业在数字化转型之路上拥有坚实的资源基础，从而加速转型步伐，优化转型成果。

然而，若资金供给未能满足需求，企业或将面临技术停滞不前、人才资源流失等严峻挑战，这无疑会对数字化转型的顺利推进构成阻碍。因此，资金支持的重要性不言而喻，它赋予企业更多探索新技术、新模式及新业务领域的资本与能力，助力企业拓宽数字化转型的广度与深度。具体而言，企业可利用资金优势构建跨境电商平台，促进服务贸易的全球化拓展；或者是投资于智能客服系统的研发，以提升服务贸易的智能化层次。

此外，资金供给的稳定性同样不容忽视。资金链条的断裂风险可能因资金供给的不稳定而浮现，进而威胁到转型过程的连续性与稳健性。因此，保持资金支持的稳定性，对于企业在服务贸易数字化转型过程中的顺畅运行至关重要。唯有在财务稳定的保障下，企业方能心无旁骛地投身于数字化转型的各项工作中，推动转型进程向纵深发展。

第四章

服务贸易数字化转型的总体状况

随着科学技术快速迭代带动数字经济蓬勃发展，服务贸易数字化转型进程持续发展，全球数字服务贸易规模持续扩大。WTO 数据显示[1]，2013—2022 年，全球数字服务贸易出口规模由 2.4 万亿美元增长至 4.1 万亿美元，年均增幅 6.0%，超过同期货物贸易和其他服务，占服务贸易出口的比重从 50.0% 增长至 57.8%。尤其是面对全球新冠疫情的不利影响，数字服务贸易仍保持逆势增长，2020—2022 年增速分别为 1.6%、15.6% 和 3.4%，成为驱动贸易增长的新引擎。

纵观全球，作为数字、信息技术创新的重要策源地，欧美等发达经济体数字服务出口处于领先地位，同时新兴经济体数字服务出口规模也在持续扩大。WTO 数据显示，在 2022 年全球数字服务贸易出口前 10 位国家中，前 6 位均为欧美发达国家，出口规模占全球比重合计达 47.4%。其中，美国数字服务贸易出口 6 561 亿美元，占全球数字服务贸易出口的 16.1%，是排名第 2 位英国的近 2 倍。[2] 与此同时，随着信息通信技术、电子商务领域竞争力的不断增强，以中国等为代表的新兴经济体数字服务贸易出口规模迅速扩大。

第一节　欧美主要发达经济体服务贸易数字化转型的状况

一、欧美主要发达经济体服务贸易数字化转型的现状及特征

（一）服务贸易数字化进程世界领先

德国服务贸易数字化进程在技术层面、经济层面以及企业开展业务层

---

① 国家外汇管理局：数字服务贸易为我国贸易发展注入新动能［EB/OL］.（2023-09-30）［2024-07-22］. https://baijiahao.baidu.com/s?id=1778459111506998799&wfr=spider&for=pc.

② 德国发布"数字战略 2025"［EB/OL］.（2021-01-20）［2024-08-18］. https://www.scdsjzx.cn/scdsjzx/guowaifagui/2021/1/20/a22301a980b24ec8aad89ae917fda0a9.shtml.

面在世界处于领先地位。德国的数字化进程包括三个阶段，工业 4.0、智能服务世界以及自治系统。工业 4.0 是靠技术驱动，智能服务世界是靠商业驱动。利用工业 4.0 实现德国生产基地的现代化。将德国发展为工业 4.0 的引导者和主要应用者，成为世界上最现代化的工业基地。为发挥工业 4.0 的潜力，建立微电子资助项目，发展对于工业 4.0 至关重要的传感器执行器，参与欧盟微电子研究创新项目，2017—2019 年提供 10 亿欧元的国家资金。积极落实工业 4.0 平台的实施建议，加强国际合作，如与中国在工业 4.0 领域的合作将强化德国企业在中国市场的地位，此外还与美国工业网络公司就共同领域展开合作。智能服务在 2013 年就已经提出，领先企业已经验证了技术并开始推广，越来越多的企业开始使用物联网技术，这时以商业模式①探索为主；当企业广泛应用了新的商业模式之后，将会对社会产生巨大的影响，涉及相关的法律、商业伦理将会发生重大的变化，在未来的数字经济时代，自治将会是主要特点。

法国将贸易数字化与农业相结合。利用数字化打破供需之间的信息壁垒。通过运营 "fraisetlocal. fr" 等网站，鼓励了消费者与生产者之间进行直接联系；推进 AgriConsent 等项目，规范了农业数据的共享和用户授权流程，确保数据的合法、安全使用；通过 NumAlim 项目，建立了食品工业数据交换平台，促进了数据在食品链各环节的流通和利用；参与了 Gaia-X 项目，旨在建设一个先进的数字基础设施，支持跨行业、跨国界的数据共享和协作；在欧盟《欧洲数据战略》的框架下，推动农业数据空间的发展，旨在创建一个安全、可持续的数据共享环境。

法国通过 "农业—创新 2025" 计划提供指导和资金支持，实施了 2 亿欧元的项目招标，以加速农业科技的发展。这些企业可能涵盖了从无人机、机器人技术、数据分析到农业电子商务等多个方面，它们利用大数据、人工智能、互联网技术等在农业领域的应用，为农业产业带来了创新解决方案。此外，法国政府推出的 "农业科技 20 强（Agritech20）" 计划，每年选拔 20 家有潜力成为行业冠军的农业科技初创企业，为其提供支持，以促进这些企业的成长和发展。

---

① 李三希等. 全球数字经济三极格局：发展特征、重要举措与中国应对［EB/OL］. （204-06-26）［2024-08-18］ https://www.163.com/dy/article/J5KH97R50552A9XP.html.

（二）主导数字经济全球治理领域话语权

美国和欧盟同样在全球治理中地位突出，在不同议题、不同领域、不同形式上推动形成公示，以构建全球制度。美国在数字经济创新生态完善，占据全球竞争优势和主导地位。美国建立了完善的创新生态系统和产学研协同合作机制，使数字经济底层技术领域的前沿创新理论和科技成果迅速转化为商业应用。这种机制培育出的行业龙头企业往往具有显著的国际化垄断特征。美国在互联网、云计算、大数据、人工智能、物联网、区块链等多个前沿领域都具备世界领先的创新技术实力和市场份额，并孕育了众多数字经济领军企业，如谷歌、亚马逊、微软等。通过快速更新迭代的技术创新与产品升级，企业可在全球范围内率先提供差异化的优质产品与服务，以创新引领效应，强化国际竞争力。凭借在数字技术和数字产业方面的优势，美国通过跨国投资、技术转让、国际合作和标准制定等多种方式，向世界输出其数字经济理念和实践模式。这种全球性的影响力不仅巩固了美国在数字领域的竞争优势和话语权，还确保了其在大国数字经济博弈中的战略优势和主导地位。

随着数字经济发展，欧盟正在努力增强其技术能力并建立全球治理规范。一方面，欧盟对数字经济市场规范和竞争监管给予极大重视，实施了一系列严格的监管措施，以确保维持数字市场公平公正的竞争环境。另一方面，欧盟着眼于构建统一的数字治理框架，致力于打破成员国间的地域和制度边界，全面加速数据流通共享，以促进形成服务欧盟共同体的单一市场，实现欧盟整体数字化发展的长期目标。欧盟在数字经济领域拥有成熟完备的竞争政策体系，其数字经济规范监管能力长期位居世界前列。

（三）数字服务企业全球领先

美国的微软、谷歌、苹果、脸书和亚马逊是当前欧美社会的五大数字巨头。从规模上看，截至 2022 年 5 月 20 日，苹果公司市值为 2.22 万亿美元，微软为 1.89 万亿美元，谷歌为 1.43 万亿美元，亚马逊为 1.10 万亿美元，脸书为 0.52 万亿美元，五大巨头并到一起的市值超过 7 万亿美元。[①]

---

① 庞金友. 当代欧美数字巨头权力崛起的逻辑与影响 [J]. 人民论坛，2022（15）：80-85.

除了富可敌国以外，数字巨头们真正的优势在于掌握了全球主要的信息流和海量用户的使用习惯、兴趣偏好、购物社交、搜索取向等信息，垄断了全球数字经济和互联网及衍生市场。新冠疫情击垮了许多跨国公司的业务，甚至一些主权国家的公共财政也开始捉襟见肘，但这些数字巨头们的业绩几乎未受影响，有些甚至不降反升。

二、欧美主要发达经济体服务贸易数字化转型的动因

（一）确保数字领域的科技优势和领先地位

美国是当今世界数字贸易最发达的国家，在数字技术和数字服务贸易领域具有明显优势，其主张集中体现在第二代数字贸易规则上。作为数字搜索引擎服务提供者，谷歌占全球搜索引擎市场份额约 92%；作为网络社交媒介提供者，脸书全球月活跃用户约占世界人口的 1/3。依靠其数字产业和技术优势，美国数字领域主张集中在推动数字贸易自由化等相关政策上，聚焦于"跨境数据自由流动""网络接入与使用"等第二代数字贸易规则。

数字技术是科技领域的核心要素，确保数字技术的世界领先地位，对美国未来经济繁荣和国家安全至关重要。拜登政府认为，美国需要制定一个以"数字现实政治"为基础的宏大战略，通过推广数字创新政策体系来打压以中国为主的竞争对手，保持美国的科技优势。2022 年 3 月，美国总统拜登签署了一项行政命令，指示政府机构仔细研究加密货币可能带来的好处和风险，包括研究创建美国央行数字货币（CBDC），以强化美国在全球金融体系和经济竞争力方面的领导地位。美国国家科学基金会（NSF）数据显示，在人工智能领域，美国政府将向国家科学基金会下属 5 个 AI 研究所各投资 2 000 万美元；在量子信息领域，未来五年，美国政府将投资 6.25 亿美元，并在 5 个能源部下属实验室新设量子信息研究中心。

（二）支持数字企业强化竞争力

前沿数字企业所拥有的数据资源和技术优势，对于各国在国际竞争中抢占制高点和话语权尤为重要。拜登政府提出，要强化数字领域政企合

作。美国政府开始对半导体等产业的企业进行补贴与投资支持，与科技巨头的技术合作也将高于反垄断的目标，全球数字霸权战略诉求优先于公平竞争。与此同时，美国进一步加大对华科技尤其是核心技术的打压，并逐步向整个科技生态系统扩展，力求压缩我国科技企业生存空间。比如，美国持续围绕"人权""网络安全"等议题挑拨国际关系，破坏和抹黑我国科技企业商誉。

（三）推行数字发展战略

构建数字多边联盟。美国数字贸易治理主要通过与有关国家和地区谈判协商，推动以服务贸易为主的贸易规则制定来实施。拜登政府的"印太经济框架"力图通过继续主导地区贸易规则制定，重拾被特朗普政府舍弃的政策工具，以深化与印太以及西方阵营之间的战略协作。为此，美国加紧与多个国家就数字贸易议题进行谈判，借助《美日数字贸易协定》《美墨加协定》等的相关规则，吸收《数字经济伙伴关系协定》等的相关条款，构筑"数字霸权"。一是加强与日韩等东亚国家的合作，力争在数据使用等领域统一标准，达成数字贸易协议。二是不断加大投入拉拢印度，频繁诱压东盟国家选边站队，拟占据"印太数字贸易协定"与《数字经济伙伴关系协定》竞争主导权。三是利用澳大利亚、加拿大等国家，阻碍中国加入《全面与进步跨太平洋伙伴关系协定》谈判的进程。

（四）构建数字经济治理体系

美国力图打造一个普遍的、体现美国意志的全球数字贸易治理体系。为了应对传统贸易规则可能引发的风险，美国政府积极制定发展电子商务政策。1995 年，克林顿政府开始拟定《全球电子商务框架》，确立了美国数字贸易发展的精神和原则。2001—2010 年的探索期和 2011—2020 年的高速发展期，美国历任政府不断完善国内数字贸易相关法律法规，率先推出数字贸易规则。美国参与全球数字贸易治理主要是通过主动与主权国家协商，大力推动体现本国利益的数字贸易规则谈判以及以服务贸易为主的贸易规则的产生和实施。美国[①]通过与澳大利亚、墨西哥、日本、加拿大

---

① 李晓嘉. 美国数字贸易战略：趋势、影响与应对 [J]. 人民论坛，2023 （14）：89-93.

等国家签订的自由贸易协定，突出以"自由""便利"为核心的数字贸易政策主张，在数字贸易规则领域形成了一个较为全面的、高强制性的"美式模板"。即使在 2017 年特朗普政府宣告退出《跨太平洋伙伴关系协定》，但其在过往谈判中提出的一些理念仍然深刻影响着接下来的国际数字贸易规则制定，其主导的规则条款也往往被当作全球各类数字经济协定的蓝本。在跨境数据流动方面，美国把跨境数据自由流动认定为数字贸易规则中的核心条款。美国数字贸易产业的服务提供和业务运营，建立在对数据的自由获取和跨境流动基础上。在《美墨加协定》中，美国明确要求，不得禁止与要求各缔约国以国家安全为由阻碍跨境数据自由流动。在源代码本地化方面，美国坚持反对数据协定源代码强制本地化。美国知识和技术密集型企业掌握大量全球领先的专利技术，源代码本地化会增加企业在知识产权保护方面的担忧，所以对于当地要求企业提供软件源代码的政策较为抵触。不过在实际谈判过程中也存在一定灵活空间，美国在相关条款规定了"安全例外"或"一般例外"，增加了与他国在这方面妥协并协商达成一致的可能性。在知识产权保护方面，美国致力于制定高标准的知识产权保护规则，包括知识产权的强保护和知识产权执法的高标准。美国作为全球实力最雄厚的软件服务供应商，强调禁止强制性技术转移，制定相关贸易规则禁止对企业提出转移技术、生产流程等其他产权信息的要求。在个人信息保护方面，美国提倡尽可能减少个人信息保护规制带来的干扰。

长期来看，美国将继续大力维持其在全球数字贸易治理领域的影响力，强调保持数字经济领导地位，以保护开放和自由的互联网为借口，不断强化对全球数字贸易规则制定的主导权。美国在全球治理方面坚持以本国更卓越为立论基础的例外论，特朗普政府强调"美国优先"，而拜登政府继承了特朗普政府部分贸易政策，并将"数字霸权"与国家安全联系在一起，将经济、科技议题"安全化"。此外，美国也一直积极参与并主导制定国际贸易协定，其中的很多规定都彰显了美国的意志和主张。今后，美国依旧会通过深化与印太以及西方阵营之间的战略协作，构建数字贸易领域"小圈子"，维护其数字贸易规则制定的主导权。

第二节　RCEP 成员国服务贸易数字化转型的状况

一、RCEP 成员国服务贸易数字化转型的现状及特征

（一）RCEP 成员国所属的印太地区在全球数字服务贸易发展中具有战略地位

印太地区在地理区位上连接亚洲和太平洋，又将重要的贸易通道涵盖其中，是经济和贸易的重要区域，也是地缘政治竞争的前沿。美欧日等主要发达经济体对印太地区极为重视，这源于该地区重要的战略地位和不断迸发的经济活力。[①] 首先，美国通过构建"印太经济框架"（IPEF）来重塑印太地区数字贸易治理的话语格局，目的在于形成印太地区数字贸易治理的主导权，同时获取广大亚太市场数字经济发展的红利。[②] 其次，欧盟同样制定了印太战略，希望通过"全球门户"战略，在印太地区寻求可信赖数字经济合作伙伴，以高标准数字贸易协定的构建来推动数据自由流动、保护数字知识产权、确保网络安全和隐私保护，来促进数字服务和数字产品的贸易。最后，日本通过参与制定大量的双边和诸边数字贸易协定，如《全面与进步跨太平洋伙伴关系协定》和《日欧经济伙伴关系协定》（EPA），以及通过缔结《日美数字协议》和《日英经济伙伴关系协定》，在印太地区的数字贸易规则形成中占据了主动地位。此外，日本还在多边及诸边贸易组织框架中倡导"可信数据自由流动"的概念，并领导着 WTO 电子商务谈判的联合声明倡议。

中国同样在印太地区强化数字贸易建设。中国通过提出"数字丝绸之路"倡议，旨在帮助共建"一带一路"国家建设数字基础设施，加速相关产业的数字化转型。这一举措不仅促进了印太地区的数字经济发展，还加

---

① 潘晓明."印太经济框架"展望及其对亚太经济融合的影响 [J]. 国际问题研究，2022（6）：119–134+138.

② 周念利，于美月. 美国主导 IPEF 数字贸易规则构建：前瞻及应对 [J]. 东北亚论坛，2023，32（4）：82–97+128.

深了该地区国家在贸易发展、金融、信息基础设施等领域的全方位交流合作。

(二) 数字化催生服务贸易新业态

电子商务和配送服务快速增长。受全球新冠疫情的影响，跨境出行受到限制、境外消费者数量减少，而东盟地区的旅游服务贸易受损严重。尤其在境外消费模式下的服务成交额大幅降低，大多数零售实体店被迫长时间关闭，反而加速了电子商务的发展和消费者需求的增加。东盟区域的消费者开始转向电子商务网站来满足他们的大部分生活消费需求。许多传统商家也选择使用这些网站来展示出售他们的产品。政府和大型电商平台还推出相应激励措施，鼓励小企业在线销售产品。东南亚国家消费者表现出在网上购买各种商品和服务的意愿，并随着线上购物需求的快速增长，该服务对快递业的需求也出现激增。另一个典型特征是东南亚的数字支付格局发生变化。尤其自新冠疫情暴发以来，东南亚地区的数字支付急剧扩张。汇丰银行的报告显示，预计到 2030 年，东盟内部数字支付额将增长 3 倍，达到 1.5 万亿美元。为了支撑数字支付的快速增长，东盟需要必要的基础设施。其中，新加坡和泰国已采取手段，通过连接新加坡 PayNow 和泰国 PromptPay 的实时支付系统来协调支付。

同时，RCEP 地区涌现服务贸易数字化转型的新业态。中国—东盟信息港开展了大约 20 个项目的对接及落地合作，塑造了一批面向东盟区域的互联网平台。这些项目涵盖了数字政府、数字企业、新型通信等领域。打造集"交易、通关、金融、物流和服务"为一体的跨境贸易综合服务平台，也形成了跨境电子信息及软件服务产业链，云计算等新一代信息技术在跨境电商、跨境数据交易等领域运用。这在很大程度上促进了跨境贸易，提升了人们的生活便利度。原来国家之间的贸易只有线下的模式，但是目前线上线下都可以进行贸易这给企业带来了机遇。

(三) RCEP 成员国数字服务贸易企业新模式凸显

整体上看，大部分企业数字化转型处于早期阶段。从各个领域来看，在工业企业中进行过数字化转型的企业占比最大，服务业企业次之，而农业企业比例最低。RCEP 为东盟中小微企业创造了更有利的数字贸易环境，还帮助提升中小微企业的数字化能力、提高企业效率、增加企业收益，这些为东盟电子商务和数字支付等领域的进一步增长奠定了基础，促进数字经济发展。RCEP 生效后，在服务贸易方面，RCEP 成员国总体上均承诺开放超过 100 个服务贸易部门，涵盖金融、电信、交通、旅游、研发等，并承诺于协定生效后 6 年内全面转化为负面清单，进一步提高开放水平。跨境电商、互联网金融、在线办公、在线教育、在线问诊、网上交易会等新业态、新模式将迎来更大发展机遇，也将为本地区人民生活带来更多实惠和便利。

（四）RCEP 成员国积极融入数字经济全球治理新格局

2021 年第四季度 RCEP 签署协定以后，东盟国家的指数快速上升，跨境电商在疫情时逆势增长。在 RCEP，东盟中小企业机遇明显，包括更广阔的电商市场、更全面的支持、更有力的产业政策。报告显示，东盟十国政府都推行了各类支持政策以推动数字经济、数字贸易的发展，每个国家在未来三年的复合增长率有望达到 15% 以上。2021 年 1 月，东盟通过在首届东盟数字部长会议上发布的《东盟数字总体规划 2025》（ADM）来强调数字化的重要性。ADM 将东盟设想为 "领先的数字社区和经济集团，并由安全和变革性的数字服务、技术和生态系统提供支持"。总体规划强调了 5 个重点领域，分别为可持续基础设施、数字创新、无缝物流、卓越监管和人员流动。在该规划通过之前，东盟已采取其他措施修改跨境贸易规则并加强数字连接。电子商务领域的一项重要协议是 2019 年签署并于 2021 年生效的《东盟电子商务协议》。该协议旨在促进跨境电子商务交易并提高东盟电子商务法规的透明度。此外，东盟成员国数字部部长还于 2021 年 1 月批准了《东盟数据管理框架》（DMF）和《东盟跨境数据流示范合同条款》（MCCs）。2025 年东盟数字总体规划和电子商务协议是团结东南亚国家在关键问题上迈进的良好第一步。[1]

（五）RCEP 地区的服务贸易数字化转型战略较为完备

一方面，RCEP 构建了完善的服务贸易数字化转型的区域战略。就

---

[1]　政务：北京大学区域与国别研究院. 东盟数字经济转型的现状及推进措施 [EB/OL]. (2023-06-05) [2024-07-22]. https://m.thepaper.cn/baijiahao_23218038.

RCEP 条款中有关电子商务的部分来看，不仅沿袭了一些传统电子商务规则成果，还在跨境信息传输以及数据本地化达成了共识。这在很大程度上促进了成员国之间电子商务的发展，有利于营造良好的电子商务发展环境，大大促进了区域内电子商务的发展。RCEP 助力成员国在区域内形成了更加规范统一的规则体系，还运用数字技术手段，促进成员国之间共享信息、互相调整经贸政策、大幅提升物流通关速度。成员国之间承认电子签名的效力旨在促进无纸化贸易承诺，这一举措为网络交易的开展提供了制度性的保障。

另一方面，RCEP 成员国内部也根据本国和本地区的实际情况，构建了服务贸易数字化转型的战略。中国移动在 2024 中国移动东南亚区域合作会议上与来自泰国、印尼、越南、新加坡等多个国家的合作伙伴，共同发布了"共建东南亚数字经济新基座倡议"，促进东南亚数字基础设施互联互通，助力东南亚地区数字经济与人工智能发展。越南于 2024 年 2 月公布"2030 信息通信基础设施规划及 2050 愿景"，力争到 2030 年实现越南全国宽带网络基础设施升级。2024 年 7 月，新加坡将额外拨款 1 亿新元，在"金融领域科技和创新 3.0 计划"框架下，支持金融机构在量子计算和人工智能领域的能力建设。

二、RCEP 成员国服务贸易数字化转型的动因

（一）技术原因

一方面，数字技术的应用在数字化转型中起到重要作用，它能够推动降低服务贸易成本、推动服务贸易结构升级、提升服务贸易的社会福利、推动完善服务贸易治理体系、推动降低服务贸易风险、推动吸引外商直接投资。另一方面，数据要素与现代信息网络在服务贸易数字化转型中也创造着规模经济效应、外部效应以及创新性效应。反观 RCEP 成员国，尤其是主导经济体东盟，其数字技术尚未完全普及，导致数字基础设施发展不完善。在整个东南亚，光纤连接和宽带网络等关键基础设施仍然滞后。东南亚国家的欠发达地区和农村地区仍然面临着互联网连接不畅、互联网和移动电话普及率低的问题。虽然东盟的一些成员国正在大力投资 5G 甚至 6G 技术，但多数国家仍然依赖 3G 网络，而且连接时断时续。正因为如

此，RCEP 内的发达国家、发展中国家和最不发达国家都在积极构建本国的数字基础设施网络，以高效、快速进入亚太地区活跃的数字经济与数字贸易发展的"活力圈"。

（二）制度原因

数字领域的发展战略与政策能够帮助经济体消除数字贸易壁垒、降低信息不对称，进一步促进扩大市场开放与合作交流，同时增强监管与安全保障。RCEP 是当前中国加入的最高标准的区域贸易协定，其在服务贸易、投资、数字贸易、自然人流动、原产地规则领域都取得了制度创新。特别地，RCEP 数字化条款的引入，加上原产地证明形式多样化，增加了由出口商或生产商自主出具原产地声明的方式，这有助于提高 RCEP 地区贸易便利化水平。数字化服务使得企业能够更便捷地获得原产地证书，享受政策红利，从而提高了企业的效率和竞争力。随着数字化技术的发展，企业需要通过数字化转型来提升自身的竞争力和适应市场变化。RCEP 的生效为成员国提供了更广阔的市场机会，企业需要通过数字化转型来提高效率、降低成本、创新产品和服务，以适应新的市场竞争环境。

（三）地缘战略原因

一方面，从区域战略层面上，RCEP 作为一个区域经济一体化协议，旨在加强成员国之间的经济合作和贸易往来。[1] 数字化服务，可以促进成员国之间的信息共享和业务协同，推动区域经济一体化升级。另一方面，从地缘政治层面上，地缘政治和供应链风险。随着时间的推移，始于 2018 年的中美贸易摩擦在许多方面表现出地缘政治竞争态势，尤其是在技术领域。当美国商务部将中国科技企业"华为"列入"实体名单"时，中美科技竞争进入激烈状态。这也导致各国政府在是否允许使用华为的 5G 基础设施问题上产生争论，这迫使东盟不得不在中美两个大国之间做出选择。

---

① 李涛，徐翔. 加强数字经济国际合作 推动全球数字治理变革［EB/OL］.（2022-09-06）［2024-08-18］. http://theory.people.com.cn/n1/2022/0906/c40531-32520239.html.

三、世界主要国家和地区服务贸易数字化转型的经验

(一)制定数字战略，争取全球治理话语权

加强数字经济治理合作，推动构建全球治理新秩序。目前全球范围内尚不具备统一规范的数字经济治理框架，各国在数字经济治理上缺少足够共识，相关规则孤立且零散，无法形成有效治理模式与完整治理体系。我国应积极开展双边及多边的数字治理合作，推动建立开放、公平、非歧视的数字营商环境，破解当前的全球数字治理赤字；应积极参与国际组织数字经济议题的谈判与体制建设；应积极参与相关议题的讨论与治理体制的建设工作，并基于中国数字经济发展实践建言献策，积极维护发展中国家群体的正当权益；应进一步完善和维护以区域性机制为主的双、多边数字经济治理机制，深化政府间数字经济政策交流对话；应积极主动向世界提供数字治理公共产品，有效弥补现有国际数字经济治理体系存在的缺陷，秉持共商、共建、共享的全球治理观，促进推动建设开放型世界经济，开创国际数字经济合作新局面。

(二)注重科技力量，推动底层技术革新

加快数字技术创新，夯实数字产业发展基础。强化基础性研发设计，提高前沿性技术创新能力；围绕数据科学理论体系、大数据计算系统等重大基础研究进行布局，突破大数据核心技术，促进产学研深度融合，加快构建自主可控的大数据产业链、价值链和生态系统。推动服务企业数字化转型，加强数字化技术对企业生产要素各个环节的改造升级，推动技术、业务、人才等资源配置优化，引领组织流程、生产方式重组变革，从而提升企业运营效率；培育具有国际竞争力的数字化平台企业，支持平台企业在引领发展、创造就业、国际竞争中大显身手。

(三)加强业态融合，促进数字技术与服务贸易的融合发展

推动服务企业数字化转型，加强数字化技术对企业生产要素各个环节的改造升级，推动技术、业务、人才等资源配置优化，引领组织流程、生产方式重组变革，从而提升企业运营效率；培育具有国际竞争力的数字化平台企业，支持平台企业在引领发展、创造就业、国际竞争中大显身手；

加快建设数字口岸、国际信息产业和数字贸易港，构建国际互联网数据专用通道、国际化数据信息专用通道和基于区块链等先进技术的应用支撑平台，大力发展跨境电商。

（四）鼓励企业创新，增强企业数字化转型的内部动力与竞争力

企业数字化转型是提高竞争力的必然选择，通过数字化转型，企业可以实现高质量发展和增强综合实力。企业需要利用最新的信息技术，如人工智能、大数据、云计算、物联网等，来推动业务的创新和发展。这些技术是数字化转型的基石，帮助企业实现自动化、智能化，提高效率和响应速度。企业应重新审视自己的业务模式，探索新的商业机会，借助数字技术进行创新，实现从传统业务向数字化业务的转变。

（五）做好内外协调，兼顾开放与保护

发挥我国在数字经济发展中的比较优势，积极推动数据要素市场建设。首先，数字贸易发展较发达的长三角、珠三角区域等应率先启动数字贸易协同发展机制，在加大核心技术研发、增强数字经贸合作的同时，与RCEP东盟国家等在数字要素市场搭建方面进行积极合作。其次，围绕数据生产、加工、定价、交易等关键环节，在 RCEP 框架内探索解决数据确权与认证问题的新途径，增强区域内数字战略合作互信，在保障安全的基础上尝试构建数字跨境流动的新机制。最后，开展跨境数据存储和传输、数据分析和挖掘、数据运维和管控等业务，提升数据要素在助力市场发展中的作用，持续不断地打造高质量数字产品。

第三节 我国服务贸易数字化转型的总体状况

一、我国服务贸易数字化转型的新特征与新态势

（一）数字经济与数字贸易的发展迅速

数字贸易已成为中国贸易增长的重要组成部分，中国数字贸易出口增速较快。根据 UNCTAD 的数据，2013—2021 年，中国可数字化交付服务贸

易出口额年平均增长率达到 11.33%，表现更为突出。与此同时，美国的年平均增长率为 4.98%，德国为 5.70%。这表明中国在数字贸易方面具有较快的增长势头。2013 年，中国可数字化交付服务贸易出口额占世界可数字化交付服务贸易出口额的比重为 3.46%。2021 年，中国可数字化交付服务贸易出口额占世界可数字化交付服务贸易出口额的比重为 5.11%。2022 年，中国可数字化交付服务贸易规模达到 2.5 万亿元，其中中国可数字化交付服务贸易出口额为 3 727.1 亿美元（见图 4.1）。

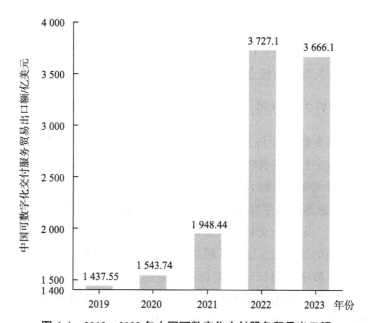

图 4.1　2019—2023 年中国可数字化交付服务贸易出口额

资料来源：《中国数字贸易发展报告》、作者根据 WTO STATS 数据库计算获得。

（二）数字平台企业发挥重要作用

第一，数字平台企业是数字前沿技术的重要创新力量。中国多数头部数字平台企业在推动数字技术创新突破过程中发挥着关键主体作用。根据企业公开披露的信息可知，2020—2022 年市值排名前十的数字平台企业在技术研发领域的投入累计超过 5 000 亿元，年平均增速达到 15%，所获得的授权专利数超 5 万件，专利质量呈显著上升态势。2024 年 4 月，中国人民大学发布的《平台企业数字技术发明专利研究报告》显示，中国数字平台企业专利申请授权量在过去十年间实现了快速增长，阿里巴巴、百度、京东等数字平台企业的关键数字专利从 2011 年的 394 件增长至 2022 年的 20 625 件，并且在人工智能等领域的专利授权量已经位居世界前列。

第二，数字平台企业是数字产业技术的主要创新源泉。数字平台企业独特的技术架构使其能够有效解决传统技术创新存在的研发与应用转换问题，成为数字产业技术创新的源泉。基于数字平台企业形成的平台创新生态系统，一端连接着多维复杂的商业应用场景，另一端连接着海量开发者提供的数字技术和应用研究能力，通过对全球创新资源的广泛连接、高效匹配和动态优化，构建起一个新技术高效研发、低成本验证及大规模、快速商业化的新场景和协同创新体系。如今，数字平台企业及其生态系统已成为数字技术研发、扩散、产业化的超级孵化器和核心加速器，有效弥合了科技创新与产业化之间的"断裂带"。

第三，数字平台企业是驱动产业转型升级的新引擎。应紧抓新一轮数字技术革命带来的发展机遇，坚持以数字技术作为创新驱动，发挥数字技术的高链接性和强渗透性，加快推进产业数字化，促进数字技术与实体经济的深度融合，推动产业数字化、网络化、智能化转型升级。①

（三）新业态和新模式引领全球发展

在 ICT 服务方面，中国长期保持服务贸易顺差，2022 年的贸易顺差为 172.79 亿美元，较 2021 年增长了 58.81%。当前，随着新一代信息技术的快速发展，ICT 服务贸易规模的持续增长说明我国数字化转型步伐较快，现已具备较强的国际供给能力。

随着数字技术、数据要素在各行业的应用，以电子信息技术为基础的数字经济正成为推动工业经济发展的重要力量，现代交通正成为数字经济发展的重要领域。最近，中国不断加深与共建"一带一路"国家在电子商务、贸易平台服务、智慧物流等领域的合作，共建"一带一路"正展现出新的模式，我国正依托数字经济和新技术，促进传统技术服务贸易向数字化转型，进一步提高技术服务贸易的整体竞争力。

---

① 张任之. 数字平台企业高质量发展驱动形成新质生产力的内在逻辑和实现路径 [J]. 理论学刊，2024（4）：122-130.

（四）宏观战略支持服务贸易数字化转型

当前，世界经济发展动力不足，贸易保护主义抬头，在此背景下，区域经济合作成为国家开放发展的重要战略选择。区域价值链相较于冗长庞大的全球价值链，其安全性更高、韧性更强，对市场需求更能及时做出反应。加强区域服务贸易合作，特别是要加强与共建"一带一路"国家的服务贸易合作，促进各类资源要素跨境流动便利化，培育更多经济合作增长点。在技术输出方面，我国与共建"一带一路"国家技术贸易合作十分活跃，尽管全球贸易受到新冠疫情的负面影响，但我国面向共建"一带一路"国家的技术输出规模逐年增长。

根据《2022 全国技术市场统计年报》，2021 年，我国输出至 42 个共建"一带一路"国家的技术合同共 715 项，成交额为 609.5 亿元，同比增长 13.1%。其中，新加坡（成交额占比为 20.4%）、柬埔寨（成交额占比为 20.1%）、伊拉克（成交额占比为 10.9%）成绩不俗。输出到共建"一带一路"国家的技术领域主要集中在城市建设与社会发展、现代交通、电子信息等，其中，电子信息和现代交通等领域技术合同成交额增幅显著，分别较 2020 年增加 1.52 倍和 5.23 倍。

二、我国不同地区服务贸易数字化转型的状况

整体上看，我国地区层面的服务贸易数字化转型呈现差异化发展。京津冀已形成既有协同又各具特色的服务贸易数字化转型发展格局，粤港澳大湾区全球贸易数字化领航区建设也取得一定成效，成渝地区则较早在全国众多省市中推动了数字化转型的实践并成为西部样板。

（一）京津冀地区

京津冀已形成既有协同又各具特色的服务贸易数字化转型发展格局。京津冀作为北方最具经济活力的地区，数字应用场景广阔，为数字贸易发展提供了沃土。近年来，三地在数字贸易协同发展方面成效显著，已形成了既有协同又各具特色的发展格局。北京数字贸易发展最快、体量最大，在数字金融、数字科技、跨境电商等领域具有较强比较优势；天津在人工智能、算力算法、数实融合等领域已形成产业集群，并依托自贸试验区和

国家数字服务出口基地等载体，先行先试国际高标准数字经贸规则，取得长足发展；河北省积极打造数字化消费新场景，大力发展在线教育、线上文旅、远程医疗、互联网家政等数字消费新业态，不断丰富服贸领域数字化模式和通道。

近几年，三地在数字贸易领域已经形成合作机制，在每年中国国际服务贸易交易会上，三地轮流主办的京津冀服务贸易和服务外包协同发展论坛，已完成大量协同发展成果；在 2023 年中国国际服务贸易交易会京津冀重点产业对接洽谈会上，三地签订的《京津冀投资促进战略合作协议》，为全球数字企业来华投资提供更为广阔的空间。

为了进一步深化三地在数字贸易领域的协同发展，三地要加强在数据安全有序跨境流动方面的协同，在数据出境、数据安全、数据分级分类管理等方面形成统一步伐，将京津冀地区打造成我国在数据自由跨境流动方面的发展高地。三地应依托现有的载体、平台、机制，积极对接国际数字贸易高标准规则，为我国全面参与国际数字贸易规则制定积累实践经验。强化数字产业协同转型，推动三地数字平台、园区和企业加强合作，特别是北京和天津应在京津冀产业数字化转型进程中发挥更大作用，三地共建数字产业生态体系，加快形成区域内数字产业集群。同时，天津要紧抓全球数字产业发展前沿，打造数字贸易新优势。一方面，巩固现有基础，鼓励具有发展潜力的数字服务企业做大做强，占领更多国际市场份额。另一方面，利用数字经济促进产业交叉融合的特性，推动工业互联网、人工智能等新兴技术赋能传统产业数字化转型，挖掘数字贸易发展潜力。

（二）粤港澳大湾区

2022 年 1 月，广东省人民政府发布《广东省推动服务贸易高质量发展行动计划（2021—2025 年)》，提出推动粤港澳大湾区建设全球贸易数字化领航区，推动贸易磋商、贸易执行和贸易服务等重点贸易环节数字化。2023 年 4 月，国务院办公厅发布《关于推动外贸稳规模优结构的意见》，指出支持粤港澳大湾区全球贸易数字化领航区发展，加快贸易全链条数字化赋能，充分发挥先行示范效应，适时总结发展经验。

粤港澳大湾区全球贸易数字化领航区建设以贸易主体数字化转型和贸易全流程数字化赋能为主线，锚定两个阶段性目标，实施六大工作任务：

推动贸易主体数字化转型，加快贸易全链条数字化赋能，发挥贸易新业态数字化引领作用，提升服务贸易数字化水平，完善贸易数字化公共服务体系，推进贸易数字化治理体系创新。启动全球贸易数字化领航区建设以来，大湾区在加快服务贸易全链条数字化赋能和促进服务贸易高质量发展方面取得了积极成效。

一方面，数字贸易发展迅速。数字贸易是服务贸易的重要内容，在服务贸易中占有重要地位。近年来，广东数字贸易发展迅猛。从贸易总额来看，2017—2022 年，广东省数字贸易进出口额从 438 亿美元增长至 821 亿美元①，占全省服务贸易进出口总额的比重为 51.75%，数字服务进出口占全国 20%。近年来，广东省数字贸易进出口额增速均高于服务贸易年均增速和货物贸易年均增速。从贸易内容来看，数字贸易内容分布广泛，融合了信息技术和文化创意产业的网络游戏、数字娱乐、远程教育等，均已形成较大产业规模。截至 2023 年 11 月，在基地建设和企业培育方面，广东省拥有 100 家数字贸易领军企业，累计认定 8 家省级数字服务出口基地。广东省推动天河中央商务区等国家数字服务出口基地加快建设，并支持广州、深圳建设跨境电商国际枢纽城市，深化服务贸易创新发展试点建设。同时，华为、腾讯、中兴等数字贸易龙头企业不断发展壮大，助推粤港澳大湾区数字贸易快速发展。

另一方面，传统服务贸易供应链数字化进展加速。通过新技术、新服务和新场景的创新和应用，粤港澳大湾区不断促进传统服务贸易实现数字化改造，在贸易磋商、执行、服务等重点环节加快了数字化进程。在贸易供采对接方面，全球贸易数字化领航区在建 10 个外贸数字化公共服务平台，已建成运行 6 个市场采购贸易联网信息平台。在物流运输方面，国际贸易"单一窗口"实现海关、检验检疫、边检、税务、外汇等监管部门数据共享。在结算方面，粤港澳大湾区金融互联互通和一体化程度加深，"跨境理财通"业务试点进一步优化。此外，粤港澳大湾区涌现出许多数字贸易服务平台，这些平台也在一定程度上促进了传统服务贸易企业的数字化转型。例如，广州汇量科技有限公司依托高效的算法引擎为服务贸易企业

---

① 李勇坚. 数字化新优势，领航大湾区服务贸易 [EB/OL]. (2024-02-18) [2024-07-22]. http://tradeinservices.mofcom.gov.cn/article/yanjiu/pinglun/202402/161354.html.

出海提供服务；珠海横琴数字贸易国际枢纽港通过为中小企业提供一体化、全球化和数字化的综合交易服务，以数字贸易带动服务贸易数字化升级；粤港澳国际供应链有限公司的数字贸易服务平台（DSTP）通过搭建互联场景、为企业提供数字服务，帮助企业在数字场景下创新融资、结算、通关、销售等新模式。

（三）成渝地区

成渝地区较早在全国众多省市中推动了数字化转型的实践，谋划数字经济发展，其数字经济指数、大数据应用水平、数字消费力以及数字产业、数字政务、数字生活指数等均位居全国前列。在 2022 年中国数字经济城市发展百强排行榜中，成都和重庆分别列第 6 位和第 9 位。

1. 成渝地区数字经济发展的新特征、新活力

从区域性尺度看，成渝地区数字经济发展辐射能力持续扩大，逐渐呈现出"双核主导，多点发力"的良好态势与新兴活力。数字经济核心产业发明专利近五年平均增速达到 27.9%，数字化发展赶超态势显著，成都、重庆和绵阳形成了成渝地区双城经济圈数字经济发展的"金三角"。

从成渝两地的异质性看，成都和重庆作为发展极核，在数字经济的支点布局上有所不同，呈现各自的特点。重庆的工业基础较强，拥有 41 个工业门类中的 39 个，推进制造业数字化、智能化转型以及培育壮大数字经济是主要方向路径之一。近几年，重庆数字经济增加值保持年均增长 16%，2022 年数字经济增加值占地区生产总值比重达到 30%。成都则以产业建圈强链构建数字化发展新生态，壮大数字产业规模，围绕大数据、人工智能加快布局产业链。2022 年，成都数字经济核心产业增加值为 2 779.51 亿元，同比增长 6.1%；占全市地区生产总值比重为 13.4%，较上年同期提升 0.3 个百分点；占全省数字经济核心产业增加值比重达 64.3%。数字产品制造业、数字产品服务业、数字技术应用业、数字要素驱动业四大类业态增加值均实现同比增长，数字技术应用业增加值同比增长 8.1%，对数字经济核心产业增加值增长贡献率达 73.8%。大数据产业规模超过 600 亿元，人工智能产业规模超过 400 亿元，分列全国重点城市第三位和第五位，产业链布局覆盖各细分领域，基本形成较好的产业生态。

2. 成渝地区数字经济面临的发展瓶颈与短板

尽管成渝地区作为首批国家数字经济创新发展试验区，跑出了数字经济发展的加速度，取得了夯基筑台、聚势起步的亮丽"答卷"，取得了先行先试成效，积累了诸多可供借鉴的经验，但是还存在一些制约高质量发展的瓶颈问题。

一是成渝地区内数字经济发展不平衡。以数字经济与地区生产总值的比例测算，长三角数字经济占地区生产总值的比重超过40%，而成渝地区数字经济占地区生产总值的比重仅为30%左右，周边城市在数字化能力和水平上还存在较明显差距，除成都、重庆外，14座城市中仅有绵阳、德阳市入围数字经济百强。在新型基础设施竞争力维度方面，相较于数字经济新模式、新业态更为活跃的长三角与粤港澳大湾区，四川和重庆的新型基础设施竞争力指数在31个省份中分别排第8位、11位，位于"第二梯队"。此外，国家知识产权局的数据显示，截至2022年底，我国数字经济核心产业发明专利授权量为32.5万件[①]，其中七成左右集中在长三角、粤港澳大湾区和京津冀。这从侧面反映出成渝地区总体的数字经济创新能力还有较大提升潜力，双城经济圈内的大多数城市数字经济发展路径和举措同质化明显，特色化、个性化不足，城市间数字化协同程度不高。

二是成渝地区数字经济的融合度还不够。这主要表现在川、渝之间数字经济核心产业的跨区协同发展不高，数字化对中小企业的融合度不足。目前，成渝地区双城经济圈还未完全形成数据要素高效流通、交易机制，平台间的"数据壁垒"与企业间的"信息孤岛"难破，大数据架构体系不统一、标准规范不完善的弊端滋生出多种平台、多头管理、多重标准，制约了政务数据、社会数据、互联网数据跨区域高效流动，加大了中小企业数字化场景应用的推广难度，弱化了数字技术与实体经济深度融合的叠加赋能作用。量大面广的中小企业依然面临数字化转型动力不足和数字化转型能力不足的困境，"不敢转""不能转""不会转"现象普遍存在。

三、我国服务贸易重点领域数字化转型的状况

（一）旅游服务数字化转型状况

根据国家互联网信息办公室发布《数字中国发展报告（2022年）》，我国数字文旅经济市场规模于2022年达到9 698.1亿元[①]，同时文旅业也整体呈现供给收缩、预期转弱、成本上涨、消费多元化等特征，亟须加快数字化转型步伐。

但是，目前国内的景区数字化建设水平参差不齐，或者因为前期调研不足、项目周期长、建设和维护的成本高等问题，导致项目"夭折"或者迟迟没有完成目标，造成巨大损失。又或者，景区虽然落地了数字化项目，但不知道如何充分运用数字化工具，造成资源浪费或成果不佳。

数字化转型已经成为景区提高管理运营效率，提高游客体验的必由之路。但景区因为各自的规模、资源和定位不同，所以应该需要根据自身特点，因地制宜地进行数字化转型，才能以最低的成本，实现最大化收益。这包括选择适合自己的专业技术服务商以及系统解决方案，做好数字化项目落地计划，等等。

比如，对于中小景区来说，业态相对简单，产品需求并没有大型综合景区多，对系统功能的要求也大致相同，其选择云端部署、成本更低、落地更快的标准化系统解决方案比选择本地化部署，落地、更新周期长，建设维护成本非常高的定制化软件更合适。

（二）物流运输服务数字化转型状况

在物联网、人工智能、云技术、流程自动化（RPA）和区块链等新技术带动下，全球物流行业的数字化转型发展迅猛。构建物流信息畅通渠道应推动大数据平台建设和"互联网+"高效物流、加速多式联运信息共享；保障物流数据安全应使我国航运数字化标准及模式推广落地、构建企业数据安全管理体系。

---

① 海鳗云. 中国数字文旅市场发展现状［EB/OL］.（2023-11-17）［2024-07-22］. https://baijiahao.baidu.com/s?id=1782774344302139217&wfr=spider&for=pc.

目前，我国物流园区增速正在逐渐放缓。数字技术倒逼传统物流园区向智慧物流园区升级转型。

一是物流园区的数字化应用体现在多个应用场景，覆盖园区的运营管理、物流产业及综合服务，通过构建园区"智慧大脑"，即智慧服务管理中心，以数据中台为支持，应用云计算、GIS2、视频智能分析、无线通信、人工智能等技术，实现应用子系统的互联互通；应用智能化的设施设备，包括智能监控系统、智能分拣和搬运等系统集成物流设施，以实现业务增值、协同生态和连锁效益；构建智慧链接系统，实现人、物、车、园、城的连接互通。

二是物流园作为大物流体系的重要节点，充分发挥"万物互联"作用，青岛胶州湾国际物流园、张家港玖隆钢铁物流园、林安物流园等企业已形成了成熟的智慧园区打造路径。其中，运营模式数字化起到统领全局的作用，综合应用各类数字化科技手段，整合园区运营流程系统，盘活各方资源，增强对资源要素的整合应用，从而打造具有区域特色的智慧物流产业园区。先导企业引路，物流产业链头部企业引领行业数字化转型。

第五章

服务贸易数字化转型对人才的需求

数字化是推动中国服务贸易高质量发展的关键。具体而言，无论是着力发展智能化服务、提升服务贸易的便捷性与个性化水平，还是提升数字服务平台企业的国际竞争能力，或是增强数据与网络的安全保护，都离不开高素质数字人才的培养与引进。[①] 当前，服务贸易数字化转型对人才需求整体上呈现出高度的综合性、多元化、专业性特征。恰因为服务贸易的数字化转型在全球范围内引发了一系列人才需求的变化，各国因其经济发展水平、产业结构及政策导向的不同而呈现出多样化的需求特征。从动因来看，服务贸易数字化转型程度的不同、各国优势部门的差异，导致了对人才需求的多样性和复杂性，各国需根据自身特点制定相应的人才培养和引进策略。并且，由于不同行业领域的数字化转型程度、进度各不相同，不同服务贸易行业对人才的需求情况既有相似，也有不同。

第一节　服务贸易数字化转型人才需求的总体特征

一、生产供给数字化转型的人才需求特征

在服务贸易生产供给侧的数字化转型这一深刻变革的背景下，人才作为知识、技术与创新的载体，正在传统产业链条重构中发挥了支撑作用，更成为推动变革、实现可持续发展的核心驱动力。因此，构建一支具备高度专业素养、跨学科知识背景及创新能力的数字化人才队伍，成为服务贸易生产供给侧数字化转型成功的关键所在。

（一）对前沿科学技术具有敏锐度

服务贸易的生产方和供给方的数字化转型往往是引起行业领域、业态

---

① 赵中华. 新时代推动中国服务贸易高质量发展的路径［J］. 投资与合作，2023（11）：55-57.

模式、消费方式革新的主要推进力量，前沿技术人才更是在其中发挥了底层的支撑力量。服务贸易的数字化转型是一个全面而深刻的变革过程，基础研究是这一转型的起点，它为数字技术的创新和应用提供了坚实的理论支撑和创新动力。我国应利用全球化趋势，聚焦信息产业的前沿技术，以构建完善的技术创新体系，将数字技术深度融入制造业，推动制造业向服务化、智能化转型，构建制造产业竞争新优势。同时，服务贸易的数字化转型将为制造业提供更广阔的市场和更高效的服务，推动经济的高质量发展。在这一背景下，相关人才不仅需要理解这些技术的基本原理，还要能够将它们应用于服务贸易的实际场景中，提高服务的效率和质量。

（二）对宏观政策措施具有敏感性

服务贸易的数字化转型不仅需要技术的支撑，更需要通过对宏观政策方向的把握来抓住发展机遇。近年来，我国出台了一系列相关宏观政策。例如，《商务部等九部门关于拓展跨境电商出口推进海外仓建设的意见》明确提出，要"积极培育跨境电商经营主体"，体现了政策对服务贸易行业数字化发展的导向性；《"十四五"数字经济发展规划》则提出了加快数据要素市场化流通等措施，为服务贸易的数字化转型提供了政策层面的支持；《数字商务三年行动计划（2024—2026年)》提出了推动商务领域数字化转型的具体措施，旨在全方位提升数字商务发展水平。政策的变化直接影响了服务贸易数字化转型的多个方面，包括税收优惠、市场准入规则、数据治理等。因此，如何帮助行业、企业及时响应政策变化，享受政策红利，规避潜在风险，从而在数字化转型的道路上行稳致远构成了服务贸易数字化转型的人才需求之一。

（三）对行业发展态势具有预判性

服务贸易的数字化转型是一个快速而动态的过程。一方面，数字经济蓬勃发展，服务贸易数字化转型速度加快，线上服务需求剧增，同时，数字基础设施建设的加快，推动了跨境电商、在线教育、远程医疗等线上消费的爆发式增长。另一方面，服务贸易领域的发展态势多变，这与全球经济环境的不确定性、技术革新的日新月异、产业升级的不断推进以及消费模式的快速变化紧密相关。技术创新和应用推广催生了新业态、新模式，服务业内涵和形式更加丰富、分工更加细化，以数字技术为支撑、高端服务为先导的"服务+"整体出口将成为我国服务贸易发展的新引擎。预判行业发展走向需要综合考虑多个因素，这就要求服务贸易人才必须关注全球经济发展趋势和服务经济的比重变化，了解服务贸易在世界经济中的角色。不仅如此，还需要紧跟技术创新、政策导向变化的步伐。

（四）对业态创新融合具有执行力

随着数字技术在服务领域的广泛应用，服务贸易的资源配置、结构升级和效率提升得到显著推动，同时促进了产业链、供应链和价值链的多链融合，行业、企业通过引入先进数字技术，优化生产流程，提高效率，增强了服务贸易的竞争力。数字贸易发展促进制造业数字化生产，提升效率，替代简单劳动。数字技术如人工智能、区块链与实体经济融合，加速制造业内部分工转变，提升技术创新与协同效率。与此同时，制造业全球价值链（GVC）升级也在反向加速服务贸易数字化，服务嵌入度成制造业攀升 GVC 中高端关键，推动全球价值链"软化"转型，是制造业升级与经济结构优化的必由之路，为服务贸易数字化转型提供新动力与方向。[1]

国家发改委出台的《破解难点痛点，推动企业加快"智改数转"》研究成果指出，我国制造业"智改数转"加速，但中小企业面临转型难题。在此背景下，培养制造业"智改数转"型人才成为迫切需求，以促进制造业与服务业的深度融合与数字化转型。业态创新融合型人才的核心特征在于其跨学科的知识结构和应用能力，即需要具备数字技术的坚实基础，同时，还能够在产品设计、生产流程和服务提供中融入服务理念。

二、数字化交易的人才需求特征

商务部数据显示，2022 年我国可数字化交付的服务进出口额达到 2.51 万亿元，同比增长 7.8%，2023 年上半年，我国可数字化交付的服务进出口规模继续增长 12.3%，服务贸易数字化进程进一步加快。[2] 在当前服务

① 孟晓华，雷宏振. 数字贸易驱动中国制造业价值链升级的内在逻辑、实践困境与路径优化[J]. 河南社会科学，2023，31（10）：27-38.
② 申佳平. 2023 年服贸会新观察：全球服务贸易数字化跑出"加速度"[EB/OL]. (2023-09-03) [2023-09-04]. http://chinawto.mofcom.gov.cn/article/ap/p/202309/20230903437431.shtml.

贸易数字化转型的浪潮中，交易环节正经历着前所未有的深刻变革，要充分实现数字化交易推动服务贸易数字化转型的潜力，除了技术的支持外，还需要相应的人才作为支撑。

（一）专业技能过硬

电子商务的蓬勃发展是服务贸易交易变革的鲜明标志。它彻底颠覆了传统的订单获取方式，使得交易双方能够借助线上平台实现快速、高效的对接，极大降低了磋商成本与时间消耗。在这一背景下，区块链、人工智能、大数据分析等关键技术的运用构成了行业内尖端技术人才识别和防范数字交易潜在的网络安全威胁、熟练运用数据驱动决策的必备能力。数字化交易的人才需求特征之一体现在专业技能的高要求上，要求人才不但对数字关键技术有深入理解和熟练操作，而且需要对相关行业有深刻洞察，能够快速识别和解决交易过程中的问题。

（二）技术操作性强

数字贸易平台作为新兴力量，在服务贸易中发挥着日益关键的作用。企业通过平台型运营方式，简化内部管理流程，消除部门间的壁垒，降低管理成本。这种变化不仅降低了企业参与国际贸易的门槛，也使得整体交易成本呈现下降趋势，为中小企业提供了宝贵的国际市场准入机会，促进了贸易的多元化与包容性发展。[①] 同时，平台标准化了合同鉴定与履行流程，还通过提供风险担保等增值服务，为贸易参与方构建了更加安全、可靠的交易环境。数字化交易的迅速发展需要人才能熟练掌握平台交易全流程技术操作。以阿里巴巴国际站为例，该平台的数字化工具和资源，如数据参谋、信用保障服务等，都需要企业内部有能够熟练操作这些技术工具的人才来实现其功能，从而帮助企业更好地适应数字化转型的趋势。

（三）法规敏感度高

随着服务贸易的数字化，相关的监管和合规要求也在不断更新，以适

---

① 孟晓华，雷宏振. 数字贸易驱动中国制造业价值链升级的内在逻辑、实践困境与路径优化 [J]. 河南社会科学，2023，31（10）：27-38.

应数字环境下的新挑战。① 随着数字经济的全球化发展，跨境数据流动的法律规制将继续是国际社会关注的焦点，这就要求相关人才不仅要熟悉本国的法律法规，还需要了解目标市场的法律环境。与此同时，数据作为一种新兴的商品形态，正在国际贸易中占据越来越核心的地位。数据流动的自由化以及数据服务产品的持续创新正不断激发服务贸易的新增长点，推动其向更高质量、更高效率的方向发展。数据交易与产品流通型交易不同，具有服务合作型特征，需要相关人才合理利用知识产权、合同制度，同时审慎应用反不正当竞争制度保护数据交易。

三、应对数字化风险的人才需求特征

全球数字贸易的快速发展给服务贸易数字化转型带来了巨大的机遇，但也伴随着数字风险的增加，其表现多样，不仅跨越不同领域，还有可能激化为全球性问题，影响着从宏观的国际关系到个体的数字安全。全球范围内正形成一系列应对趋势，旨在通过创新的政策和技术手段来减轻数字化风险带来的负面影响，因而也对各类型人才提出需求。

（一）能够应对技术风险

云计算、大数据等技术的进步让数据跨境传输变得日益频繁，但也暴露出了数据泄露和网络攻击等技术风险。数据跨境流动已经成为监管重地②，缺乏有效的数据保护和网络安全措施可能会阻碍数字贸易的持续发展。因此，在服务贸易数字化转型的进程中，需要能够应对数字化技术风险的人才，不仅要能够利用数字技术提高服务效率，还需要能够快速适应和掌握最新数字技术，以维护技术基础设施的先进性和安全性；有强烈的数据安全意识，以防范和抵御网络攻击和数据泄露风险。

（二）能够应对管理风险

数据跨境流动风险监管往往呈现出一定的独特性、复杂性和高难度性。③

---

① 王冠，刘静. 流通业分工对商贸流通集聚区形成的影响［J］. 商业经济研究，2019（23）：20-23.

② 王伟玲. 数据跨境流动系统性风险：成因、发展与监管［EB/OL］.（2022-09-13）［2024-12-11］. http://fzzfyjy.cupl.edu.cn/info/1035/14523.htm.

③ 王伟玲. 数据跨境流动系统性风险：成因、发展与监管［EB/OL］.（2022-09-13）［2024-12-11］. http://fzzfyjy.cupl.edu.cn/info/1035/14523.htm.

服务贸易数字化转型中，企业采用数字技术进行管理升级时可能遭遇的数字化管理风险包括实施风险、组织变革中的阻力、员工技能与文化适应性问题，以及数据治理和法律合规性等。为有效应对风险，相关人才应具备深入的技术洞察力、风险评估与管理能力、数据治理与合规知识，以及战略规划与执行能力；还应具有快速的应急响应与问题解决能力，能够确保企业在数字化转型的道路上既迅速又稳健地前进。

（三）能够应对金融风险

服务贸易数字化转型中的数字金融风险包括但不限于金融服务贸易及各类服务贸易部门数字化转型过程中所涉及的与金融相关的市场风险、信用风险以及流动性风险等。应对数字金融风险的人才需熟练运用还应能够评估和量化信用、市场和流动性风险，并制定有效的风险控制策略。同时，应摸清不同 RCEP 成员国际金融的硬性规定和软性政策，尤其应熟悉非主要货币结算的发展中国家与最不发达国家的贸易结算方式和手段，降低贸易过程中的金融成本。此外，还需对法律法规有深刻理解，确保业务流程和技术应用符合监管要求。在战略规划和执行上，应能推动金融产品和服务的创新，同时保证业务的合规性和可持续性面对金融风险。

（四）能够应对合规风险

数字技术的进步给企业带来了大规模的数据资产，也提升了合规风险管理的难度，并且全球化的数字经济背景下，各地区在数据保护、隐私政策及知识产权保护等方面存在显著差异，跨境数据流动的规则分歧构成了数字合规风险的重要来源。在这一背景下，服务贸易相关企业需要建立数字化合规风控平台进行全流程数字化打通和实时监控，帮助企业建立合规风险管理体系，结合战略发展规划、业务发展情况、外规要求完善合规风控全流程管控，并向精细化管理演进；此外，能够有效利用数字资产，帮助企业建立风险监控模型，层层拆解风险因素，设计风险预警指标，归集风险主题。为长期、有效应对数字化合规风险，相关人才须熟练掌握国内外关于数据保护、隐私安全、跨境数据流动、电子商务及国际贸易等法律法规，能主动识别并评估企业运营中的合规风险，制定并实施相应的策略与措施。同时，应紧跟时代步伐，持续学习以应对不断变化的法律法规和技术环境，面对复杂挑战和突发事件时能够迅速调整策略，有效应对。

（五）能够应对安全风险

随着企业业务的数字化积累，庞大的敏感数据资产如客户信息、交易记录等，若未能得到有效保护，可能会面临数据泄露与滥用的风险，进而造成可量化的经济损失及无法估量的声誉损害。此类安全事件不仅可能直接导致数据资产的非法获取、篡改或删除，还可能对企业运营的稳定性和连续性造成深远影响，威胁到企业的业务安全与发展前景。因此，企业在推进数字化转型过程中，需将数据安全视为核心战略要素，构建一套科学、系统、全面的数据安全防护体系。这要求企业在技术层面持续投入，采用先进的加密技术、数据脱敏、安全审计等手段，确保数据全生命周期的安全。培养与引进高素质的数字化安全专业人才，对于企业有效应对数据安全风险具有关键作用。这些专业人才需具备深厚的信息安全理论素养与实践经验，熟悉网络架构、隐私保护政策以及国内外数据保护法律法规，同时拥有强烈的数据安全意识，以保障数据的保密性、完整性和可用性。

（六）能够应对人才风险

在服务贸易数字化转型的过程中，数字人才风险的背景主要源于数字化转型的加速推进、数字技术的不断更新迭代、人才短缺、市场需求与供给之间的不匹配、数字化人才的高度流动性，以及数字化转型本身所固有的复杂性，使得企业在推进数字化转型时面临诸多挑战。《加快数字人才培育支撑数字经济发展行动方案（2024—2026 年)》指出，应加强高等院校数字领域学科专业建设，推进职业教育专业升级和数字化改造，开展规范化培训，促进产学研合作，推动高校、科研院所与企业联合培养复合型数字人才。因此，企业需要聚集一批具备跨领域综合能力、持续学习精神、创新思维的数字化人才，这些人才将成为推动企业数字化转型的关键力量，确保企业在复杂多变的市场环境中保持领先地位。

四、市场需求转变的人才需求特征

服务贸易的数字化转型催生了市场需求的显著变化，这一转变主要得益于数据驱动决策和数字化供应链管理。然而，要充分实现这些优势，关键在于拥有能够处理和分析大量贸易信息、物流信息、市场信息的专业人才。这些人才需具备对数据的敏感性、分析能力以及以客户为中心的导向。

（一）对数据要素和数据资产敏感

数据资源向数据资产的转化，经历了资源要素化、要素权益化、权益资产化、资产资本化等阶段。在这一过程中，数据的价值不断被挖掘和利用，最终实现了从数据要素到数据资产的转变，激发了数据价值的潜能。大数据分析已成为企业决策的关键，帮助企业更准确地预测市场需求、优化生产计划和制定战略。通过分析需求端的数据，实现精准营销，减少库存积压，控制运营成本。数据驱动的决策模式提高了企业对市场变化的适应性，增强市场竞争力，在这一环节中，对数据要素和数据资产敏感的人才必不可少，这就要求人才能够熟练运用 SQL、python 等工具进行数据预处理、清洗、融合和分析，还需要具备业务理解能力，能够将数据分析与业务实际相结合，提出有价值的洞察和建议。

（二）产业链与供应链管理能力

数字化供应链管理的兴起不仅对供应链的每个环节进行了智能化和自动化革新，还促进了信息流、商流、物流与资金流的高效协同，打破了产业供需双方间的信息壁垒，构建了高质量的价值生态系统。这一转型不仅提升了供给侧的效率和成本效益，还增强了供需双方的协同配合能力，推动了制造业全球价值链的升级。在数字化供应链管理的背景下，产业链与供应链管理人才是关键，需熟练从海量数据中挖掘供应链价值，且应拥有全局视野，深刻理解供应链各环节及其相互作用，擅长协调各方资源。

（三）市场分析能力

服务贸易领域的数字化转型不仅革新了服务提供的模式与效率，更深刻重塑了市场结构与竞争格局。《2022 全球独角兽企业 500 强发展报告》指出，中国拥有 227 家全球独角兽企业，这些企业在新媒体、新能源、人工智能等领域的迅猛发展，为服务贸易数字化转型提供了强大的动力与示范效应。在此背景下，企业欲在激烈的市场角逐中占据优势地位，必须构建敏锐的市场洞察与精准的市场分析能力。然而，目前许多企业仍面临着数据互联互通体制机制不够完善的问题，导致"信息孤岛"和"系统孤岛"现象频发。因此，市场分析能力构成了企业决策科学性与合理性的基石，企业迫切需要能够整合和管理数据资源、构建价值数据库的专业人才，即具备深厚数据分析技术、统计学基础及市场敏锐洞察力的复合型人才，要求对市场动态与行业趋势保持高度敏感，以实现对消费者需求的精准预测。国际视野对于市场分析人才同样重要。在全球化的贸易环境中，他们需要了解不同国家和地区的市场特点、法律法规和文化差异，以促进国际合作和业务拓展。

（四）以客户为中心

中国服务贸易企业的成功出海离不开算法驱动、用户生成和数据高效利用的新型服务模式，根据快速变化的国际市场环境，了解国际消费者需求与偏好。这同时表明，应对服务贸易数字化转型过程中的市场需求变化，需要洞悉客户需求，以客户为导向的人才。在数字化时代，客户对服务质量和体验的要求日益提高，这要求相关人才不仅要精通技术，更要以客户为中心，具备深厚用户洞察力、强烈同理心、创新思维、结果导向与数据分析能力，以及强大问题解决能力的全方位人才，从而确保数字化转型成果能够在贴近市场需求、赢得用户青睐方面发挥着关键作用，运用创新的设计理念和方法，打造出既美观又实用的服务界面与交互体验。

第二节　服务贸易数字化转型人才需求的地区状况

一、服务贸易数字化转型人才需求的国内外比较

服务贸易的数字化转型在全球范围内引发了一系列人才需求的变化，各国因其经济发展水平、产业结构及政策导向的不同而呈现出多样化的需求特征。总体来看，服务贸易数字化转型程度的不同、各国优势部门的差

异，导致了对人才需求的多样性和复杂性，各国需根据自身特点制定相应的人才培养和引进策略。

（一）美国服务贸易数字化转型人才需求

美国个人、文化和娱乐服务贸易在全球市场中独树一帜，这与其文化产业的高度发展、创意内容与数字技术结合以及创新能力密切相关。这一产业通过将创新的数字技术融入电影、音乐、游戏和其他娱乐产品的制作与分发过程中，不断推动艺术表达与观众体验的革新。数字技术的应用不仅优化了文娱产品的生产流程，还扩大了其全球传播的范围和影响力。特别是在好莱坞，数字技术的融合已经成为电影制作不可或缺的一部分。从视觉效果的创造到动画和 3D 技术的应用，再到基于大数据分析的市场定位和个性化营销，数字技术正在重塑文娱产业的各个环节。在这一背景下，美国个人、文化和娱乐产业对能够将数字技术与创意产业深度融合的人才需求日益增长，相关人才不仅需要数字媒体制作、软件开发和数据分析等技术特长，还需要对文娱产业的创意过程和市场动态有深刻理解，能运用数字工具来增强故事叙述、提升用户体验，并利用数据分析来指导内容创作和市场策略的制定。

（二）欧盟服务贸易数字化转型人才需求

在服务贸易数字化转型的大背景下，欧盟对于数字贸易与法律交叉学科领域人才的需求特征日益凸显。欧盟的数字贸易政策主要聚焦于构建统一的数字市场框架，旨在为本土企业提供一个公平竞争的环境，并加强市场秩序的建设，以制约大型数字科技公司的垄断行为，减少其对欧盟市场的过度影响力。[①] 这一政策导向对人才的需求具有显著的指导作用，尤其是在数据跨境流动的规模和价值评估方面，欧盟计划创设一个欧洲分析框架来测量数据流动，这迫切需要具备数据科学和法律知识背景的专业人才。

面对数字化转型的挑战，欧盟已经清晰地认识到数字人才短缺的现

---

① 王拓，李俊，张威. 美欧数字贸易发展经验及其对我国的政策启示 [J]. 国际贸易，2023（2）：57−63+86.

状，并采取了一系列措施来构建数字人才体系。欧盟委员会发布的《2022年数字经济与社会指数》报告指出，在 16 至 74 岁的欧洲人中，仅有 54% 具备基本的数字技能，因此，欧盟正致力于提升公民的数字技能，以适应数字经济的发展需求。此外，欧盟的服务贸易数字化转型经验亦表明，在创新与监管之间寻求平衡的重要性。《通用数据保护条例》（GDPR）的实施虽然在隐私保护方面取得了显著成效，但也因其执行的严格性给监管机构和数字企业带来了新的挑战。这需要在保障数据安全与促进技术创新之间找到恰当的平衡点，由此提出了新的人才需求。

（三）RCEP 成员国服务贸易数字化转型人才需求

在 RCEP 框架下，金融行业与电信行业是作为服务贸易领域的两大关键支柱，其开放与发展对区域经济的整合与提升具有深远的影响。

在金融行业方面，RCEP 成员国通过高水平的开放承诺，显著促进了区域内资本的自由流动。作为国际金融中心之一，新加坡在 RCEP 框架下积极利用其金融服务的优势，不仅为区域内企业提供了跨境融资、保险、资产管理等全方位金融服务，还通过金融科技的创新应用提升了金融服务的效率与安全性。中华人民共和国商务部国际贸易经济合作研究院发布的《RCEP 对区域经济影响评估报告》显示，到 2035 年，RCEP 将带动区域整体的实际国内生产总值（GDP）、出口和进口增量分别较基准情形累计增长 0.86%、18.30% 和 9.63%，区域投资将累计增长 1.47%，区域经济福利累计增加 1 628 亿美元。此外，RCEP 的全面实施为区域合作发展提供了重要的确定性，预计将为 RCEP 创造 2 450 亿美元收入和 280 万个就业岗位。RCEP 不仅促进了区域内的经济一体化，还为参与国的经济增长和金融交易提供了强大的推动力。

随着金融服务的数字化转型，对大数据、人工智能、区块链等技术的应用需求日益增长。因此，RCEP 成员国需要大量的技术人才来支持金融服务的创新与发展。同时，随着数据量的激增，对数据治理、数据安全和隐私保护的需求也在提升。这就要求相关人才熟练掌握数据分析、数据挖掘、机器学习等技能；了解金融市场的运作规则，能够将技术应用于金融场景中；具备数据安全和隐私保护意识。

二、我国服务贸易数字化转型人才需求地区比较

(一) 我国乡村地区服务贸易数字化转型人才需求特征

中国工业和信息化部发布的数据显示，截至 2024 年 5 月末，中国 5G 用户数超 9 亿户，5G 基站总数达 383.7 万个。在国家数字乡村战略的强劲驱动下，数字农业、数字乡村快速发展，乡村地区的服务贸易正经历着深刻的数字化转型。数字化平台与跨境电商作为这一转型的双轮驱动，正引领着乡村服务业迈向一个全新的发展阶段。

乡村服务业的现代化转型正借助平台经济的力量实现快速发展，而数字化转型进一步为新农业和农业服务贸易的发展提供了新的机遇。网络平台的广泛连接，使乡村的资源与服务得到了更全面的展示，有效扩大了乡村的辐射范围。在线平台的利用不仅拓宽了乡村民宿、乡村旅游和农产品销售等服务的覆盖面，还促进了服务供应商的规范化管理，提升了服务质量，加速了乡村服务业的升级进程。[①]

数字化转型为农业服务贸易带来了新的市场渠道和供应链优化的机会，提高了物流效率，降低了成本，并通过大数据分析为农民提供了市场信息的透明度，使他们能够更好地了解市场需求，调整生产计划。同时，数字化工具如卫星图像、无人机和传感器等技术的应用，推动了精准农业的发展，提高了农业生产效率和产品质量。数字金融服务的创新为农业从业者提供了更便捷的资金渠道，促进了农业投资和风险管理。数字化平台也促进了农业知识的共享，使农民能够通过在线教育和培训提高自己的技能，获取最新的农业技术和市场趋势。此外，数字化营销工具帮助农业企业建立品牌，通过社交媒体和电子商务平台直接与消费者沟通，提高了品牌认知度。

我国乡村地区在服务贸易数字化转型的浪潮中，正迎来前所未有的发展机遇与挑战。这一转型过程不仅需要深刻理解乡村经济发展的现状与需求，更亟须一批具备综合能力和特定技能的复合型人才，需要坚持把人力

---

① 程镶，赵彦彦，黄悦. 平台经济促进江苏现代乡村服务业发展研究 [J]. 智慧农业导刊，2024，4 (3)：1-5.

资本放在首位，不断扩大农村人才队伍规模，努力提升人才队伍素质；深入开展农村人力资源回流工作，组织开展新型职业农民培训，确保农民可以参与到新型农业经营主体的创业和就业中，强化乡村内生发展动能。[①]

在乡村平台经济和生产性服务业的数字化转型中，基层治理人才不可或缺。基层干部应具备数字思维和新思路、新理念，引入先进的数字技术，提升乡村产业的效率和质量，推动乡村产业向高端化、智能化方向发展，推动乡村治理体系和治理能力现代化，为乡村振兴注入新的智慧和力量。同时，需具备良好的市场洞察力和创新能力，能够精准把握市场需求变化，开发出适应乡村特色的数字化服务产品和解决方案，将数字技术与农业、旅游、民宿等传统乡村产业深度融合，促进乡村产业结构的优化升级，为乡村经济注入新的活力和动力。

（二）自贸区服务贸易数字化转型人才需求特征

尽管自贸区在新能源、民用航空、汽车和轮船制造等领域已形成了功能齐全的产业基地，但与制造业紧密相关的服务业发展基础相对薄弱，特别是生产性数字服务和专业工业知识的数字化服务等新业态和模式尚未充分发展。与此同时，数字化产业的发展过度依赖于传统领域的转型，而人工智能、区块链等数字技术在自贸区的发展潜力尚未得到充分挖掘。自贸区的网络游戏和动漫产业等个人、文化和娱乐服务的大部分业务采用了外包的形式，尚未形成自有品牌，数字内容质量不高并且缺乏原创性。[②]

面对这些挑战，自贸区正通过数字化转型来重构服务贸易的产业链、供应链和价值链，提升服务贸易的效率和质量。在这一过程中，外贸与物流等不同类型的人才不可或缺。外贸人才在自贸区的国际商务谈判中的作用尤为突出，需要能够灵活运用数字化手段来提升谈判效率和竞争力，此外，应具备快速适应市场变化的能力，能够及时捕捉行业趋势和政策变动，灵活调整贸易策略。2022 年，我国运输服务贸易出口占我国服务贸易出口总量的 35.22%，其中数字物流是服务贸易数字化转型的关键组成部

①　玛依拉·米吉提，谢雨欣. 农业生产性服务业何以赋能农产品出口贸易竞争力？[J]. 价格月刊，2023（12）：58-68.

②　李浩楠，胡江林，赵丹卿. 对标国际先进数字贸易规则高标准推进中国自贸区建设 [J]. 东北亚经济研究，2023，7（3）：106-120.

分，数字物流人才成为推动物流行业高质量发展的关键力量。数字物流人才不仅需要掌握传统的物流知识，如供应链管理、运输优化和仓储管理，更需要具备将这些知识与数字技术相结合的能力。

三、重点地区服务贸易数字化转型人才需求

（一）京津冀地区服务贸易数字化转型人才需求

党的十八大以来，京津冀在建立健全区域合作机制、区域互助机制、区域利益补偿机制等方面取得了一定的成就，以纾解北京非首都功能为核心的产业转移总体推进顺利。在传统的生产制造、科技企业等产业扩散转移的同时，人工智能、生物制药、高端装备制造业开始由北京向津冀布局。中医药服务贸易作为京津冀地区的特色服务贸易部门，得益于三地在地理位置、资源禀赋、产业基础等方面的互补优势，以及政策层面的大力支持和积极推动。

北京市凭借其作为国家政治、文化中心的地位，以及丰富的中医药科研和教育资源，发挥着中医药服务贸易的引领作用。北京的中医药机构在国际交流、文化推广、医疗服务等方面具有显著优势，通过中国国际服务贸易交易会等国际会议和文化活动不断提升中医药的全球影响力。天津市利用其港口和物流优势，成为中医药服务贸易的物流枢纽和贸易中心。河北省以其丰富的中药材资源和较低的生产成本，成为中医药服务贸易的重要生产基地，为中医药服务贸易提供了坚实的物质基础和人才支持。2023年，京津冀三地政府通过签署《深入推进京津冀协同发展中医药合作协议》，明确了三地在中医药服务贸易中的合作方向和目标。协议提出了在医疗服务、科技创新、人才培养、文旅产业、智力资源等方面的开放融通，力争三年内使京津冀成为全国中医药传承创新发展的典范。同年，中国国际服务贸易交易会期间，京津冀三地的商务及中医药管理部门联合发起，正式成立了京津冀中医药服务出口基地联盟，这标志着三地在中医药服务贸易方面的合作进入了一个新的发展阶段。

中医药服务贸易的数字化转型是一个多层次、多维度的创新过程，在《中医药发展战略规划纲要（2016—2030年）》《"十四五"中医药发展规划》《中医药振兴发展重大工程实施方案》等的引导下，对中医药的传统

诊疗方法、教育模式、文化传承以及产业运作进行全面升级，旨在提高中医药服务的质量和效率，同时通过建立智能化的服务体系和提升中药产业的自动化生产水平，推动中医药服务与旅游、康养等产业的融合，以及建设全球中药种质资源数据库，增强中医药在全球市场的竞争力。

京津冀中医药服务贸易数字化转型需要的人才应当具备深厚的中医药专业知识以及对现代信息技术的熟练掌握，能够运用数字技术来优化中医药服务流程以及推动中医药文化的创新性传播。同时，在政策的引导下，积极参与到中医药信息化标准制定、中医药古籍数字化、中医药知识服务系统构建等关键领域，为中医药服务贸易的数字化转型贡献力量。

(二) 粤港澳大湾区服务贸易数字化转型人才需求

自国际展览业兴起以来，其快速发展趋势显著，对会展专业人才的需求也随之激增。会展业作为现代服务业的重要组成部分，涵盖了经济、管理、营销、旅游、物流和艺术等多个方面[1]，不仅促进了技术合作、信息交流、贸易及文化交流，还带来了显著的经济和社会效益。

粤港澳大湾区的会展服务贸易数字化转型正展现出积极的发展态势。疫情对全球会展业造成了重大冲击，但也加速了数字化、智能化技术的运用和数字经济的发展模式，促使会展企业加快数字化转型步伐，探索新的增长模式。

2023 年，粤港澳大湾区服务贸易大会吸引了超过 600 家企业参展参会，展示了粤港澳大湾区在数字贸易、人工智能、跨境电商、数智消费等多个领域的发展特色。大会采用"一会三地"模式，设置了多个分论坛，涵盖服务外包、海关特殊监管区贸易形态、数字内容出海等主题，进一步推动了服务贸易的数字化转型。总体来看，珠三角地区的会展服务贸易数字化转型正通过线上展览平台的建设、数字化服务模式的创新以及政策支持和企业参与，不断推进行业的高质量发展和国际竞争力的提升。

在数字化时代，会展人才的角色和特征正在经历重要的转变，不仅要能够迅速适应如会展设计、物流、信息服务等的新兴岗位的需求，行业的国际化对外语能力和沟通技能的要求也越来越高。在相关人才培养方面，

---

① 郭昕. 基于需求分析的京津冀地区会展人才培养构想 [J]. 理论观察，2018 (1)：88-90.

随着双线会展模式和数字化工具的兴起，会展专业课程群建设应紧跟行业发展，打造数字化课程资源。开发数字化课程和信息化平台，建立开放性的教学资源库丰富会展教育内容①，让学生了解行业流程和数字化优势，积累实战经验。

总之，大湾区会展人才培养应结合地域文化和产业特色，通过校企联动和数字化改革，培养具有实战能力和创新精神的会展专业人才，满足行业发展的新需求。

（三）成渝地区服务贸易数字化转型人才需求

成渝地区以其多样化的康养旅游资源而闻名，涵盖了温泉、森林、体育和生态等多种类型。该地区拥有包括天府青城康养休闲旅游度假区在内的5个国家级旅游度假区，以及四川千草康养文化产业园等5个国家级中医药健康旅游示范基地。此外，还有重庆南川国家中医药健康旅游示范区等2个国家级示范区，重庆永川区茶山竹海等10个国家级森林康养基地。

在数字经济的推动下，康养产业的数字化转型正朝着全方位、多领域的方向迅速发展。"康养+数字"的产业模式利用信息技术对老年人的健康状况进行数据化分析，从而提供定制化的康养服务，通过高效匹配信息流、物流和资金流，有助于形成集群化的经济共同体，推动康养产业的集约化和高质量发展。此外，数字化转型还为康养旅游市场提供了新的机遇，如通过在线平台推广康养旅游资源，利用虚拟现实技术提供沉浸式体验，拓展智慧养老场景，展现出强大的发展潜力和竞争力。② 为构建安全、透明的康养数据要素市场，推动康养服务贸易可持续发展，当前康养产业正面临一系列挑战，包括数字康养观念不足、专业管理人才的短缺，以及对康养资源经济和社会功能的不充分认识，导致了数字康养产品设计的单一化和空想化。同时，康养产业的技术创新和研发领域尚处于探索阶段，存在巨大的发展空间和经济潜力。技术人才资源的投入不足，尤其是IT、人工智能与大数据等领域的人才培养，远远不能满足康养产业数字化发展

---

① 王芳. 京津冀一体化趋势下高校会展专业课程群结构研究 [J]. 中国会展，2023（7）：42-46.

② 曲富有. 数字经济背景下"康养+数字"产业模式研究 [J]. 产业创新研究，2023（11）：92-94.

的需求。康养服务贸易正面临专业融合人才的缺口。康养服务贸易数字化转型需要利用数据分析为康养产业提供决策支持的人才，实现精准服务，注重环境保护和社会责任，在追求经济效益的同时，体现环境与社会责任的双重价值[①]。并且能基于用户需求和市场趋势，打造出切实可行的产品和服务。

第三节　服务贸易数字化转型人才需求的行业状况

一、深度数字化服务贸易部门的人才需求状况

(一) ICT 服务贸易人才需求状况

ICT 服务贸易是深度数字化的服务贸易部门，原因在于其基于先进的信息通信技术，提供易于通过网络传输的数据和信息服务，具有全球交付能力，并且不断创新以适应数字化转型的趋势。同时，ICT 服务贸易依赖于数据的收集、处理和分析，与各经济部门深度融合，推动产业数字化，满足市场对高效、便捷服务的增长需求，并受到政策支持和市场需求的双重驱动，成为全球数字化转型的关键力量。如图 5.1 所示，我国 ICT 服务贸易近年来发展迅速，展现出强劲的增长势头和国际竞争力。

在当前的全球经济中，中国的 ICT 服务出口虽然取得了显著的发展，但仍然面临着来自发达经济体和发展中经济体的激烈竞争。发达国家如欧美日在技术创新、应用能力、服务模式等方面占据优势，并且在全球服务出口中占比高达 70%，它们通过推进数字贸易规则和技术、知识产权标准构建来巩固其主导地位。同时，印度、墨西哥等发展中国家也因其规模、技术和人才优势在 ICT 服务出口方面形成了竞争力，对中国市场构成了压力。

中国 ICT 产业的自主创新能力虽然有所提升，但在核心技术领域，如

---

① 何秋洁，张君兰，陈国庆. 数字经济助推康养产业高质量发展路径研究 [J]. 攀枝花学院学报，2023，40 (1)：8-17.

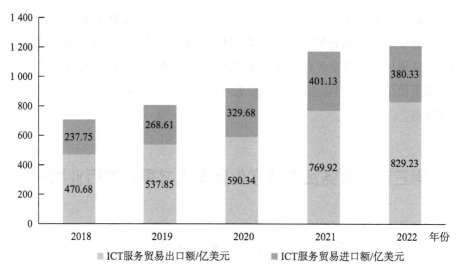

图 5.1　2018—2022 年中国 ICT 服务贸易进出口情况

资料来源：世界贸易组织数据库。

芯片研发技术、操作系统等，与发达国家相比仍存在较大差距，这些技术的依赖度较高。此外，中国 ICT 产业还面临着人才短缺的问题，特别是在大数据、云计算等新兴技术领域，人才供需矛盾突出，这对中国 ICT 服务提供商承接高端信息技术服务外包带来了挑战。

为了应对这些挑战，中国需要采取一系列措施，包括加强核心技术的研发投入和技术积累，提升自主创新能力，同时构建多层次、多元化的国际创新合作平台，加强与国际间的科技合作和人员交流。此外，还需探索技术与金融结合的新途径，发挥政府引导资金的作用，带动社会资本进入信息技术领域，并加强科技园区、孵化器、众创空间的建设，支持中小企业技术创新活动。

随着数字经济和 ICT 产业的快速发展，"云、大、物、移、智"为代表的新一轮科技革命催生了学科交叉汇聚，对 ICT 专业人才的需求急剧增加，但现有教育体系难以快速响应这一需求，导致人才供需矛盾日益突出，然而我国 ICT 专业人才培养在当前面临诸多挑战。首先，传统的 ICT 理论与实践之间存在显著脱节，学生在学术环境中学到的知识往往难以直接应用于实际工作中。其次，专业细分导致学生缺乏必要的系统思维和跨学科视角，难以应对日益复杂的技术和社会问题。最后，创新能力的培养在传统教育模式中往往被忽视，这限制了学生在新兴产业中的竞争力。跨学科能力的欠缺也是一个问题，许多学生在面对需要多学科知识综合应用的场景时显得力不从心。这些问题共同构成了传统 ICT 专业人才培养面临的主要挑战。以增强多学科交叉融合为重要方向的新工科建设，成为新时代全球高等教育变革的必然选择。① 在人才培养方面，高校应参与行业未来 ICT 技能模型的构建，提供符合行业需求的教育服务，而企业则需将 ICT 技能的有效利用与人才培养作为战略优先事项，深入理解内部人才技能存量，并提供有针对性、规模化的技能重塑培训②，以培养具备适应新一轮科技革命和产业变革的能力，具有扎实的工程基础知识、跨学科的知识结构、创新思维、实践操作能力以及终身学习的能力的 ICT 人才，能够灵活应对技术迭代和行业变革，推动科技与产业的深度融合。

（二）金融服务贸易人才需求状况

对信息技术的高度依赖和广泛应用使得金融服务贸易成为深度数字化的服务贸易部门。随着互联网和移动技术的普及，金融服务的在线交易变得普遍，自动化工具和智能算法的运用提高了服务效率，大数据分析为金融决策提供了强有力的支持。区块链技术、加密货币等新兴技术的应用进一步推动了金融服务的创新和数字化进程。同时，监管科技的发展帮助金融机构更有效地应对合规挑战，而全球化的金融服务需求也促使金融机构利用数字化手段来提供更加便捷和个性化的服务。客户需求的不断演变和风险管理工具的数字化，也使得金融服务贸易在提供创新金融产品和解决方案方面变得更加高效和精准。

与此同时，在共建"一带一路"、RCEP 协议以及"十四五"规划的背景下，中国金融开放水平不断提高，为金融服务贸易营造了良好的制度环境。中国数字经济的蓬勃发展为金融服务贸易的数字化转型提供了坚实的基础。具体来说，保险科技通过大数据等技术增强了风险识别与定价能力，创新了保险产品，同时通过精准识别客户信息，实现了差异化产品设计，降低了信息储存与搜寻成本，提高了风险防范水平。数字经济还促进

① 李婷，张璜，郑劲松. 新工科背景民办高校传统 ICT 类专业升级改造路径探索 [J]. 高等工程教育研究，2023（4）：36-41.

② 袁卉姝. 我国 ICT 服务出口的现状、挑战及对策 [J]. 对外经贸实务，2021（6）：89-92.

了银行业的转型升级，数字银行和金融云平台有利于银行健全风险控制体系，提高了控制和管理不良资产的能力，通过精细化客户经营战略拓展了银行客源，推动了业绩的稳步增长。总体来看，中国金融服务贸易的数字化转型正受到政策支持、市场需求和技术发展的共同推动，展现出强劲的发展势头和广阔的发展前景。

然而当前我国的金融服务贸易在取得积极进展的同时，还存在一定问题。当前的不足主要表现在服务贸易内部结构的不平衡，特别是非保险金融服务贸易的相对滞后，以及出口增速的放缓。此外，金融监管体系尚需进一步完善，特别是在适应新兴金融服务和金融科技发展方面。

在 RCEP 背景下，金融服务贸易人才需求呈现出新的特征：需要具备区域一体化视野，理解并把握 RCEP 成员国间的经济联系和金融政策；具备跨境金融服务能力，适应资本和劳动力的自由流动；掌握国际贸易与投资知识，为企业提供合规的金融解决方案。同时，多语言沟通技能和强大的适应能力对于在多元文化环境中开展业务至关重要。金融科技的创新，如区块链和人工智能，也成为人才必备的技能之一。此外，面对 RCEP 区域市场快速变化的挑战，人才需要具备风险管理、合规意识以及持续学习的能力，以保持其专业性和竞争力。环境、社会和治理（ESG）意识的提升也是关键，以推动金融业的可持续发展。总体而言，RCEP 对金融服务贸易人才的培养提出了更高要求，强调国际化视野、多元化能力以及创新和合规精神的结合。

然而当前金融服务贸易人才结构性问题亦不容忽视，特别是在数据化、科技化和衍生化等新兴领域的专业人才缺口较大。服务贸易的数字化转型进程需要加速，以提高服务的可贸易性和国际竞争力。同时，金融文化和风险意识教育在人才培养中尚未得到充分重视，亟须加强。此外，存在理论与实践的脱节、国际化视野的缺乏、金融科技人才的短缺、专业课程与市场需求的不匹配、政策和法规教育的缺失以及创新能力培养的不足等问题，导致毕业生在就业市场上的竞争力不足，难以满足金融服务贸易领域的实际需求。为解决这些问题，需要加强实践教学、融入国际金融规则、增设金融科技相关课程、及时更新课程内容、培养跨学科能力、加强金融文化和职业道德教育、增设政策和法规相关课程，以及激发学生的创新思维和创新能力，以培养出更适应金融服务贸易发展需求的高素质人才。①

二、传统服务贸易部门推进数字化的人才需求状况

根据《十四五服务贸易发展规划》，传统服务贸易部门可包括旅游服务贸易、建筑服务贸易、运输服务贸易。

（一）旅游服务贸易推进数字化的人才需求状况

得益于 5G、人工智能、大数据、云计算等数字技术的广泛应用，旅游服务贸易的数字化转型是在数字媒体时代背景下的必然趋势。数字技术的应用不仅优化了旅游行业的管理，便利了游客的出游体验，还推动了文化旅游的深度融合。② 旅游服务贸易的数字化转型是一个多维度、综合性的过程，它深刻改变了传统旅游业的运作模式，并催生了新的服务模式和业态。

数字化转型促使旅游企业不再单纯依赖传统资源和产品多样性，而是通过智能化服务体系创新服务模式，满足市场升级换代的需求。旅游服务贸易数字化转型的表现包括旅游市场监测与政策仿真平台的建设，数字赋能的旅游分销平台的发展以及文化和旅游的更深层次融合等，丰富了旅游服务贸易的形式和内容，提升了行业的服务能力和效率。此外，通过融合现实与虚拟，扩大服务范围，优化消费者体验环境。新业态的产生是数字化转型的直接结果。云旅游服务、智慧旅游、数字化展示与体验等新业态通过现代信息技术的应用，提升了游客体验和景区运营效率。线上文旅产品销售、个性化旅游服务、数字文博等形式拓宽了旅游企业的服务和销售渠道，旅游直播与网红打卡借助社交媒体平台推广文化旅游，满足了消费者的个性化需求。

在这一过程中，对人才的需求也呈现出多元化和复合型的特征。首先，数字化转型要求旅游服务贸易领域的人才具备深厚的数字营销能力，

---

① 廖维晓，欧阳含依. RCEP 背景下中国金融服务贸易的发展路径分析［J］. 农业发展与金融，2022（5）：26-30.

② 王凤飞，陈瑾，段卫里. 数字旅游智能化服务体系的逻辑理路与赋能重构［J］. 沈阳农业大学学报（社会科学版），2022，24（5）：535-539.

包括熟练掌握社交媒体、搜索引擎优化、内容营销、大数据分析等数字化工具和技术，能够精准定位目标市场，制定有效的营销策略，并通过数字化渠道吸引和留住客户。同时，需要具备创新思维和敏锐的市场洞察力，能够紧跟时代潮流，不断探索新的营销方式和渠道，提升旅游产品和服务的市场竞争力。

其次，文旅融合是旅游服务贸易数字化转型的重要方向之一。这一趋势要求旅游人才不仅要熟悉旅游业的运作规律，还要对文化、艺术、历史等领域有深入的了解和独到的见解，能够将文化元素巧妙地融入旅游产品和服务中，打造具有独特魅力和文化内涵的旅游体验。此外，这些人才还需要具备跨领域合作的能力，能够协调不同领域之间的资源，共同推动文旅融合项目的落地和实施。

最后，虚拟现实等新技术在旅游服务贸易中的应用日益广泛，为游客提供了更加沉浸式和个性化的旅游体验。因此，数字化转型还要求旅游人才具备虚拟现实技术的研发和应用能力。他们需要了解虚拟现实技术的原理和发展趋势，能够利用这一技术打造逼真的旅游场景和互动体验，创造出更多新颖、有趣的旅游产品和服务，提升游客的参与感和满意度。

（二）运输服务贸易推进数字化的人才需求状况

运输服务贸易的数字化转型体现得尤为深刻且全面，它不仅是技术层面的革新，更是整个行业运营模式、服务体验以及战略思维的根本性转变。

在运营层面，数字化转型通过引入大数据、云计算、物联网等先进技术，实现了运输流程的智能化和精细化管理。企业能够实时追踪货物的位置、状态及运输进度，通过数据分析预测交通拥堵、天气变化等潜在风险，及时调整运输方案，确保货物安全、准时送达。同时，智能调度系统的应用，使得车辆、船舶等运输工具的利用率大幅提升，降低了空驶率和运营成本。

在服务体验方面，数字化转型赋予了运输服务贸易更高的灵活性。客户可以通过手机 App、在线平台等渠道，随时随地查询运输信息、下单预约、支付费用，享受便捷的一站式服务。企业则可以根据客户的具体需求，量身定制运输方案，提供门到门、点到点的个性化服务，增强客户黏性和满意度。

在战略思维上，数字化转型促使运输服务贸易企业从传统的竞争导向转向价值创造导向。企业不再仅仅关注于价格、速度等单一指标，而是更加注重服务品质、客户体验以及供应链的协同优化。构建数字化供应链平台，实现上下游企业之间的信息共享、资源协同和利益共赢，共同推动整个行业的转型升级。

此外，数字化转型还推动了运输服务贸易的绿色低碳发展。优化运输路径、提高运输效率、推广新能源运输工具等措施，减少了能源消耗和碳排放，为应对气候变化和可持续发展贡献了力量。

在运输服务贸易的数字化转型中，人才需求特征紧密结合了新兴技术与传统运输服务贸易的精髓。这种结合体现在对既掌握大数据、云计算、物联网、人工智能等前沿技术，又深刻理解运输行业运作规律与市场需求的人才的迫切需求上。即不仅能够利用新兴技术优化运输流程，提升物流信息的实时性和透明度，实现供应链的智能化管理，还能够通过数据分析洞察市场趋势，为企业决策提供精准支持。他们具备创新思维，能够推动运输服务贸易模式的创新，开发出更加个性化、高效、环保的服务方案，满足客户日益多样化的需求。同时，这些人才应深知传统运输服务贸易的核心价值所在，了解运输市场的复杂性，掌握运输工具的性能特点，具备与多方沟通协调的能力，以及处理突发事件的应变能力，能够将新兴技术融入传统运输服务中，提升运输效率，降低成本，增强安全性，推动整个行业的转型升级。

（三）建筑服务贸易推进数字化的人才需求状况

为应对劳动力成本上升、环境压力增大和市场需求多样化的挑战，得益于5G、人工智能、大数据、云计算、物联网和建筑信息模型（BIM）等先进技术的快速发展，建筑服务贸易的数字化转型应运而生。这一转型为建筑行业带来了创新的设计方法、施工技术和管理手段。

数字化转型在建筑服务贸易中的表现多样，BIM技术的应用实现了设计、施工和管理的数字化和集成化；无人机和机器人技术提升了施工效率和安全性；3D打印技术推动了构件的快速制造和个性化定制；虚拟现实和增强现实技术提供了沉浸式的设计和客户体验；云计算和大数据技术加强了工程项目的数据管理和决策支持；物联网技术实现了设备的智能监控和能源管理；供应链管理的数字化优化了资源配置和物流效率。

数字化转型正在重塑建筑服务贸易的人才需求，聚焦于建筑行业，人才需求的核心转向了具备先进技术应用能力和创新思维的专业人士。这些人才需要熟练掌握 BIM 技术，利用其进行高效的设计、分析和项目管理。同时，他们应能够运用数字化工具进行精确的建筑模拟和施工规划，以及通过数据分析优化建筑性能和施工流程。随着智能建筑和自动化技术在建筑领域的应用日益广泛，人才还需了解如何集成智能系统和自动化设备，提高建筑的能效和居住舒适度。此外，对新兴技术如 3D 打印建筑技术、新型环保材料的应用能力，也是现代建筑行业对人才的新要求。

尽管面临技术应用、信息共享、转型成本和人才短缺等挑战，但通过政府引导、科技创新生态体系建设、融资渠道完善、数字化转型示范工程和人才培养等措施，建筑服务贸易的数字化转型正在逐步克服这些难题，为行业的可持续发展注入新动力。智慧工地、数字孪生技术以及数字化在建筑全生命周期的应用，正在使建筑服务贸易变得更加高效和环境友好，满足当代社会对建筑行业的新要求。①

---

① 王广斌. 建筑产业数字化转型内涵与关键技术体系［EB/OL］.（2023-07-21）［2023-07-27］. http://www.iii.tsinghua.edu.cn/info/1131/3507.htm.

第六章

数字时代背景下数字人才的特征及供给

在数字经济变革浪潮中，人才是发展的第一资源，数字经济的创新驱动实质是人才驱动。2022 年，我国数字经济规模 50.2 万亿元，占 GDP 比重 41.5%。随着数字技术的发展以及网络信息技术不断向传统领域扩张和融合，对于数字人才的要求不断提升，数字人才需求缺口持续加大。[①] 关于数字人才的内涵目前仍处于更新完善阶段，国内外与数字人才相关的报告中和政府部门都对数字人才的内涵进行了探索。近年来，主要发达经济体已经对数字人才的内涵进行了分析，我国数字人才的概念也在不断演进。

第一节　数字时代背景下数字人才的特征

一、数字人才概念的提出

(一) 全球对于数字人才的理解尚在演进过程中

全球主要国家以及国际组织对数字人才的理解体现在一系列的战略计划和实施政策中。

美国"数字制造与设计"创新研究所（DMDII）与全球第三大人力资源服务公司万宝盛华集团（Manpower Group）合作开发了制造业数字化转型所需的人才框架，基于产品全生命周期产业链的七大技术领域的职能细分标准，确立了 165 个数字化人才角色。七大技术领域由数字企业、数字线程、数字设计、数字生产、数字产品、供应网络以及数字资源协调共享平台构成。

欧盟通过发布一系列支持数字人才培育的战略计划逐步明晰对于数字

---

① 鄢圣文，陶庆华：强化数字人才队伍建设　加快推动数字经济高质量发展 [N]. 光明日报，2023-07-24（06）.

人才的界定。欧盟于 2020 年发布《塑造欧洲数字未来》《欧洲数据战略》《人工智能白皮书》三份战略文件，提出未来 5 年实现为所有欧洲人加强数字能力建设，并于 2021 年发布数字罗盘战略以支持数字人才计划。关于数字人才的概念界定，欧盟通过发布《公民数字化能力框架》1.0 和 2.0，明确定义了数字人才所具备的能力，这一框架认为，数字化能力是数字时代重要的生存技能，涵盖公民在工作、生活、学习、休闲和社会参与过程中创造性地使用信息与通信技术的知识、技能和态度等综合能力。数字化能力被进一步量化为五大领域 21 种能力，具体细分为如基础能力、信息交流能力、数字内容创作能力、安全能力和问题解决能力等。

德国在提升国家数字能力的目标要求下，数字人才的培养和发展成了关键任务，通过实施全面的数字教育、开发数字教育课程、建设教育平台、提高教育培训质量等措施，旨在培养一支具备高素质、高技能的数字人才队伍，以推动数字经济的发展和社会的数字化转型。德国通过颁布专业《人才战略数字战略（2016—2025）》，从国家数字化发展需求的层面上总结出数字人才是指具备全面数字技能和知识，能够在各个领域中应用数据解决复杂问题的人才。这类人才不仅具备数据处理和评估的专业能力，还具备跨学科能力及国际视野，能够在科学、商业、政府和社会等领域中发挥重要作用。

日本对数字人才概念内涵的理解主要体现在以下方面：第一，从 2019 年的人工智能战略到半导体和数字产业发展战略，日本在高等教育领域对人工智能人才培养的战略和措施中着重强调了数字人才所具备的跨学科融合能力与综合素养、国际化视野与全球竞争力。第二，日本在人工智能人才培养中注重理论与实践的结合，通过设立新学院、硕士课程以及短期培训项目，为学生提供丰富的实践机会和产学合作平台。可见，日本十分看重数字人才的实际操作能力和解决问题的能力。这种界定和要求不仅符合当前人工智能技术的发展趋势，也为未来数字社会的建设提供了有力的人才保障。

（二）数字人才概念在我国的发展历程

近年来，我国数字人才的概念演进随着数字化进程的加快呈现出从单一技能到综合能力、从技术应用到战略管理的趋势，同时，随着数字化技术的不断发展和应用场景的日益丰富，数字人才的分类也更加细化和多元化，以满足不同领域和行业的需求。

根据《2020 年全球数字人才发展年度报告》中的定义和分类，数字人才被定义为具备数字技能的人才，并将仅具备基本数字素养的人才排除在外，主要包括以下几类人才：一是数字战略管理者，即企业管理层要实现数字化；二是具备深度分析能力、能够做研发的高端人才；三是数字研发、数字化运营、智能制造和数字营销等多元数字技能人才。

而《2020 中国数字化人才现状与展望》中提到，数字化人才是指具备较高信息素养，有效掌握数字化相关能力，并将这种能力不可或缺地应用于工作场景的相关人才。根据数字化能力的不同具体要求和差异化应用场景，数字化人才又具体细分为管理、专业人才、应用。

第一类人才是数字化管理人才，其主要任务涉及提出对于降本增效的理解和战略方法。所以，管理人才一定要有行业前瞻力、洞察力和决策力，也就是数字化转型领导力。另外，管理人才需要具备好的团队管理能力来协调专业人才和应用人才，需要具备特别先进的项目管理能力以对结果负责。第二类人才是数字化应用人才，其主要任务是应对相关技术的具体业务场景应用，通过数字技术优化传统业务链条，提升产品附加值，提高企业运行效率。该类人才应具备：技术应用能力，能够了解主流技术、应用智能化系统，提高业务效率与价值；产品能力，有产品意识、用户意识，可以使用一些需求分析工具，可以提供技术协同；协同能力，有高效协同的意识，能够与专业人才针对某一项目进行有效沟通和资源共享；项目管理能力，有项目管理的方法和实践经验。第三类人才是数字化专业人才，其主要任务是处理企业业务问题，并利用科学技术创造性地解决问题，这类人才需要具备技术能力、产品能力、运营能力以及项目管理能力。

中国人力资源和社会保障部对若干新兴职业进行了界定，其中包括人工智能专业技术人员、大数据工程技术人员以及数字化管理师等。这些新兴职业的产生恰恰说明了我国数字人才的概念演进是一个不断深化、细化和标准化的过程。从最初的数字技能界定，到后来的能力与应用场景划分，再到官方对新职业的认可与标准化，数字人才的概念逐渐清晰并得到了广泛认可。未来，随着数字化技术的持续发展和应用场景的不断拓展，数字人才的概念还将继续演进和完善。

二、数字人才的内涵及特征

(一) 数字人才的内涵

从概念上讲，数字人才是指拥有信息与通信技术专业技能的人才，以及与信息与通信技术专业技能互补协同的跨界人才。相比于技术，更加强调其跨领域的综合性。根据角色不同，广义上来讲，数字人才可以分为数字化管理人才、数字化专业人才和数字化应用人才。数字化管理人才担任的角色众多，如数字转型的推动者、战略合作伙伴、创新趋势的预见者以及协作解决问题的关键角色，从而引领企业达成数字化转型的关键目标；同时，数字领域的专家和实践者利用他们的专业技能和创新工具，提升组织的工作效率。这些核心角色展现了数字化人才的多元化能力与素质，在跨领域的互动中，助力企业实现数字化转型的战略目标。因此，跨越行业界限，融合数字技术、应用与管理知识的复合型人才，成为企业实现高效且稳定的数字化转型的关键支撑。[①]

(二) 数字人才的特征

1. 具备通识素养，专业技能过硬

从数字经济的发展历程和特点来看，数字经济是以数据为核心生产要素，通过数据的收集、处理、分析和应用来推动经济发展，强调网络化协同，通过信息技术对资源进行优化配置和高效利用，最终实现智能化生产和个性化服务。因其涉及了多个领域，如信息技术、市场营销、法律等，所以必要的素养和技能显得尤为重要。数字人才应该具备的知识结构和能力，可以分为数字经济通识素养和专业技术技能，具备通识素养的数字人才能够跨越不同领域，实现知识的融合与创新，而掌握数字经济发展所需的关键技术，才能在激烈的市场竞争中脱颖而出，因此，通识素养和专业技能既是对数字人才的硬性要求，也是其具备的一大特征。数字通识素养

---

① 李辉，崔真. 主要发达经济体数字人才建设基本动向及经验启示 [J]. 中国物价，2023 (12)：64-67.

涵盖了正确的价值观念、基本素质和核心能力，具体包括：首先，数字能力与技巧，这涉及获取、创造、应用、评估、交流、分享、创新以及保障数字信息安全和遵守数字伦理的一系列能力和素质，包括熟练操作数字工具和理解数字媒体的相关知识技能；其次，是处理科技带来的伦理问题的能力，这包括对法律规范、职业道德、价值观念、责任感和人文关怀的理解和应用；最后，有跨学科整合和持续学习的能力。这些素养使数字领域的专业人士能在复杂和不断变化的市场环境中保持清晰的思维，并做出恰当的决策。未来，随着数字经济的发展，对具备广阔视野和跨学科知识的复合型数字人才的需求将会增加。具备专业技术技能是数字人才的一大特征，也是满足工作岗位的要求。数字人才既要接受通识教育，还要深入学习具体工作岗位的专业知识。数字化领军人才、数字化管理人才、数字化应用人才的培养，需要高度重视学科交叉融合，从掌握数字技术和打造业务场景两个方面加强教育，人才应该学习和接受多个学科的知识和训练。数字技术专业人才注重数字技术的掌握。经济合作与发展组织（OECD）认为，信息和通信技能可以分为三类，即通识技能、专业技能和补充技能。其中，信息和通信专业技能主要指开发信息和通信产品、服务所需要的数字技能，例如编程、网页设计、网店装修、多媒体运用以及大数据分析、人工智能、区块链和云计算等。[①]

2. 以数据为驱动，以客户为导向

通过前文的概念梳理可知，在当今数字化转型的浪潮中，数字人才的概念界定已远远超越了传统 IT 人才的范畴，相较于单纯的技术输出，数字人才更多地将重心放在了数字服务的提供与优化上，而数字服务则是围绕数据、客户进行资料摄取和价值衡量的。这一转变给予了企业前所未有的机遇：深度服务用户，不仅可以拓宽工作交付的边界，还可以为企业价值的衡量引入了更多维度的考量。

数字服务领域的专业人才在接触客户时必须展现出高度的敏锐性与专业性，通过采用多元化的方法，如主动询问、精心设计调查问卷、深度挖掘并分析数据等，全方位、深层次地理解客户的业务愿景、面临的挑战以

---

① 欧阳日辉. 培养数字经济人才　抢占经济发展制高点［EB/OL］. 中国教育报. （2022-06-16）［2024-12-12］. https://baijiahao.baidu.com/s?id=1735777633269701805&wfr=spider&for=pc.

及当前的优先事项。这一全面的洞察为后续的定制化服务奠定了坚实的基础，使得数字人才能够精准对接客户的特定需求与复杂多变的业务场景，提供包括但不限于软件定制化开发、数据深度挖掘与分析、高效系统集成等在内的全方位解决方案。

项目实施期间，数字服务人才更是秉持着以客户为中心的原则，与客户保持紧密的合作关系。定期沟通项目进展，确保信息透明，以迅速响应客户需求的变化，提供及时、有效的技术支持与服务，助力客户克服难题，保障数字服务项目的平稳运行与持续优化。此外，数字人才还格外重视客户的反馈意见，将其视为衡量自身工作成效的重要标尺，通过持续优化服务流程、提升服务质量，来确保每一次的服务都能为客户创造实实在在的价值，从而构建起稳固而持久的合作桥梁。

最终，客户的满意度与业务成果的显著提升，成了数字人才业绩评估不可或缺的一部分。这种以客户价值为导向的评估机制，促使数字服务人才不断追求卓越，始终保持对服务质量的高标准要求，推动数字服务行业的持续创新与发展，为企业与客户之间构建起互利共赢的合作关系。

3. 以团队合作为主，沟通和适应能力较强

尽管在素养、专业技能方面以及服务导向方面对数字人才能够有能力独立解决问题提出了要求，但无论是聚焦于管理策略的数字管理人才，还是深耕技术应用的专业人才与应用实践者，都不可避免地需要跨学科知识，融入多元化团队合作之中，以集体智慧应对日益复杂的挑战。

这种合作不仅要求团队成员能够跨越知识壁垒，更强调能够巧妙地将深奥的技术术语转化为通俗易懂的语言，促进非技术背景人员的理解与参与，携手推进项目目标的达成。尤其对于数字领域的专业人才而言，除了深厚的技术功底外，还需展现出卓越的运营能力，包括资源的有效整合与灵活调配，以及项目运维过程中的高效管理。这种能力意味着他们不仅需具备高度的技术协同意识以确保技术团队内部的顺畅协作，同时，更要与外部利益相关者保持紧密沟通，共同推动项目向前发展。而数字应用人才，作为连接理论与实践的桥梁，其角色尤为关键。他们不仅需要通过高效沟通与资源共享展现出与专业人才的无缝对接能力，确保项目各阶段的无缝衔接；此外，面对快速变化的工作环境和高标准的工作要求，所有数字人才均需展现出强大的适应能力，这种能力体现在对新兴技术的快速学

习、对不确定性的积极应对以及对挑战的持续探索上。各类数字人才均应保持稳定的心态与积极的态度，以灵活的思维方式和创新思维驱动个人与团队的持续成长，共同开创数字时代的新篇章。

三、服务贸易数字人才的能力与匹配情况

（一）数字人才在服务贸易领域的需求持续增长

近年来，数字人才在各产业应用方面展现出了广泛的趋势和重要的影响力，不仅在技术和经济领域发挥着关键作用，更在第三产业及相关贸易领域呈现出蓬勃发展的态势，对服务贸易的转型升级和高质量发展起到了重要的推动作用。因此，数字人才在服务贸易领域的需求也将持续增长。

在国家数字化投资持续增加的背景下，新经济领域如互联网、科技、传媒、生命科学等领域的数字化人才数量不断增加，相比之下，传统领域如制造业、化工等面临数字化人才需求缺口，因此数字化成为人才市场的关键推动力；同时，数字经济与实体经济的深度融合催生了新业态、新职业，如直播带货等新型岗位，创业型人才成为未来数字产业发展的核心力量。现如今，数字职业不仅在第一、二、三产业均有分布，还广泛渗透到社会生产、流通、分配及消费的各个环节，成为驱动我国数字经济产业发展的中坚力量，且随着数字化转型的加速，人工智能成为核心驱动力，一些较为传统的岗位被机器取代，同时催生了更高端、智慧和创意的新岗位，特别是在大数据、人工智能等领域，技能型人才急缺，三种类型的数字人才具有就业优势并且市场需求巨大。

（二）数字人才产业匹配存在的问题

在我国，尽管数字人才队伍建设取得显著成就，但就其社会应用现状来说还面临一系列新问题、新风险，影响到人才的精准对接和数字经济的高质量发展。

一是数字人才的规模、质量和结构与数字经济产业发展需求不匹配。调研显示，京津冀、长三角、粤港澳三大城市群集中了全国70%的数字人才，可谓人才济济，但其他地区面临数字人才不足的状况。据统计，我国数字人才缺口已接近3 000万人。

二是数字人才培养体系滞后于数字经济相关产业的发展需要。教育培训机构在与数字职业领域的衔接上存在不足，数字经济相关课程内容未能与新兴行业的发展步伐保持同步，数字经济学科的界定和范畴尚待明确。同时，不少传统教育团队对实际工作场景缺乏深入了解，众多教育机构正面临着缺乏具备跨学科背景的专业人才的挑战。总体来看，不少数字经济相关专业的毕业生在能力建设、数据思维等方面难以与当前产业发展的需求相匹配。

三是数字人才相关平台和政策支持不足。高水平平台载体的集聚能力不足，人才引进政策的区分度不高，数字人才"选育用流"政策衔接不畅，传统引才制度已不能满足企业灵活用工的需求，数字经济领域的人才存在保有率低且流动性强的特点。[①]

第二节 数字时代背景下数字人才供给的总体状况

一、数字人才的行业供给

（一）近年数字人才各行业无明显增幅，人才主要集中在互联网行业

尽管数字人才在全球范围内的需求持续增长，推动了各行业的数字化转型，但行业间的增幅并未呈现显著的均衡态势，而是呈现出一定的集中性和差异性。具体而言，数字人才的供给仍然主要集中在互联网行业。

从国内来看（见图 6.1），近四年企业新发布职位数据中，IT/互联网/游戏行业招聘数字人才数量最多，人才占比，4 年均在 40%以上，需求旺盛。但近几年，IT/互联网/游戏行业数字人才需求出现小幅度回落，从 2019 年的人才需求占比 55.12%降到 43.79%；国家战略新兴行业，如电子/通信/半导体、机械/制造、医疗健康、能源/化工/环保人才需求在逐年增加。然而，值得注意的是，近年来数字人才向非 ICT 行业（如制造、

---

① 鄢圣文，陶庆华：强化数字人才队伍建设 加快推动数字经济高质量发展［N］. 光明日报，2023-07-24（06）.

金融、消费品等）的渗透趋势逐渐增强。这些行业在数字化转型的过程中，对数字人才的需求不断增加，尤其是在智能制造、金融科技、新零售等领域，数字人才已成为推动行业发展的关键力量。尽管如此，与互联网行业相比，这些非 ICT 行业在数字人才的供给上仍存在一定的差距，需要进一步加强数字人才的培养和引进。未来数字人才的供给主力行业仍在互联网，电子/通信/半导体行业潜力较大，随着物流、零售等行业数字化转型进程加快，数字人才的供给也将有所波及。

另外，从全球范围来看，数字人才的行业供给情况也存在一定的地域差异，不同国家和地区在数字经济发展阶段、产业结构、政策环境等方面存在不同的特点。亚太地区在制造、金融和消费品行业中数字人才占比相对领先，欧洲地区在公司服务中数字人才占比较多，北美地区数字人才的行业占比相对均衡。①

总体来说，近几年数字人才在各行业无明显增幅，人才比例相对稳定。未来，随着全球数字经济的深入发展和各行业的数字化转型加速推进，数字人才的行业供给情况有望发生更加均衡和多元的变化。同时，各国和地区也需要根据自身的实际情况和发展需求，制定更加精准、有效的数字人才发展战略和政策措施，以推动数字经济的持续健康发展。

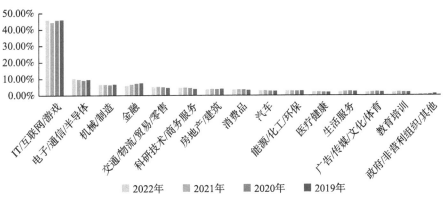

图 6.1　2019—2022 年中国数字人才行业分布

资料来源：《2023 中国数字人才发展报告》。

---

① 2021 全球数字人才发展年度报告 ［R/OL］.（2022－04－26）［2024－12－12］. https://www.21jingji.com/article/20220426/herald/4761100c54875f49add72f5e0fc6d4a4.html.

(二) 辐射传统行业，布局持续优化

《数字人才驱动下的行业数字化转型研究报告》显示，在 ICT 行业中，软件与 IT 服务、计算机网络与硬件行业数字人才占比为 36.95%；而在非 ICT 行业中，制造、消费品和金融行业数字人才的占比较突出，分别为 19.7%、7.21% 和 7.14%，这为相应行业的数字化转型奠定了人才基础。2021 年，软件与 IT 服务、计算机网络与硬件等行业全球数字人才占比下降近 16.95 个百分点，数字人才向非 ICT 行业快速渗透（见图 6.2）。[1]

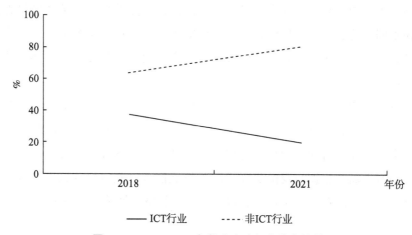

图 6.2　2018—2021 年数字人才行业分布趋势
资料来源：《中国创新人才发展报告》。

二、数字人才的地区供给

服务贸易数字人才的地区供给与数字经济发展水平显著相关，存在地区和国别差异。随着全球数字人才在主要行业的比例逐年提高，数字人才在全球各主要城市（地区）的绝对量也在逐年增加，体现了数字经济发展带来的正向循环力，即城市数字经济发展带动数字人才不断增加，数字人才的地区集聚效应进一步推动地区的数字经济繁荣，从而增加人

---

[1]　赵玉婷，左钰璇，杨旭华. 数字人才发展评价与趋势建议 [M] //首都经济贸易大学劳动经济学院，北京市经济社会发展政策研究基地，徐芳，等. 中国创新人才发展报告（2023），北京：社会科学文献出版社，2023.

才需求。

数字人才目前的聚集行业主要还是 ICT 行业（软件与 IT 服务和计算机网络与硬件），非 ICT 行业，含制造、金融、消费品等 22 个传统行业的人才数字化比重也有增加趋势。从全球整体情况来看，亚太地区在 ICT 行业、制造、金融和消费品行业中数字人才占比相对较高；欧洲地区在公司服务中数字人才占比处于领先地位，这与该地区发达的服务业和高度数字化的商业环境有关；北美地区数字人才的行业占比则相对均衡，美国在数字技术创新和应用方面居于世界首位，吸引了大量数字人才。这些地区经济发达、科技创新能力强、教育资源丰富以及服务贸易行业的成熟发展，吸引了大量的服务贸易数字人才。

总的来说，不同国家和地区在数字人才供给方面存在显著差异，一些国家和地区由于经济发展、教育水平和政策环境等因素，拥有更为丰富的数字人才资源。以中国为例，数字服务经济发展水平的差异直接影响了人才的供给，呈现出以下特点。

（一）长三角、珠三角地区和主要城市聚集效应显著

中国主要城市中 ICT 行业的数字人才占比增加，包括杭州、深圳、北京、南京、广州等，主要在长三角和珠三角地区形成了突出的集聚效应。

从供给分布区域来看，如图 6.3 所示，数字人才主要集中在华东、华北、华南地区，人才呈逐年增长态势，2022 年人才比 2019 年增加了 7.03%。从城市数据看，《2023 中国数字人才发展报告》显示，2022 年我国数字人才数量排名前十的地区为上海、北京、深圳、广州、杭州、成都、南京、苏州、武汉、西安，数字人才主要集中在上海和北京（见图 6.4），2019 年的人才占比 21.29%，2022 年人才仅占 15.50%。广州、杭州、南京、苏州、武汉、西安人才近 4 年逐年增长。与目前的数字产业集群分布相吻合，而长沙、合肥、郑州等地区数字人才较为稀缺，占比不足 2%。总体上看，2023 年中国数字人才缺口为 2 500 万~3 000 万人，且缺口仍在持续放大。

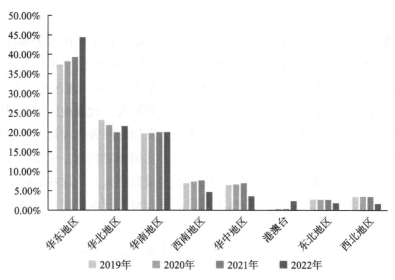

图 6.3　2019—2022 年数字人才区域分布

资料来源：《2023 中国数字人才发展报告》。

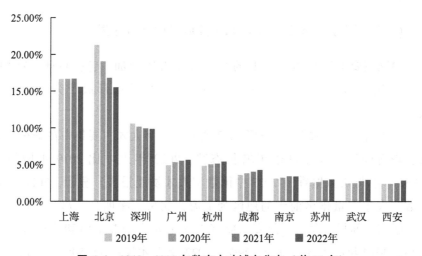

图 6.4　2019—2022 年数字人才城市分布（前 10 名）

资料来源：《2023 中国数字人才发展报告》。

（二）数字经济就业人才类型存在地区差异

数字人才地区供给不仅存在地区和城市分布不均的特点，而数字经济就业的人才类型在地理分布上也存在明显的差异性特征。

中国三大经济核心区域——粤港澳大湾区、长江三角洲及京津冀地区，均展现出了对数字经济技术型人才的高度依赖性，但各自的需求侧重点略有不同。具体而言，粤港澳、长三角与京津冀在数字经济技术型人才的需求占比上分别达到了46.18%、45.01%和48.02%，体现了这些区域作为经济引擎对技术驱动型人才的迫切需求。除了核心的数字经济技术型人才外，其他类型的数字人才需求也展现出多元化的趋势。在京津冀地区，尤为值得注意的是，产品经理与运营经理的岗位需求，分别以8.29%和6.49%的比例高于粤港澳和长三角地区，反映出该地区在数字经济领域更加注重产品创新与运营管理的策略导向。而在粤港澳大湾区内，尽管数字经济技术人才整体需求旺盛，但产品经理的职能需求尤为突出，占据了4.27%的比重，这与该区域科技创新活跃、产品迭代迅速的特点密切相关。相比之下，在长三角经济区，尽管产品经理岗位也备受重视，占比达到4.75%，但Java技术人才的需求更为显著，以4.85%的比例占据第一，凸显了该地区的数字服务贸易在软件开发、技术应用层面的强大需求。①

综上所述，我国不同地区在数字经济技术型人才的需求上不仅总量庞大，且各具特色，反映了各地在数字经济发展路径、产业结构布局及人才战略定位上的不同侧重。

三、服务贸易数字人才的供给的新特征

随着数字经济发展的日渐成熟和数字人才相关概念界定陆续产生，数字人才具有受教育程度明显高于其他行业、就业市场年轻化、市场供给具有地区集聚性等特征，而数字时代贸易发展展露出新的特点和趋势倒逼数字人才供给出现新的特征，数字经济高创新性、强渗透性、广覆盖性的本质特征，决定了数字人才是企业数字化转型的核心驱动力、数字化发展的第一资源。当前，数字人才的培养和供给更加朝着技术化、智能化、服务化、个性化方向发展。具体呈现出以下方面的新特征。

(一) 数字经济从业人员就业意向的地区差距更加明显

不同国家和地区在数字人才供给方面存在显著差异，中国的数字人才

① 龚六堂. 数字经济就业的特征、影响及应对策略 [J]. 国家治理，2021 (23)：29-35.

供给具有地区差异性。有数据显示，全国数字人才城市需求前 20 位的城市中，多数为京津冀、长三角和粤港澳三个经济区域的城市，在这 20 座城市中也存在巨大差异，北京市数字人才需求占全国比重为 22.06%，分别比深圳和上海高出 7.53、7.78 个百分点。数字人才相对集中于北京、上海、深圳、广州与杭州地区，与目前的数字产业集群分布相吻合，而长沙、合肥、郑州等地区数字人才较为稀缺，占比不足 2%。总体上看，2023 年中国数字人才缺口为 2 500 万～3 000 万人，且缺口仍在持续放大。① 此现象在经济发展不均衡的国家和地区较为明显。

（二）中国数字人才回流趋势明显

全球数字经济发展对人工智能、大数据、云计算、5G 等领域高端人才的需求一直居高不下，波士顿咨询公司预测 2035 年中国数字经济将创造 4 亿个就业岗位。而人才供给不足和培养的长周期性导致"抢人大战"方兴未艾。特别是 T 型人才（指具备一项精深的特长和跨专业领域的复合型人才）和 π 型人才（指两专多能或者多专多能的复合型人才），更加成为数字人才市场中的宠儿，猎聘发布的《2023 海外留学人才就业发展报告》显示，截至 2023 年上半年，IT/互联网/游戏行业对海外留学人才的就业吸纳能力最强，占比为 18.1%。猎聘针对 2023 年毕业的海外高校留学生以及海外高校在读留学生的问卷调查显示，求职人群中超过八成选择回国就业。②

（三）具备跨界思维与技术迭代的能力

在未来的数字化进程中，数字人才不仅需要精通并灵活运用新一代信息技术，如云计算、大数据、人工智能等，以高效实施数字化场景的建设、运营与维护，同时要持续拓宽自身的技术与产业知识体系，构建多元化的知识架构。更为重要的是，数字人才还需拥有前瞻性的动态视野与卓越的数字化赋能能力，能够敏锐洞察企业长远发展的战略需求及全球产业变革的脉搏。鉴于数字技术是推动企业转型升级的关键工具，不仅限于技术层面的应用，更致力于通过数字技术深入挖掘企业的内在潜力与竞争优

---

① 人瑞人才，德勒中国. 产业数字人才研究与发展报告（2023）[M]. 北京：社会科学文献出版社，2023.

② 何诗霏. 中国数字人才回流趋势明显 [N]. 国际商报，2023-12-12（04）.

势，这要求供给的人才能够根据市场动态与企业战略目标的调整，灵活调整并强化自身的数字技能组合，确保企业始终保持技术领先地位与市场竞争力。①

此外，促进产品间的协同效能，加强跨部门、跨领域的合作开发能力，并积极构建产业生态联盟，推动产业链上下游的深度融合与协同创新也是对未来数字人才供给的要求，以期实现产品、合作与产业的全面融合与升级，为企业乃至整个行业带来颠覆性的变革与发展机遇。

第三节　数字时代背景下数字人才的流动状况

一、数字时代背景下数字人才的流动的促进政策与壁垒措施

（一）全球典型发达国家的数字人才流动促进政策与壁垒措施

1. 美国多渠道、开放性吸纳数字人才策略

美国联邦政府定期评估数字治理所需要的知识、技术和能力，研究制定各类数字人才的人力资源规划和实施路线图，有计划地聘用软件工程师、IT 专家、产品经理、设计师、用户研究人员、采购专家等，以前沿数字人才构建和迭代技术系统规避外包带来的风险，加强技术系统供给方与需求方的配合。

目前，美国吸引数字人才的策略相对开放，且渠道更为多样，以更广泛的招募数字领域的高技术专家和相关人才。在政府层面，退休金制度改革成为官方进行数字人才招募的主要手段之一，此外政府积极同数字领域专业服务商和私营高技术企业展开人才领域的合作，以精简行政流程，优化招聘路径以吸引职业生涯初期的技术专家加入联邦政府，为他们提供平台以开发关键的数字服务技术。②

---

① 何诗霏. 中国数字人才回流趋势明显 [N]. 国际商报，2023-12-12 (04).
② 檀春耕. 建设数字政府的人才策略：美国的实践与启示 [J]. 领导科学，2023 (3)：138-144.

2. 丹麦的数字人才"引流用"经验

2018 年，丹麦政府推行了《数字增长战略 2025》通过一系列数字人才引流政策，在 ICT 和数字化领域推动高技术人才的吸引举措以促进丹麦的创新和经济增长潜力，具体措施如下。

第一，丹麦通过积极的移民政策，并为高需求行业设置正面清单，以保证数据科学和网络安全等岗位的高需求外国人才可以获得更快速的工作和居留许可。此外，丹麦也为高收入的外籍员工提供工签的快捷通道，只要年薪达到一定水平，外国人才可以更快获得工作许可，尤其是技术行业的高端人才。

第二，丹麦推出了快速引进高技能人才计划（fast track scheme, FTS）。FTS 计划允许本国公司通过特定渠道招聘国际高需求人才，使获得政府认证的数字和 ICT 企业有能力在更短时间内招聘特定领域的专家。

第三，初创企业签证（start-up denmark visa）允许欧盟域外国家的数字相关行业的创业者有资格在丹麦创立和发展企业，该计划尤其针对与 AI、大数据和物联网领域的高技术创业人才。

此外，丹麦致力于集结数字研究资源，提升数字研发的环境。近年来，丹麦通过设置数字技术研究中心，整合全国优质数字研究资源，极大程度提升了数字技术成果转化率。

3. 加拿大的数字人才流动政策

首先，加拿大经济和社会发展部的 COPS 系统曾在 2018 年预测，至 2028 十年内，加拿大 ICT 核心职业的职位空缺数量将增加 40%。基于此，近年来，加拿大推出了多个数字人才流动政策及 ICT 专业人才促进政策。

在诸多数字人才政策中，全球人才流动计划（global talent stream, GTS）最为著名，且效果最为显著。该计划通过工签审批加速、设置特定职业列表等手段很大程度优化了相关人才的移民流程，快速吸引和雇用了大批高技术人才，尤其是数字和 ICT 领域的专业人士。

其次，加拿大的技术人才抽签政策也对数字和 ICT 相关高技术人才进行了特别制度设计：通过设置快速通道对接，安大略等地的数字人才流动水平得到了迅速提升。

最后，加拿大还额外设置了开放工签政策并发放创业签证。这些政策帮助相关数字人才尤其是在信息科技和数字创新领域有创业计划的人才以相对少的行政流程移民加拿大。

（二）RCEP 协定中的数字人才流动政策与壁垒措施

1. RCEP 协定整体的数字人才流动条款

RCEP 协定中的数字人才流动的相关政策主要集中在其协定中的自然人流动相关规则中。RCEP 协定中数字人才相关的部分条款主要位于协定正文第 8 章和第 9 章，即"服务贸易"和"自然人临时移动"，同时第 17 章包含相关一般性规定。此外，在正文所对应的附件三"专业服务"、附件四"自然人临时移动承诺表"中，以清单形式也规定了各成员国的义务。RCEP 既继承了 GATS 的框架，将数字人才流动作为服务贸易的一种模式进行规范，同时专门设立章节，并在具体规则上对自然人准入等方面做出了 WTO+层次的具体规制，以推动区域内自然人的自由流动。

首先，RCEP 从整体上对自然人的范围做出了规定，也对可能涉及的具体类别予以明示；较之 GATS 中的服务贸易供应商，范围有所扩大，包括了缔约方之间所有涉及经济目的的自然人流动情形。这一概念的扩展，有利于使数字人才流动给流入国和流出国带来发展机遇。对于流入国来说，高技术水平的劳动力会带来技术的"溢出效应"，从而提高该行业的技术水平；而对于流出国而言，该自然人也将促进技术的交流和信息的流动，从而促进形成更多的贸易机会。因此，RCEP 本次将"服务提供者"的概念予以明确，承认"商业存在"和"自然人流动"相挂钩，有利于缔约国之间更高水平的数字经贸关系发展。

其次，RCEP 第 9 章"自然人临时移动"，为数字人才的流动提供了更为宽泛的承诺选择权。即"本章涵盖的一缔约方自然人临时入境，没有意图永久居留"。虽然 RCEP 也没有对"临时"划定时间框架，但是太具体的时间框架规定也不尽合理。对于 RCEP 的各缔约国来讲，发展水平存在差异，经济、政治等都有一定程度的不同之处。如果规定过于详细，可能无法适应各国的具体情况，同时，确定这些时间框架的科学依据和合理性难以精确评估，对于区域性协议来说，过于具体的时间框架缺乏必要的灵活性和合理性。因此，RCEP 在规定义务时，巧妙地平衡了规则的明确性和制度的灵活性。

另外，RCEP 在数字人才流动方面给予了缔约方国内规制权更为宽广的实践空间。具体表现为，第 9 章第 2 条的第 2、3、4 款基本采取了反面排除式的规定方法，体现了对缔约方主权的尊重，也尽可能地扩展了其规制的自由空间。

关于壁垒问题，在 RCEP 附件四 "自然人临时移动具体承诺表" 中，多数成员国的承诺更倾向于低水平技术人才的准入。鉴于 RCEP 成员国劳动力市场的发展水平和规模存在差异，如果仅对高技能劳动力做出承诺，可能会对劳动力水平较低的成员国（例如东盟国家）的发展造成不利影响，进而妨碍区域经济的整体协同发展。从这一视角出发，数字人才作为相对高技术水平的劳动人员，并未获得充分的准入承诺。

2. RCEP 协定典型缔约国的数字人才流动政策与壁垒措施

新加坡是 RCEP 协定中对于数字人才流动政策设置相对完善的国家。在流动机制上，新加坡积极推出免签政策。其规定，对于护照等证件签发国为中国、俄罗斯、巴基斯坦等 36 个国家或地区的外国自然人，必须持有有效签证才可以进入新加坡，对其他国家人员则未做出明确签证要求。此外，新加坡为境外人士申请永久居留资格提供多种渠道，其可通过技术移民、投资移民、留学等形式申请成为新加坡永久居民。关于技术移民，新加坡设计专家、技术人员和技术工人计划，允许持就业准证或 S 准证、在新加坡居住至少 6 个月的外国专业人员获得永久居留权。关于投资移民，在新投资的投资者可通过全球投资者计划获得永久居留权。关于留学移民，新加坡允许符合一定条件的在新学习学生申请成为新加坡永久居民。

在海外数字人才市场化引进上，新加坡设计 EntrePass 准证，适用对象为在新加坡经营风险投资或创新技术业务的高素质创业者。其将准证期限从一年延长到两年，并免除了此前高科技领域初创公司 37 000 美元的最低实际出资要求。在壁垒措施方面，新加坡借助数量限制、配额管理等手段，限制低端产业人员在本国就业。新加坡为管控与建筑、制造、物流等相关产业的人员进入，采取限制工作准证数量、提高低端产业外籍劳工征收税率等手段，达到总体调控目的。

（三）我国的数字人才流动政策与壁垒措施

1. 中央政府层面大力出台相关政策文件

我国中央层面不断出台政策强化数字人才培养。2022 年 1 月，国务院发布《"十四五"数字经济发展规划》，指出加强职业院校（含技工院校）数字技术技能类人才培养；2022 年 10 月，中共中央办公厅、国务院办公厅联合发布《关于加强新时代高技能人才队伍建设的意见》，指出要建立一批数字技能人才培养试验区。此外，《中华人民共和国职业分类大典（2022 年版）》，则首次标注了数字职业。

2023 年 2 月，中共中央、国务院发布的《数字中国建设整体布局规划》，提出要强化人才支撑，增强领导干部和公务员数字思维、数字认知、数字技能，统筹布局一批数字领域学科专业点，培养创新型、应用型、复合型人才，构建覆盖全民/城乡融合的数字素养与技能发展培养体系。

2. 不同地区的人才流动政策

粤港澳地区数字人才流动的相关实践经验值得探索。新近提出的《"数字湾区"建设三年行动方案》明确提出三地将共同制定人才需求清单。此外，通过人才流动的便利化，三地将更加高效地形成产业集群效应，吸引一批高水准数字化人才在大湾区内创新创业。同时，支持港澳利用其国际科研合作平台的优势，吸引内地及全球的科技创新领袖、科研团队和企业，促进跨学科的科研合作。[①]

京津冀地区是我国北方经济规模最大、最具活力的地区，在建设世界高端人才聚集区方面具有示范作用。依托北京的首都优势资源吸引高端科技人才。在体制机制方面，北京在全国省级层面率先组建人才工作局，成立北京人才发展战略研究院，按照"一城一策"的原则为"三城一区"量身定制人才引进办法，为顶尖科学家创新团队开通人才引进通道，在中关村国家自主创新示范区试点高端领军人才职称评审"直通车"政策，着力解决人才工作生活痛点和难点问题。在创新生态建设方面，北京打造了包含大赛峰会、产业园、基金等在内的"六位一体"创业生态，促进创新

---

① 广东省人民政府办公厅关于印发"数字湾区"建设三年行动方案的通知 [EB/OL]．[2024-11-08]．https://www.gd.gov.cn/zwgk/wjk/qbwj/ybh/content/post_4287596.html.

链、产业链、资金链、人才链深度融合。在人才一体化方面，北京协同天津、河北两地共同出台《京津冀人才一体化发展规划（2017—2030年）》《京津冀人社部门人才工作协同发展合作框架协议》等政策文件，打造"通武廊""通宝唐"等一批区域人才一体化发展品牌。[①]

我国长三角地区经济有活力、开放程度高、创新能力强，是人才强国雁阵格局中的重要战略支点。近年来，长三角以"产业链"为导向，不断推动创新链、产业链、资金链和人才链深度融合。一是以产引才，出台人才新政。结合自身产业发展重点设置针对性的引才政策，精准满足本地区产业链人才需求。如江苏连云港2024年5月出台《关于强化招才引智推进高质量"双招双引"的八条措施（试行）》，围绕10条重点产业链、52条细分产业链，精准吸纳产业人才。二是举办品牌展会，凝聚高端人才。持续举办中国国际进口博览会、世界顶尖科学家论坛、世界人工智能大会等高端论坛会展。三是实行外国高端人才互认。印发《长三角生态绿色一体化发展示范区外国高端人才工作许可互认实施方案》，在要素流动领域一体化制度创新上取得新进展。[②]

成渝双城经济区在共建"一带一路"国家和长江经济带发展战略的指引下，加快了区域一体化发展步伐，成了中国西部地区的经济增长极。为适应经济发展的需要，推动人才跨区域流动，促进成渝双城经济区的经济社会发展，近年在人才引进、培养、评价、服务等方面积极探索和实践，不断推出一系列政策措施，为人才流动提供了有力支持。如2023年2月2日，重庆市人民政府办公厅、四川省人民政府办公厅联合印发的《推动成渝地区双城经济圈市场一体化建设行动方案》（渝府办发〔2023〕15号），政策强调了以下几点：一是采取了一系列的优惠政策，如提供住房补贴、税收减免、子女教育等优惠条件，吸引高层次人才和急需紧缺人才。加大对人才的培训和教育支持力度，建立人才培训基地、创新创业孵化基地等，为人才提供学习和创业的平台和资源。三是建立健全的人才评价认定制度，对高层次人才、急需紧缺人才给予专门认定和奖励，提高人才的社

---

① 广东省人民政府办公厅关于印发"数字湾区"建设三年行动方案的通知［EB/OL］.［2024-11-08］. https://www.gd.gov.cn/zwgk/wjk/qbwj/ybh/content/post_4287596.html.

② 广东省人民政府办公厅关于印发"数字湾区"建设三年行动方案的通知［EB/OL］.［2024-11-08］. https://www.gd.gov.cn/zwgk/wjk/qbwj/ybh/content/post_4287596.html.

会地位和待遇。四是建立完善的人才服务机构和平台，提供就业指导、职业规划、人才引进等服务，为人才提供全方位的支持和帮助。五是加强与国内外人才交流合作，设立人才交流项目和基金，促进人才资源的跨区域流动和共享。同时，加强与周边地区的人才合作，形成区域人才合作共赢的局面。①

二、数字时代背景下数字人才的流动新需求

《产业数字人才研究与发展报告（2023）》显示，随着各产业数字化转型进入更深的阶段，相关行业对数字化人才的需求与日俱增，人才短缺已经成为制约数字经济发展的重要因素。该报告估算，当前数字化综合人才总体缺口约在 2 500 万至 3 000 万人，且缺口仍在持续放大。在数字时代，数字人才的流动面临着新的需求和挑战，这些需求涉及国内外的差异、不同行业结构、贸易模式以及产业集聚地区的不同。

（一）不同国家的侧重不同

不同国家和地区对于数字技术的应用和发展阶段不同，因此对数字人才的技术熟练度和专业知识有不同的需求。一些发达国家可能更加注重高级技术和创新能力，而一些发展中国家可能更需要基础技术和实践经验。同时，一些国际化的数字企业或项目需要数字人才具备跨文化交流和多语言沟通能力，能够适应不同文化背景下的工作环境和团队合作。《中国数字经济发展白皮书》报告显示，在过去一年间，数字人才的技能分布在全球不同地区间存在着较大差异，中国大陆和印度等地的代表性技能仍以数字技能为主，而欧洲、北美地区的数字人才则掌握了更多的行业技能。比如，北京的典型技能分别是开发工具、计算机硬件、动画、数字营销、计算机网络，上海排在前五的技能依次为计算机硬件、制造运营、电子学、数字营销以及外语，数字技能在两大城市均具有非常高的代表性。

在世界其他地区，不同城市数字人才的技能差异较为明显。北美地区城市代表性技能以产业技能（如房地产、建筑工程、医疗管理等）为主，

---

① 推动成渝地区双城经济圈市场一体化建设行动方案［EB/OL］.［2024-11-08］. https://www.cq.gov.cn/zwgk/zfxxgkml/zcjd_120614/bmjd/202302/t20230220_11627013.html.

数字技能排名相对靠后；欧洲和其他亚太发达地区城市（包括中国香港、新加坡、阿联酋、悉尼）代表性技能既包括数字技能，也包括产业、商业和软技能等非数字技能。

一是不同行业结构的需求存在差异。对于数字技术领域的公司，他们通常需要拥有深厚的技术功底和创新能力的数字人才，能够应对快速变化的技术需求和竞争环境。而传统行业数字化转型需要具备数字技术能力的人才，他们需要理解行业特点，并能够将数字技术应用到实际生产和管理中。

二是不同产业集聚地区具有不同需求。例如，位于科技创新中心的企业通常更加注重创新能力和技术研发，需要数字人才具备深厚的技术功底和创新思维。制造业集聚地的企业可能更需要数字人才具备生产管理和数字化技术应用方面的能力，能够推动企业数字化转型。

三是不同贸易模式具有不同的需求。随着跨境电商的发展，对于具备跨境电商平台操作、数字营销和供应链管理等技能的数字人才需求不断增加，包括跨境电商平台搭建与管理、产品描述与推广、海外市场开拓等领域的专业人才。而互联网金融的兴起促使对于具备金融科技能力的数字人才的需求增多，要求懂得数据分析和预测建模、风险管理和支付系统等技能。对于具备软件开发、测试和项目管理等，则对不同编程语言的开发人员、质量保证专家以及软件项目管理人员等数字人才的需求加大。另外，在跨境贸易中，网络安全和数据隐私是至关重要的，网络安全专家、数据隐私专家和法律顾问等职业角色必不可少。

（二）数字时代背景下数字人才的流动的重点与思路

1. 政企校等各方携手，培养数字转型急需的数字化人才

2022 年 6 月，贵阳市人民政府、贵安新区管理委员会携手华为、贵安产控集团，共同打造华为（贵阳贵安）数字经济创新中心，以期发挥华为在软件开发、人工智能、人才培养等方面的技术和资源优势，赋能软件开发企业、助力企业数字化转型、培养数字人才。成立以来，该创新中心依托华为贵安园区全球培训实训基地资源优势，构建数字人才培养认证体系，联合本地企业开展在职人员技能培训，帮助企业整体提升员工数字化专项应用技术能力，培养具备数字化战略格局的高级管理人才。同时，创

新中心致力于打造符合贵州的人才培养方案，通过校企合作、产教融合等多种方式提供创新型人才培养体系，全方位为贵阳贵安输送人才；面向贵州师范大学、贵阳学院、六盘水职业（技术）学院等多所高校开展训练营、鲲鹏应用创新大赛等活动，联合培养新工科人才。

该创新中心将为区域发展提供包括数字化人才培养在内的全维度助力，预计在"十四五"期间，每年向贵阳贵安200家以上中小微企业提供技术赋能服务，为贵阳贵安100家以上企业提供鲲鹏适配技术支持，为50家以上企业提供人工智能技术支持，打造不少于5个标杆项目；加强与贵州本地高校合作，为贵州培养信息化人才超5 000人次；依托华为云上屯贵安培训中心IT维护工程师基地和战略预备队训战实习基地，在贵州培养专业化的ICT工程师累计不少于1.3万人次。[①]此项措施可在全国范围内提供促进数字人才培养和流动的借鉴范本。

2. 明确数字产业需求及行业优劣势，推动数字人才战略的制定实施

吸引和培养新阶段所需要的人才，是中国在全球数字经济发展中建立竞争优势的重要基础。第一，应加快建设国家级数字产业人才需求与技能数据库，全面了解并跟踪数字行业各领域的技能需求和岗位缺口。动态掌握数字产业技能需求，便于制定人才政策和教育培训内容，有针对性地培养和引进人才。第二，应大力推动本土数字人才的培养和储备，推进校企联合培养，培养与数字产业需求匹配的人才。缩小与数字产业需求的匹配差距，提高本土人才的技术水平和实践能力，形成稳定的人才储备。第三，政府应制定多层次的数字人才激励政策，以吸引和留住各类数字人才，形成完整的数字产业人才生态体系。第四，应建立数字人才评价与认证体系，推出国家级数字技能认证，帮助企业更快速识别并招聘合适人才。与行业协会和科技企业合作，制定覆盖多种数字技能的专业认证标准，并推动相关认证纳入职业发展体系。权威认证可以增强人才的职业竞争力，便于企业精准招聘，也便于员工职业发展。

3. 把握全球人才竞争新态势，大力拓展全球数字人才引进新路径

第一，面对新一轮科技革命和产业变革，聚焦高科技人才的争夺，国

---

① 数字化转型背景下，我们该如何填补数字化人才缺口？[EB/OL].中国新闻网.[2024-11-08].https://baijiahao.baidu.com/s?id=1767128118217864580&wfr=spider&for=pc.

际人才争夺进入加速调整期，目前我国应积极调整人才战略，修订相应数字人才引进计划，吸引具备关键技术能力的高端人才。对符合条件的高端数字人才提供快速签证通道，配套高薪资、住房和科研项目支持，吸引全球领先的数字技术专家和科研人员，增强国内的技术创新能力和国际竞争力。第二，应积极优化外籍人才工作和生活政策，提供子女教育、医疗保险等一站式生活支持，创建外籍人才服务中心，为生活提供便利。第三，探索"数字游牧签证"政策，吸引全球的远程数字工作者、自由职业者在中国居住和工作。为符合条件的数字游牧者提供短期工作居留许可，给予税收优惠、灵活办公场地支持和创业配套服务。第四，加强人才流动监测与政策评估，利用数据分析技术，监测全球数字人才流动趋势和重点领域，及时调整引才策略，并根据人才反馈优化政策。

4. 建立数字化人才发展体系，探索人才共享新机制

围绕数字素养和数字技能，构建"评价—培养—认证"数字化人才发展体系。探索柔性引才办法，建立数字化人才共享服务标准、体系，创新数字化人才"双向流动"机制，制定数字化人才共享服务职业技能等级对应的工作领域、工作任务及职业技能要求。

第七章

我国服务贸易数字化转型中的
人才治理

在 RCEP 框架下，中国服务贸易的数字化转型对人才进行治理具有深远的意义，数字化服务贸易人才转型不仅符合以人为本的发展理念，也有助于通过促进生产力水平提升，带动产业的高质量发展；同时，中国服务贸易的数字化转型中人才治理响应国家的战略选择，并且有助于提升我国经济发展的国际竞争力。与此同时，我国加强数字服务贸易人才治理，一定程度上有助于其他 RCEP 成员国重视数字服务贸易人才建设，助推 RCEP 地区服务贸易数字化水平的整体提升。事实上，从中国服务贸易数字化转型过程中人才治理的总体状况来看，既有典型特征，又存在问题和不足。这些问题与制约因素不仅影响了数字化转型的进度，也制约了服务贸易整体的高质量发展。我国也需要针对性的调整和解决，进一步推进我国服务贸易数字化水平的提升。

第一节　RCEP 框架下人才治理的意义

一、促进 RCEP 地区劳动力市场资源有效配置

（一）促进就业与技能提升

服务贸易的数字化转型需要大量具备数字技能的人才，加强人才治理不仅促进了新岗位的创造，也要求传统服务行业的从业人员进行技能升级。在服务贸易数字化转型过程中，强调提升个体的职业竞争力和适应能力符合以人为本的发展理念，服务贸易相关企业通过培训和教育，帮助员工掌握新技术、新知识，从而在数字化转型中找到新的职业定位符合和发展机会。对于部分经济增速较缓的 RCEP 成员国而言，我国加强数字服务贸易人才治理，加强服务贸易合作的同时可以扩大该类成员国数字服务贸易规模，有助于为该类成员国提供相关就业机会，进而促进就业及相关工作人员技能提升。

(二) 改善工作环境与生活质量

数字化转型往往伴随着工作方式的变革，如远程办公、灵活工作制度等，服务贸易数字化转型过程中进行人才治理，有助于促进员工工作方式的转型升级，从而提升员工的工作满意度与生活质量。服务贸易数字化转型中的人才治理，从这一角度分析，不仅提升了服务贸易数字化转型的效率，也提升了数字人才的员工福利，符合以人为本的发展理念。[①] 在 RCEP 框架下，成员国可以相互借鉴数字服务贸易人才的工作形式、员工福利等，提升国际间数字服务贸易开展效率的同时，也有助于改善相关人才的工作环境与生活质量。

(三) 促进人才流动与优化配置

在 RCEP 框架下，服务贸易的开放将促进人才在区域内的自由流动。服务贸易转型过程中进行人才治理，有助于促进数字人才根据自身专长与市场需求在不同领域、不同国家间流动，同时可以加强先进技术、经验等的交流，提升人才的综合素质，从而推进实现人力资源的最优配置。提升数字人才技能水平的同时，可以给相关人才提供更好的平台，这符合以人为本的发展理念。具体来说，RCEP "自然人移动承诺" 将促进成员国间人员流动，为服务贸易人才流动带来巨大助益。在此规则下，我国 21 家自贸试验区致力于人才便利化建设[②]，甚至超过 RCEP 自然人移动承诺水平，为 RCEP 成员国之间的人才流动提供了较大助力。

二、推进我国与 RCEP 其他成员国双边服务贸易高质量发展

(一) 支撑产业升级与结构优化

服务贸易数字化转型不仅仅是技术的堆砌，更是技术与产业深度融合的过程。在这个过程中，高素质、专业化的数字人才是我国服务贸易数字

---

① 魏浩，耿园. 高端国际人才跨国流动的动因研究：兼论中国吸引高端国际人才的战略 [J]. 世界经济与政治论坛，2019 (1)：121-146.

② 王佳靓. RCEP 框架下黑龙江省对韩旅游服务贸易发展现状、问题及对策研究 [J]. 东北亚经济研究，2024，8 (3)：73-84.

化转型的关键驱动力。这些人才作为技术和产业的桥梁，能够将最新的信息技术成果转化为实际的生产力。他们通过开发新的服务平台、优化服务流程、创新服务模式等方式，推动服务贸易从劳动密集型向技术密集型、知识密集型转变，从而实现产业升级。

同时，数字人才在服务贸易数字化转型中，还能够促进产业链的延伸和拓展。他们通过大数据分析、人工智能等技术手段，挖掘出潜在的市场需求和服务空白点，进而推动产业链上下游的协同发展，形成更加完整和高效的产业生态。[①] 自 RCEP 生效以来，中国与 RCEP 其他成员国在服务贸易领域的合作不断深化。例如，在金融领域，双方的合作项目不断增加，合作金额显著提升。根据商务部公开数据，2023 年中国与 RCEP 成员国的金融合作项目数量同比增长超过 20%，合作金额也实现了大幅增长。这些成果的取得，离不开数字服务贸易人才在推动金融创新和服务升级方面的贡献。

（二）提升服务贸易国际竞争力

在国际贸易中，标准的制定往往意味着话语权的掌握。通过培养具有国际视野和规则意识的数字服务贸易人才，中国可以更加积极地参与国际服务贸易标准的制定和修订工作，为中国服务贸易企业在国际市场上争取更有利的地位。除此之外，数字人才在品牌建设和市场开拓方面也发挥着重要作用。他们通过精准的市场定位、独特的品牌策划和有效的营销手段，帮助中国服务贸易企业在国际市场上树立品牌形象，扩大市场份额。

（三）加速创新与服务模式变革

人才是进行创新的源泉。在服务贸易数字化转型过程中，通过人才治理可以激发创新活力，推动服务模式、商业模式的变革。例如，在智慧物流、远程医疗、在线教育等新兴领域，数字人才可以创造出更多符合市场需求的服务产品和解决方案，推动服务贸易向更高层次发展。同时，数字人才在推动服务模式变革方面，还体现在跨界融合和协同创新上。他们通过跨行业、跨领域的合作与交流，将不同领域的知识和技术进行融合创

---

① 姚战琪. 国家自主创新示范区设立与服务贸易高质量发展［J］. 北京工商大学学报（社会科学版），2024，39（1）：1-15.

新，创造出更具竞争力的服务产品和解决方案。

中国企业在 RCEP 区域内推出的新型数字服务贸易产品，如基于大数据的供应链管理服务、云计算解决方案等，均取得了显著成效。这些创新产品的推出，不仅提升了中国服务贸易的附加值和竞争力，还为中国与 RCEP 其他成员国的双边服务贸易合作注入了新的活力。根据行业报告，这些创新产品的市场份额逐年上升，用户满意度也持续提高。

（四）优化资源配置与提升效率

数字人才可以利用大数据、云计算等技术手段，对服务过程中的各项资源进行精准化配置。通过对服务需求、服务供给、服务成本等数据的实时分析和预测，实现资源的最大化利用和成本的最小化控制。同时，在数字化转型的背景下，智能化管理与决策成为提升服务效率的重要手段。数字人才通过构建智能化的管理系统和决策支持系统，实现对服务过程的实时监控和动态调整，提高服务效率和质量。在开展贸易过程中，中国与 RCEP 其他成员国在跨境支付、电子认证、数据流动等方面的合作不断加强，这些合作成果显著提升了服务贸易的便利化水平。根据公开数据，2023 年中国与 RCEP 成员国的跨境支付交易笔数同比增长超过 30%，交易金额也实现了大幅增长。这些成果的取得，离不开数字服务贸易人才在推动技术革新和流程优化方面的努力。

（五）应对国际贸易挑战与风险

在国际贸易环境中，服务贸易面临着诸多挑战和风险。通过人才治理，可以培养出一批具备国际贸易知识和实践经验的数字服务贸易人才，他们通过对国际贸易政策、市场环境、竞争对手等信息的持续关注和深入分析，及时发现并预警潜在的贸易风险和挑战。在面临国际贸易争端和危机时，数字人才可以运用其专业知识和实践经验，为政府和企业提供有效的应对策略和解决方案。他们通过参与谈判、申诉、法律诉讼等方式，维护中国服务贸易企业的合法权益和利益，从而促进我国服务贸易企业有效应对各种贸易壁垒和争端，为中国服务贸易的健康发展提供有力保障。与此同时，中国在处理相关争端以及危机的过程中，也为其他 RCEP 成员国提供了参考与借鉴，从而提升了其他国家在面对相似类别问题时的应对能力。

三、助力 RCEP 地区人才发展战略协同发展

(一) 创新驱动发展战略

在服务贸易数字化领域，科技自立自强意味着掌握核心技术和自主知识产权，减少对外部技术的依赖。人才治理通过培养具有创新精神和研发能力的数字服务贸易人才，推动关键技术突破和自主创新。这些人才在数据科学、人工智能、区块链等新兴技术领域不断深耕，为服务贸易数字化提供强有力的技术支撑。我国与其他 RCEP 成员国之间的人才双向流动，有助于通过共享创新成果提升 RCEP 地区数字服务贸易的竞争力，并且促进了成员国的技术进步和产业升级。同时，人才治理通过优化人才结构、提升人才素质，推动服务供给质量的提升。高素质的数字服务贸易人才能够提供更高效、更便捷、更个性化的服务，满足市场对高品质服务的需求。这种供给质量的提升不仅增强了消费者的满意度和忠诚度，还促进了 RCEP 地区服务贸易企业的持续发展和盈利能力的提升。

(二) 人才强国战略

在知识经济时代，人才是最宝贵的资源。服务贸易数字化的发展需要大量具备专业技能和创新能力的人才。人才治理通过制定科学合理的人才政策、完善人才培养体系、优化人才发展环境等措施，吸引和留住优秀的数字服务贸易人才。这些人才在推动技术创新、服务创新、管理创新等方面发挥着关键作用，为服务贸易数字化提供了坚实的人才保障。通过人才治理，还可以培养具有国际视野和竞争力的数字服务贸易人才，推动服务贸易企业"走出去"，参与全球竞争与合作。这些人才在国际舞台上展现出的专业素养和创新能力，有助于提升我国服务贸易的国际竞争力和话语权。对于其他 RCEP 成员国而言，高素质数字服务贸易人才会随着我国服务贸易企业"走出去"而增加学习交流的机会，从而实现"双赢"。

(三) 对外开放战略

高水平对外开放要求我国更加主动地融入全球经济体系，推动贸易和投资自由化、便利化。在服务贸易数字化领域，高水平对外开放意味着要

打破地域限制和制度壁垒,促进服务贸易要素的自由流动和优化配置。人才治理通过培养具有国际视野和跨文化交流能力的数字服务贸易人才,推动服务贸易企业在全球范围内开展业务合作和市场竞争。这些人才能够准确把握国际市场需求和变化趋势,为服务贸易企业提供有针对性的市场分析和策略建议,帮助企业更好地融入全球经济体系并实现跨越式发展。[1]同时,我国加强数字服务贸易人才治理,贯彻落实对外开放战略的同时,有助于推动区域经济一体化。当前世界贸易以 RCEP 区域(东亚、东南亚和大洋洲)、北美洲和欧洲三大区域划分全球贸易流,2020 年东亚、东南亚和大洋洲区域内贸易占比为 54.3%,区域一体化程度最高的欧洲区域内贸易的比重高达 67.7%,北美洲的区域内贸易占比为 29.7%。我国在服务贸易数字化转型过程中加强人才治理,有助于推进高素质数字服务贸易人才、先进经验技术等的传播,从而促进相关规则与争端处理办法的统一,助力亚太区域经济一体化进程。

(四) 可持续发展战略

可持续发展战略要求经济发展与环境保护相协调,实现经济社会的可持续发展。在服务贸易数字化领域,绿色发展与数字化转型是相辅相成的。人才治理可以通过培养具有绿色发展理念和数字化转型能力的数字服务贸易人才,推动服务贸易企业在数字化转型过程中注重节能减排、资源循环利用等方面的工作。这些人才能够运用绿色技术和管理手段降低服务过程中的能耗和排放水平,实现服务贸易的绿色化发展。同时,他们能够通过数字化转型提升服务效率和品质、降低服务成本和提高服务质量,从而推动服务贸易企业的可持续发展。

四、提升 RCEP 地区全球竞争力

(一) 提升服务贸易竞争力

服务贸易数字化的发展需要高素质、专业化的数字服务贸易人才。这些人才不仅具备扎实的专业知识,还具备创新思维和实践能力。通过人才

---

① 陶小龙,肖培. RCEP 框架下云南区域性国际化人才培养机制与驱动策略探究 [J]. 云南大学学报(社会科学版),2022,21 (6):132-141.

治理，可以培养更多符合市场需求的高素质人才，为服务贸易数字化提供持续的人才供给。这些人才能够推动服务创新、优化服务流程、提升服务质量，增强我国服务贸易的国际竞争力的同时，有助于其他 RCEP 成员国在与我国开展服务贸易过程中，提升数字服务贸易水平，增强国际竞争力，进而提升 RCEP 地区数字服务贸易的全球竞争力。人才治理还可以激发人才的创新活力，推动企业在关键技术、服务模式、管理流程等方面实现创新突破。这些创新成果不仅能够提升企业的市场地位，还能够引领整个行业的发展方向，增强我国服务贸易在全球市场中的话语权和影响力。

（二）拓展国际市场

具备国际视野和跨文化交流能力的数字服务贸易人才是拓展国际市场的重要力量。通过人才治理，可以培养更多具备这些能力的人才，帮助我国企业更好地了解国际市场动态和消费者需求，制定有针对性的市场策略和推广方案。这些人才还能够协助企业在国际市场上建立品牌形象和渠道网络，提升我国服务贸易在国际市场中的知名度和美誉度。同时，在国际贸易中，各种贸易壁垒和规则限制对服务贸易的发展构成了一定挑战。通过人才治理，可以培养熟悉国际贸易规则和法律法规的人才，帮助企业更好地应对国际贸易壁垒和争端。这些人才能够为企业提供专业的法律咨询和应对策略，降低企业在国际贸易中的风险和成本。

（三）促进经济高质量发展

服务贸易数字化的发展有助于推动经济增长方式从规模速度型向质量效率型转变。通过人才治理，可以培养更多具备创新精神和实践能力的人才，推动服务企业在技术创新、管理创新等方面实现突破。这些创新成果不仅能够提升企业的市场竞争力，还能够带动整个行业的转型升级和高质量发展。数字服务贸易作为现代服务业的重要组成部分，其发展对于增强经济内生动力也具有重要意义。通过人才治理，可以培养更多具备数字化技能和跨界融合能力的人才，推动数字经济与实体经济深度融合发展。这种深度融合不仅能够提升经济效率和品质，还能够拓展经济发展空间和潜力，为经济高质量发展提供有力支撑。

所以，在 RCEP 框架下，我国服务贸易数字化转型的人才治理符合以人为本的发展理念，响应了国家诸多战略选择，有助于促进服务贸易产业高质量发展，提升我国经济发展的国际竞争力。因此，我国应高度重视数字化服务贸易人才的培养和治理工作，为服务贸易的数字化转型提供有力的人才保障。

第二节　RCEP 框架下人才治理的总体状况

一、中国国内数字服务贸易人才治理状况

在 RCEP 框架下，中国服务贸易的数字化转型过程中，关于人才治理的政策涉及多个层面，包括顶层战略、产业支持、财税政策等。这些政策的实施，可以有效推动服务贸易领域的数字化转型和人才治理工作取得实效。以下是对这些方面的详细分析。

（一）顶层战略

1. 政府支持数字贸易人才培养[①]

在商务部、中央网信办、工业和信息化部等联合发布的《推动国家数字服务出口基地创新发展的政策措施》文件中，着重强调了数字贸易人才队伍建设的重要性，采取"双轮驱动"策略：既注重从外部"吸引"顶尖数字贸易领军人物，也强化内部"孵化"专业团队，构建持续的技术创新人才库。对于国际范围内"高度专业化、技术精湛且稀缺"的人才，文件强调需加大支持保障力度，简化流程，确保他们能在基地内无缝衔接创新创业、研发合作等活动。

各地方政府在响应这一战略时，亦根据自身特点制定了差异化的支持方案。例如，北京市在《促进数字贸易高质量发展的行动方案》中，明确指出"加固数字人才基石"，旨在通过一系列举措稳固数字贸易领域的人才支撑。上海市则在《关于加速外贸新兴业态与模式发展的指导意见》中，着

① 王丽. 新文科背景下数字贸易人才培养现状、困境及路径探索［J］. 黑龙江教育（高教研究与评估），2023（11）：42-44.

重提及了加强行业组织构建与专业人才培育的并行策略，力求培养出既懂管理又精通技术的复合型人才，以适应外贸新业态的快速发展需求。

江苏省则在其《加速数字贸易发展的政策措施》中，提出要将现有的人才优惠政策向数字贸易领域倾斜，同时加大对核心技术与国际化人才的引进力度。此外，还倡导教育与产业深度融合，通过优化学科布局、深化校企合作与行业协会联动，精准施策，推动数字贸易领域紧缺人才的定制化培养。这些措施共同构成了一个全面、多层次的人才治理体系，以促进我国数字服务出口基地的持续创新与繁荣。

2. 高校顺应态势积极推动培养

面对数字贸易的蓬勃兴起，国内高等教育体系正经历深刻变革，多所知名高校如南开大学、对外经济贸易大学、上海对外经贸大学、北京工商大学及河南财经政法大学等，依托其专业优势，灵活调整课程结构，设立多样化实验班（见表7.1），聚焦于数字贸易领域，以应对行业发展趋势与专业人才短缺的挑战。与此同时，职业教育领域积极响应市场需求，众多职业学院扩大数字贸易实务专业的招生规模，旨在培养具备实战能力的应用型人才。这种教育模式的转型，旨在填补行业技能缺口，确保毕业生能够迅速适应并推动数字贸易的发展。为进一步强化教育与产业的紧密连接，高校与企业之间建立了深度合作机制。以阿里巴巴与浙江大学产教融合研究中心的合作为例，双方通过资源共享与优势互补，于2019年3月12日正式启动合作项目，加速跨境电商领域多层次、创新型人才的培养进程。此外，阿里巴巴还携手国内多所高校、外贸企业及专业招聘平台，共同推出了"数字化外贸人才成长计划"，该计划自实施以来，截至2022年8月，已成功助力超过50万人次获得与数字化外贸相关的技能认证，为行业输送了大量高素质、符合现代市场需求的专业人才。

表7.1　我国设立数字贸易专业的部分高校

学校	时间	概况
浙江大学	2020年	浙江大学中国跨境电子商务研究院正式更名为"浙江大学中国数字贸易研究院"，该研究院整合经济学、管理学、法学和计算机学科的研究力量，打造数字贸易尤其是跨境电子商务领域国内顶尖、世界一流的高端新型智库

学校	时间	概况
对外经济贸易大学	2020 年	国际经济贸易学院联合信息学院和统计学院将原有的跨境电商实验班升级为数字贸易实验班，将致力于培养具备经济管理、计算机及统计学专业能力，熟悉全球数字经济发展趋势，具有国际交流能力的国际化、复合型、高素质人才
南开大学	2021 年	经济学院协同统计与数据科学学院、金融学院、商学院、法学院、人工智能学院、计算机学院开设"数字经济与贸易"精英人才特色班
上海对外经贸大学	2021 年	国际经贸学院设立数字贸易实验班，9 月首届数字贸易实验班正式开班
北京工商大学	2021 年	国际经管学院有效整合国际经济与贸易、工商管理和大数据等专业的优势资源，强化交叉学科，设立国际经济与贸易数字贸易实验班
浙江外国语学院	2021 年	国际商学院设立数字贸易创新实验班，采用"双导师"制人才培养模式，建立并逐步完善系统性实用性课程体系培养复合型应用型数字贸易人才
河南财经政法大学	2022 年	国际经济与贸易学院设立贸易经济（跨境数字贸易方向特色化创新实验班），旨在培养系统掌握经济学、管理学、营销学、国际贸易基本理论知识，具备数字平台运营能力、数字贸易操作能力及跨文化商务服务能力，具有较强综合分析与解决商贸、流通领域相关问题的能力，能熟练掌握一门外语的学生
江西财经大学	2022 年	国际经贸学院国际贸易学专业下设数字贸易方向，致力于培养具备扎实的经济学理论功底和数字贸易专业技能，拥有宽广的全球化视野，掌握数字贸易政策规则，适应外贸新业态发展趋势，能熟练应用大数据、人工智能等现代信息技术，胜任数字贸易平台企业、政府部门、金融机构、跨国公司运营与管理工作的卓越国际经贸人才
山东理工大学	2022 年	经济学院国际经济与贸易专业开设数字经济与贸易方向，根据其专业培养方案，该专业服务对外经贸发展，以社会经济发展需要为导向，培养具有扎实的国际经贸理论知识和专业技能，通晓国际经贸规则，有开阔的国际视野和较强的跨文化沟通能力，能够熟练应用现代信息技术从事国际经贸经营、管理和研究工作的国际化、复合型应用型高级经贸人才

3. 市场对数字贸易人才培养提出新要求

《2020 年中国电子商务人才状况调研报告》显示，电子商务行业内，高达八成的企业面临人才短缺困境，其中近四成企业已规划实施大规模招聘策略。在专业技能领域，特别是云计算、大数据、人工智能及区块链等前沿技术领域，高技能人才供不应求现象尤为突出。此外，市场需求还显著体现在对能够驾驭数字贸易企业运营的复合型管理人才上。

在人才培养策略的制定中，必须深刻认识到众多中小微数字贸易企业在市场中的关键角色及其面临的独特挑战，包括人才吸引力薄弱与人才流动频繁等。鉴于中小微企业是推动市场创新与增长的重要力量，人才培养体系的设计应兼顾大型企业的需求，同时精准对接中小微企业的实际人才缺口，确保培养方案既广泛覆盖又深入具体，以满足不同规模企业的人才发展需求。

(二) 产业支持

1. 推进产业链数字化发展

《数字经济促进共同富裕实施方案》指出，要构建制造业数字化转型战略框架，针对各行业特性绘制差异化转型路线图，深度推进智能制造与工业互联网的创新实践，加速智能工厂模式的探索与验证，同时强化系统解决方案的创新能力与标准化建设，以深化智能制造体系的全面发展。利用工业互联网平台作为核心驱动力，聚焦关键核心技术的研发与商业化进程，打造多样化的数字化转型示范案例，并持续优化转型服务体系，构建基于平台的大中小企业协作共赢生态。

此外，促进产业间深度融合，特别是加强一、二、三产业的联动，鼓励互联网平台企业发挥资源优势，探索反向定制模式，繁荣数字文化产业，拓宽智慧旅游的应用边界，为中西部及东北地区利用自然优势促进就业创业、经济增长创造有利环境。

针对中小微企业，增强公共服务支持，依托现有的数字化服务资源与创新平台，构建区域特色与行业特色的数字化转型加速器，为中小微企业提供定制化咨询、实验测试、技能培训等全方位服务。同时，布局一批专注于数字经济与数字技术的国家级人才交流市场，以支撑整个行业的持续创新与人才流动。

2. 提升全民数字素养和技能

《"十四五"数字经济发展规划》强调要推行全民数字素养与技能增强行动，拓宽高质量数字资源获取渠道，倡导公共数字资源的广泛社会共享。在基础教育阶段，加强信息技术课程融入中小学体系；职业教育领域，则聚焦数字技术技能型人才的精准培育，深化新工科与新文科在数字经济领域的融合建设。同时，促进校企深度合作，共建现代产业学院、联合实验室及实习基地，探索订单式培养、现代学徒制等多样化人才发展路径。特别地针对老年人、残障人士等群体，实施专门的数字技能提升项目，旨在提升其数字技术应用能力，有效解决其面临的数字化障碍。此外，强化公民网络文明教育与数字社会道德规范建设，营造健康向上的网络环境。

在人才政策方面，积极将数字经济领域人才纳入各类高层次人才支持计划，并不断探索创新，制定高效灵活的人才引进机制、个性化培养方案、科学评价体系及激励措施，以激发人才活力，推动数字经济持续健康发展。

3. 实施试点示范

优化数字经济试点示范布局，构建高效创新资源配置模式，打造具有引领性的数字经济产业集群。倡导各地及部门勇于探索，适应数字经济浪潮，实施创新改革措施，提炼并推广成功经验和制度性创新，为其他地区提供借鉴。依据区域特色，灵活运用产业政策、财政激励、科研支持及人才培育等多维度政策工具，持续优化数字经济相关政策框架、公共服务、产业生态及技术革新体系。促进跨区域合作与交流，定期提炼并推广示范区的先进经验，树立标杆案例，促进数字经济在全国范围内均衡、高质量发展，形成多点开花、协同推进的生动局面。

(三) 财税政策

《"十四五"数字经济发展规划》着重强调了增强数字经济薄弱环节的资源倾斜，旨在攻克其发展中的关键障碍与限制因素，构建一套促进数字经济持续繁荣的长效发展机制。为拓宽资金来源，规划倡导多元化投融资路径的开拓，激励企业深耕技术创新领域。同时，鼓励社会资本积极参与，通过设立专注于数字经济细分领域的市场化基金，助力符合条件的数字经济企业顺利对接多层次资本市场，拓宽融资渠道。此外，银行业金融机构也被号召创新金融产品和服务模式，进一步加大对数字经济核心产业的金融支持，以精准对接其发展需求。在资金配置方面，规划强调了对各类资金的统筹规划与有效引导，旨在优化投资结构，提升资金使用效率与回报，共同推动数字经济的高质量发展。

二、中国针对其他 RCEP 成员国的数字服务贸易人才治理状况

（一）人才"走出去"战略

中国政府通过制定一系列政策措施，鼓励和支持服务贸易领域的人才"走出去"。这些政策包括提供资金补贴、税收优惠、海外培训机会等，以降低人才海外发展的成本和风险。

国际合作项目：中国积极参与 RCEP 框架下的国际合作项目，为服务贸易人才提供广阔的国际舞台。通过参与这些项目，人才可以深入了解国际市场动态，提升国际竞争力。

（二）人才"引进来"战略

中国不断优化引才环境，为海外高层次服务贸易人才提供优厚的待遇和便利的工作生活条件。这包括提供住房保障、子女教育、医疗保障等全方位的服务。针对 RCEP 成员国的人才，中国简化签证手续，降低入境门槛，为人才流动提供便利。

（三）服务贸易自由化

RCEP 包含了服务贸易章节，旨在推动成员国之间服务贸易的自由化和便利化。这为中国服务贸易人才在 RCEP 区域内自由流动提供了制度保障。另外，RCEP 降低了市场准入门槛，为中国服务供应商进入其他成员国市场提供了更多机会。同时，这为海外服务贸易人才来华工作创造了有利条件。

（四）推进数字经济合作

RCEP 包含了数字经济章节，对跨境数据流动、数字产品贸易等进行

了规定。这为数字服务贸易人才在区域内的合作提供了法律基础。并且鼓励技术创新和合作，为数字服务贸易人才提供了更多的创新机会和发展空间。

(五) 多边合作机制

中国利用 RCEP 合作平台，加强与成员国之间的服务贸易合作与交流。可以通过举办研讨会、论坛等活动，促进人才之间的沟通与合作。同时，中国与 RCEP 成员国之间签订了多项双边服务贸易合作协议，为人才流动和合作提供了法律保障，有助于推进服务贸易领域的人才交流与合作。

三、发展特征

在 RCEP 框架下，中国服务贸易的数字化转型正加速推进，这一过程中的人才治理呈现出几个显著特征，以下是对这些特征的详细分析论述。

(一) 多元化人才需求与培养体系的全面构建

在 RCEP 框架下，中国服务贸易数字化转型对人才的需求日益多元化和复杂化。在教育体系中，高校已经有意识地加强此方向的建设工作。教育体系不仅强化了传统服务贸易领域的知识传授，并且深度融合了信息技术、数据科学、法律、管理等多学科知识。高校和职业院校纷纷调整课程设置，增设如"数字贸易""跨境电子商务""数据分析与决策"等新兴专业，同时鼓励学生跨专业选修，形成复合型知识结构。与此同时，为弥补理论教学与实际操作之间的鸿沟，企业与高校之间的合作日益紧密。通过建立实训基地、联合实验室、产业学院等模式，企业为学生提供真实的业务场景和项目实践机会，让学生在实践中学习并掌握数字化服务贸易所需的技能。这种合作模式不仅提升了学生的就业竞争力，也为企业输送了符合市场需求的人才。

(二) 人才国际化视野的深度拓展

为了加速服务贸易的数字化、国际化进程，中国积极实施海外人才引进战略，特别是针对在数字经济、跨境电商、国际金融等领域具有丰富经验和卓越能力的海外高端人才。同时，通过设立海外研发中心、分支机构等方式，为本土人才提供海外学习和工作的机会，拓宽其国际视野和跨文化交流能力。政府、行业协会及企业共同搭建国际合作与交流平台，如国际服务贸易博览会、跨境电商高峰论坛等，为国内外人才提供交流思想、分享经验的机会。这些平台不仅促进了国际服务贸易领域的合作与发展，也为中国服务贸易人才提供了宝贵的国际视野和合作资源。

(三) 人才创新能力的持续激发与保护

为了激发人才的创新思维与活力，中国政府采取了一系列创新激励举措，涵盖了税收优惠政策的实施、资金补贴的发放，以及科研项目的大力扶持。这些综合措施有效减轻了企业的创新负担，激励企业增加研发投入，进而为人才搭建了更为广阔的创意舞台与资源后盾。在数字化转型的征途中，知识产权的保护被视为关键一环。中国持续强化知识产权法律体系，加大执法力度，确保创新者的合法权益得到充分保护，为创新成果构建起稳固的法律防线。此外，还积极构建知识产权交易生态，包括设立交易平台与服务机构，旨在加速知识产权的商业化进程，促进创新成果高效转化为实际生产力，推动社会经济的持续繁荣。

(四) 人才治理机制的精细化完善

传统的人才评估体系常倾向于过分强调学历与资历等硬性标准，却相对忽视了实际技能与工作实绩等更为灵活的衡量维度。面对数字化转型的浪潮，中国正积极构建一套以能力展现与业绩成果为核心，涵盖多元维度的新型人才评价体系。此体系通过引入独立的第三方评估与同行专家评审机制，旨在提升评价过程的透明度与公平性。

为充分激发人才的潜能与创新力，中国采取了多样化的激励策略，超越了单一的薪酬激励模式，创新性地融入了股权激励、项目收益分享，以及职业晋升路径规划等多元化手段。这些举措不仅满足了人才的经济需求，更深层次地促进了其职业生涯的长远规划与个人价值的全面实现。

在全球经济一体化的今天，人才流动已成为促进创新与发展的重要驱动力。中国通过构建完善的人才流动与配置体系，鼓励并促进人才在广阔的地域与行业间自由流动，实现资源的最优配置。此举不仅有效缓解了局部地区与行业的人才供需矛盾，还显著提升了整体人才资源的利用效率与活力。

此外，中国还致力于加强与国际人才市场的紧密联系与合作，通过搭建国际合作平台与渠道，为服务贸易领域的数字化转型吸引并培育了大量高素质、国际化的人才。这一战略不仅为中国服务贸易的转型升级注入了强劲动力，也为全球人才市场的繁荣发展贡献了中国智慧与力量。

四、典型行业与地区促进体系

为了更为直观地反映当前我国服务贸易数字化进程中人才治理的状况，本节选取了当前典型行业与地区，从微观角度详细论述当前人才治理的相关状况，从而为全面分析 RCEP 框架下中国服务贸易数字化进程中人才治理的现状提供补充说明。

（一）国内相关人才治理实例

1. 北京数字人才治理政策①

（1）人才引进策略

北京市在人才引进方面，采取了多层次的战略规划。首先，基于全局视角，针对不同人才队伍建设需求，定制化设计了分层分类的吸引政策。其次，勇于探索人才引进的新路径，如实施配额管理等多元化、推荐制的创新模式。最后，借助大数据与线上服务平台，优化了人才引进流程，为高端人才提供更加便捷的签证服务，加速人才聚集。

（2）人才激励与服务机制

在数字经济与技术创新的领先地位上，北京不断深化政策支持，设立专项奖励与扶持基金，重点扶持企业研发与科技创新项目。同时，秉持开放姿态，对全球人才实施友好政策，如特定区域外籍人才财政补贴，以及放宽外籍人士在内资公司的参与限制。此外，通过"线上+线下"融合的服务模式，构建了全方位、高效能的人才服务体系，确保服务保障措施得到有效执行。

（3）人才培养体系构建

北京市在人才培养上，采取精细化管理策略，针对不同项目类型，精

① 李帆，胡春，杜振华.北京市数字人才政策发展现状及对策建议［J］.人才资源开发，2022（19）：10-11.

准实施资助计划，包括人才培养项目申报配套、青年人才择优培养、技术技能提升试点等。各区也积极响应，根据自身数字经济发展需求，制定差异化的人才政策。例如，大兴区聚焦于人才的引进与管理机制创新，强调外籍人才管理与评价机制的完善；而西城区则侧重于"数字英才"培育，致力于提供高质量的人才服务，助力数字经济快速发展。

2. 苏州数字人才治理政策[①]

为有效应对人才挑战，苏州市政府积极响应，制定了一系列针对性强的人才培养与引进政策。苏州工业园区率先行动，推出"数字文化精英协同发展计划"，并创立首个数字文化产业联盟，旨在强化企业间的合作与资源共享，同时构建专业化的技能提升平台。吴中区则出台了《精英文化人才高质量发展激励政策》，通过一系列激励措施激发文化人才的创新潜能。此外，吴江区也发布了《关于数字经济时代紧缺人才队伍建设的实施方案》，明确了紧缺人才的认定流程与支持策略，旨在通过人才战略强化区域竞争优势，促进数字文化产业的提质增效。这一系列举措不仅展现了苏州各区对数字文化产业人才的高度重视，也为其构建了一个全方位、多层次的人才支持体系，为产业的持续繁荣奠定了坚实的人才基础。

3. 西安的数字经济建设[②]

西安为促进数字经济发展，推出了一系列壮大发展数字人才的措施，其中主要是通过"人才产业生命链"展开。"人才产业生命链"由"人才生产链"和"人才应用链"构成，"人才应用链"又由"创新人才应用链"和"工匠人才应用链"构成。西安壮大发展数字人才，基本上沿着以上逻辑展开，采取了以下几点措施。

（1）政策引领人才产业生态构建

2023 年初春，西安市发布了《人才工作高质量发展实施策略》，细化了企业在人才体系中的核心作用及科创人才的激活策略，旨在构筑国家级人才高地与创新源头。《数字经济发展蓝图》则另辟蹊径，倡导高校增设数字经济学科，强化理论与实践结合的教育模式，促进校企联合实训基地建

① 郎竹筠. 苏州数字文化产业人才培养现状 [J]. 文化产业，2024（3）：148-150.
② 徐蕴峰，蒲晓飞. 数字人才赋能西安数字经济高质量发展 [J]. 智慧中国，2023（6）：47-49.

设，并鼓励多元化机构参与数字创业培训，拓宽人才成长路径。

（2）优化人才价值循环体系

为最大化人才价值，西安强化了对人才供应链的精细化管理，旨在精准识别并提升人才价值，促进人才市场的活跃交流。2023 年春季，陕西教育界召开了"教育数字化转型高峰论坛"，聚焦数字化转型对教育体系的影响，特别是人才培养模式的革新。同时，西安人才服务综合体通过多项举措，如"高薪揽才计划"与"青年才俊港湾"，加速数字人才的汇聚与流通，并展望通过"西部数字化人才价值挖掘平台"进一步拓宽人才交流渠道。

（3）智库赋能产教融合新篇章

积极响应《新时代技能人才培养指南》，西安举办了"2023 智慧人才发展峰会"，由《智慧中国》携手国声智库及美林数据技术公司共同呈现。峰会汇聚了教育、产业界精英，共谋数字人才培养新策略，强调大数据、人工智能在产业升级中的应用，以及工匠精神的传承。通过深化产学研合作，确保人才培养与产业发展同频共振，为西安数字经济腾飞奠定坚实的人才基石。

（4）领军企业驱动人才生态升级

美林数据，作为西安高新区大数据领域的佼佼者，依托其深厚的行业积淀，创新性地提出了"三链融合"理念，即产业链、人才链、数据链的紧密结合。通过构建从产业需求到教学培养，再到科研实践的全方位闭环体系，美林数据不仅为高校提供了数智化人才培养的新模式，还助力了数百所高校的学科发展与师资建设，迄今已培育数万名数智化精英，成为推动教育与产业深度融合的典范。

（二）中国与其他 RCEP 成员国合作进行人才治理实例

2022 年 4 月，中新互联互通项目联合实施委员会第七次会议上，中国和新加坡签约合作项目 30 个，涉及金融、信息通信、人才培养等多个领域。本轮签约的 30 个合作项目中，涉及信息通信、交通物流、金融、人才培养等多个领域。

在数字服务贸易方面，中新双方签署了《中新（重庆）战略性互联互通示范项目信息、通信及媒体领域的合作谅解备忘录》（以下简称《合作谅解备忘录》）。该备忘录旨在推动数字经济合作及重点领域数字化转型，支持中新企业（机构）利用新一代信息技术联合开展创新性项目，双方将共同推动数字经济领域的合作，包括但不限于云计算、大数据、人工智能等前沿技术的应用。同时，鼓励中新企业在信息通信领域开展深度合作，推动相关产业的数字化转型，提升整体竞争力。加强中新国际数据通道的建设和应用推广，促进数据在成渝地区双城经济圈、中国西部和东盟国家之间的自由流动。依托中新海关关际合作试点，提高贸易便利化水平，加强信息通信技术在跨境贸易中的应用。

这一系列举措也对数字服务贸易人才提出了较高的要求，中新双方针对相关贸易需求，共同推进了数字服务贸易人才治理工作的开展。在中新互联互通项目联合实施委员会第七次会议上，重庆科技服务大市场有限公司等多方共同签署了《合作谅解备忘录》。该备忘录旨在推动新加坡理工学院（SPI）在渝及中国西部地区进行文凭、高管教育、职业培训等课程和企业实习研究，促进新加坡理工学院跨学科学生与重庆企业在实习和就业方面的合作。

同时，新加坡工艺教育局将与重庆合作，在领导力深化、能力发展、学术开发、质量保证、基础设施建设等方面开展职教咨询和培训服务，进一步开展重庆与新加坡职教学院教师学生交流交换活动，提升双方职业教育的质量和水平。

另外，中新双方也注重对国际化人才的培养。双方通过中新跨境融资通道等金融手段，支持企业在新加坡及国际市场上吸引和培养高端人才。推动重庆及西部地区的高校与新加坡高校开展合作办学，培养具有国际视野和竞争力的专业人才。

第三节　相关问题及制约因素

一、外部制约和潜在风险

（一）全球人才竞争加剧

随着 RCEP 的实施，各成员国之间的服务贸易合作日益加深，对高端专业人才的需求也显著增加。然而，当前市场上具备跨境服务贸易、数字化技术、国际贸易规则等复合能力的专业人才相对匮乏，难以满足快速发展的市场需求。针对这一问题，各国纷纷出台优惠政策，以吸引和留住这些关键人才。高端人才的流失将直接影响我国企业在国际市场上的竞争力，限制其在技术创新、市场拓展等方面的能力。

具体而言，不同国家和地区在薪酬、福利待遇等方面存在显著差异，这成为吸引和留住高端人才的关键因素。发达国家往往能提供更优厚的待遇，导致发展中国家和新兴经济体在人才竞争中处于不利地位。高端人才的流失不仅削弱了企业的创新能力和竞争力，还可能导致核心技术泄露，给国家经济安全带来风险。

另外，随着服务贸易数字人才竞争加剧，不同国家的移民政策、签证政策、税收政策等差异也对国际人才的流动产生重要影响。一些国家通过放宽签证限制、提供税收优惠等措施吸引国际人才，而另一些国家则可能因政策限制导致人才流失，从而加剧服务贸易数字人才在国家间分布不平衡的问题。

同时，这一问题会激化矛盾，增加国际人才流动与合作的难度与成本，从而导致信息共享与经验交流的不便。

(二) 国际规则与标准不统一

1. 增加合规成本与风险

不同国家和地区在服务贸易数字化转型领域制定了各自的规则和标准，这些规则在内容、范围和执行力度上存在差异。企业在进行跨国经营时，需要面对多个国家的不同规则体系，增加了合规的难度和成本。同时，由于规则不统一，企业在不同国家可能面临相互冲突的法律要求，增加了法律风险和不确定性。这种不确定性可能导致企业在投资决策、人才招聘等方面采取保守策略，限制了服务贸易的数字化转型进程。

2. 阻碍人才流动与合作

国际规则与标准不统一导致各国之间的职业资格认证体系存在差异，使得国际人才在跨国就业时面临职业资格互认的难题。这不仅增加了人才流动的成本和时间，还可能影响人才在跨国企业中的职业发展和晋升。另外，不同国家对于外国人才的工作许可和签证政策存在差异，这些差异限制了国际人才在跨国企业中的自由流动和合作。企业可能因无法及时获得所需人才而错失市场机遇，影响业务发展和竞争力。

3. 影响服务贸易质量与效率

服务贸易数字化转型要求高质量的服务标准和流程，但国际规则与标准不统一导致各国服务贸易数字人才在服务提供方面存在差异。这种差异可能影响客户体验和满意度，降低服务贸易的整体质量和效率。另外，在跨境数据流动方面，如果没有统一的国际规则与标准，服务贸易数字人才在培养与治理过程中都会面临一定的阻碍，从而影响企业在国际范围内的协作与交流。

(三) 技术壁垒与知识产权保护

1. 限制人才流动

技术壁垒通常表现为技术标准、认证体系或技术专利的封锁，这使得掌握关键技术的人才在跨国流动时受到限制。企业在招聘国际人才时，可能因技术壁垒而难以获得具备特定技术专长的员工，从而影响企业的创新能力和竞争力。在 RCEP 框架下，虽然各成员国之间在贸易和投资方面实现了更加自由化的安排，但人才流动仍然受到一定限制。例如，签证政策、居留许可等方面的限制可能影响人才的跨国流动和合作。

2. 加大人才培养难度

技术壁垒导致技术知识的传播和共享受限，企业在培养本土人才时可能面临缺乏有效培训资源和教材的问题。这不仅增加了人才培养的成本和时间，还可能影响人才的整体素质和技术水平。同时，技术壁垒加剧了国际市场的分割和竞争态势，使得企业在国际服务贸易中难以形成统一的市场标准和规范。这不仅削弱了企业的国际竞争力，还可能引发贸易摩擦和争端，影响全球服务贸易的健康发展。

3. 阻碍创新激励

知识产权保护的不足可能导致创新成果被轻易窃取或模仿，从而削弱创新者的积极性和动力。在服务贸易数字化转型过程中，这种情况尤为突出，因为数字技术和服务的复制和传播成本极低。这将严重影响人才的创新意愿和企业的研发投入，进而制约整个行业的创新发展。

知识产权保护不力会导致创新成果的价值无法得到充分体现和回报，进而影响人才的职业发展和价值实现。[①] 人才可能因担心自己的劳动成果被侵犯而选择保守或低风险的策略，这不利于企业的长期发展和竞争力的提升。

(四) 文化与语言障碍

1. 学习与成长受限

RCEP 成员国众多，语言多样，这给跨国贸易合作带来了语言沟通上的挑战。语言不通可能导致信息传递不畅、误解和冲突的发生，增加了合作成本和风险。语言障碍使得跨语言的学习资源难以充分利用。在数字化转型的浪潮中，新知识、新技术层出不穷，而这些信息往往以多种语言形式存在。如果人才无法跨越语言障碍，他们将难以获取到全面且及时的学习资料，进而影响其专业技能的提升和知识面的拓展。

文化差异导致人才在理解和吸收来自不同文化背景的知识和经验时存在困难。在服务贸易领域，了解并尊重客户、合作伙伴及竞争对手的文化背景是至关重要的。然而，由于文化障碍的存在，人才可能无法深入理解这些文化的精髓和内涵，从而限制了其跨文化交流能力和全球视野的拓展。

2. 创新能力受限

长期受限于单一文化或语言环境的人才，其思维方式可能趋于保守和僵化。他们可能难以跳出传统框架的束缚，提出创新性的解决方案或策略。在数字化转型过程中，创新能力是推动行业进步和企业发展的关键因素之一。因此，文化与语言障碍对人才创新能力的限制将严重影响企业的竞争力和可持续发展能力。

创意往往来源于不同思维的碰撞和融合。然而，文化与语言障碍使得人才之间的创意交流变得困难重重。他们可能无法充分理解和欣赏来自不同文化背景的人才的创意和想法，也无法将自己的创意有效地传达给他人。这种交流障碍将严重限制团队的创新潜力和创造力。

---

① 黄茂兴，薛见寒. 新发展格局下我国数字服务贸易高质量发展路径研究 [J]. 当代经济研究，2024 (3)：49-60+129.

3. 职业发展受阻

在国际化程度较高的企业中，具备跨文化沟通能力和多语言能力的人才往往更受青睐。他们能够更好地适应全球化竞争环境，为企业创造更大的价值。然而，由于文化与语言障碍的存在，那些在这方面存在不足的人才可能错失晋升机会，影响其职业生涯的发展。

当人才感到自己在组织内部难以获得成长和发展机会时，他们可能会选择离开并寻找更具挑战性的工作环境。在服务贸易数字化转型的背景下，企业之间的竞争加剧了对人才的需求和争夺。如果企业无法为人才提供克服文化与语言障碍的支持和机会，那么他们可能会面临人才流失的风险。

4. 人才培养体系受阻

为了应对文化与语言障碍对人才培养的不利影响，企业需要建立更完善的培训体系。然而，由于这些障碍的复杂性和多样性，企业可能难以制定出切实有效的培训方案。这将导致培训体系的不完善和效果不佳，进而影响人才培养的质量和效率。在跨文化环境中，导师制度对于人才的培养和发展具有重要意义。然而，由于文化与语言障碍的存在，企业可能难以找到合适的跨文化导师来指导人才。这将导致人才在成长过程中缺乏必要的指导和支持，进而影响其成长速度和方向。

二、内部症结与现实问题

(一) 人才结构不匹配

随着服务贸易的数字化转型加速，对具备大数据、人工智能、云计算等高端数字化技能的人才需求急剧增加。然而，国内这类人才的供给明显不足，难以满足企业的快速发展需求。而与高端数字化人才的短缺形成对比的是，传统服务贸易领域的人才相对过剩。这些人才在技能结构和知识体系上可能难以适应数字化转型的要求，导致人才资源的错配。

由于人才结构不匹配，企业和教育机构在人才培养上可能出现方向偏差，将大量资源投入传统服务贸易人才的培养上，而忽视了高端数字化人才的培养。这种资源浪费不仅无法缓解人才短缺问题，还可能加剧人才结构的不平衡。传统服务贸易人才的培养可能无法满足市场对高端数字化人才的需求，导致人才培养与市场需求脱节，影响服务贸易的数字化转型进程。

对于传统服务贸易人才来说，要实现向高端数字化人才的转型并非易事。他们需要掌握新的技能、知识和思维方式，这需要大量的时间和精力投入。然而，由于年龄、学习能力等因素的限制，部分传统人才可能难以完成这一转型过程。这一困境带来的另一问题是，为了满足市场对高端数字化人才的需求，企业和教育机构需要投入更多的资源用于人才培养和培训。这包括课程设置、师资力量、教学设施等方面的投入，增加了人才培养的成本。

同时，由于高端数字化人才的短缺和市场竞争的加剧，企业可能难以留住这些关键人才。一旦这些人才流失到竞争对手那里，将对企业造成巨大的损失。人才流失不仅会影响企业的竞争力，还可能对留在企业的员工士气造成打击。当员工看到企业无法提供足够的职业发展机会和薪酬待遇时，他们可能会选择离开企业，寻求更好的职业发展平台。

最终，高端数字化人才的短缺会限制企业在技术创新、产品研发等方面的能力。缺乏这些关键人才的支持，企业可能难以在激烈的市场竞争中保持领先地位。人才结构的不匹配还会影响企业的创新氛围。当企业缺乏具备创新思维和能力的人才时，整个组织的创新活力会受到抑制，难以形成积极向上的创新文化。

（二）教育与培训体系滞后

当前的教育与培训体系在课程设置上往往滞后于市场需求的变化，尤其是数字化转型带来的新技能、新知识的需求。传统服务贸易专业的课程设置可能仍然侧重于传统业务知识和技能，而忽视了数字化技能的培养。部分教育机构在教学方法和手段上仍然沿用传统模式，缺乏创新性和实践性。这导致学生在学习过程中难以获得与数字化转型密切相关的实践经验和技能，限制了他们的职业发展潜力。除此之外，教育与培训体系滞后还体现在师资力量上。具备数字化技能和知识的教师相对匮乏，使得教育机构在培养数字化人才时面临师资短缺的问题。这进一步加剧了教育与市场需求之间的脱节。①

教育与培训体系滞后导致培养出的服务贸易人才在数字化技能方面存在明显不足，无法满足市场对高端数字化人才的需求。这加剧了数字化人才的短缺问题，限制了服务贸易的数字化转型进程。由于课程设置和教学方法的落后，培养出的服务贸易人才在数字化技能方面可能缺乏深度和广度，难以胜任数字化转型带来的新任务和新挑战。这降低了人才的整体质量，影响了服务贸易企业的竞争力和创新能力。另外，教育与培训体系滞后还可能导致人才培养周期延长。由于需要额外的时间和资源来弥补数字化技能的不足，企业可能需要更长时间来培养和引进符合要求的数字化人才，这增加了企业的运营成本和风险。

（三）跨行业合作与协同障碍

不同行业之间往往存在技术、文化、管理等方面的壁垒，这些壁垒限制了跨行业合作的深度和广度。同时，不同行业对数字化转型的认知和重视程度存在差异，导致在合作过程中难以形成共识。并且跨行业合作往往涉及多方利益，如何公平合理地分配利益成为合作的难点。同时，缺乏有效的协调机制来处理合作中的分歧和冲突，进一步阻碍了合作的顺利进行。

跨行业合作与协同障碍限制了人才在不同行业之间的流动和学习机会，导致人才知识结构相对单一。这不利于培养具备跨领域、跨学科知识和技能的复合型人才，难以满足服务贸易数字化转型对多元化人才的需求。并且，合作障碍的存在限制了不同行业之间的知识交流和思想碰撞，从而抑制了创新能力的发挥。人才在缺乏跨行业合作的环境中难以获得新的灵感和思路，限制了他们在数字化转型过程中的创新贡献。这种障碍还有可能会引发人才的流失，当人才发现所在行业或企业缺乏跨行业合作机会时，他们可能会寻求更具发展潜力和挑战性的工作环境。这增加了人才流失的风险，对服务贸易数字化转型的人才储备和持续发展构成威胁。

---

① 孙茜. 数字经济发展阶段服务贸易人才需求及培育对策 [J]. 中国市场，2024（1）：187–190.

（四）政策与法规限制

当前，我国关于服务贸易数字化转型的政策体系尚不完善，政策制定相对滞后于实际发展需求。政策的不明确和滞后性导致企业在人才培养方面缺乏明确的指导和支持，难以形成有效的人才培养机制。政策不明确使得企业在人才培养上缺乏方向感和稳定性，可能导致资源浪费和效率低下。同时，滞后的政策无法及时应对市场变化和技术发展，限制了人才培养的时效性和针对性。[①]

另外，在法规方面，服务贸易数字化转型过程中涉及数据跨境流动、个人隐私保护等方面的法规限制较为严格。这些法规限制在保障国家安全和个人权益的同时，给企业的人才培养带来了挑战。法规限制可能导致企业在引进和培养具备国际视野和跨文化交流能力的人才时面临障碍。同时，严格的法规要求增加了企业在人才培养过程中的合规成本和风险。

---

① 卢尚坤，许源. 数字经济背景下中国服务贸易发展策略研究 [J]. 商业经济，2024（6）：101-104.

第八章

我国服务贸易数字化转型过程中高等教育人才培养模式的创新

在信息化浪潮的推动下，世界正进入数字经济快速发展时期。大数据、人工智能、云计算等技术的广泛应用促使数字化转型成为推动全球经济增长的关键动力，同时加速推动了服务贸易与数字技术的深度融合。党的二十大报告提出，要"创新服务贸易发展机制，发展数字贸易，加快建设贸易强国"。习近平总书记在 2023 年中国国际服务贸易交易会全球服务贸易峰会发表视频致辞中也指出"全球服务贸易和服务业合作深入发展，数字化、智能化、绿色化进程不断加快"，强调"加快培育服务贸易数字化新动能，推动数据基础制度先行先试改革，促进数字贸易改革创新发展"。由上述我国服务贸易发展的战略部署上来看，我国需要加快服务贸易数字化转型，而要想发展数字贸易就离不开高质量人才的支持与推动。高等教育作为培养人才的重要途径，其人才培养模式适应服务贸易数字化转型成为必然要求。

第一节　高等教育人才培养模式适应服务贸易数字化转型的思考

一、高等教育人才培养模式适应服务贸易数字化转型的动因

《数字贸易发展与合作报告 2023》指出：2022 年中国数字服务进出口总值 3 710.8 亿美元，同比增长 3.2%，占服务进出口比重 41.7%[①]，成为推动服务贸易发展的动力引擎。而与此同时，数字经济的蓬勃发展也暴露出一个问题，即数字贸易人才紧缺。阿里国际站（2022）的数据显示，我国数字贸易人才缺口达 600 万人，已成为制约数字经济发展的重要因素。[②]人社部发布的《全国招聘大于求职"最缺工"的 100 个职业排行》显示，

---

① 陈希琳. 擎起贸易强国三大支柱 [J]. 经济，2023（10）：1.
② 沈和斌. 数字经济背景下国际贸易人才培养模式研究 [J]. 对外经贸，2023（11）：154-156.

大数据、人工智能、算法、工业机器人系统操作员等数字劳动者相对紧缺。此外，据相关部门预测，到 2025 年，"数字化人才"的需求缺口将达4 000 万人。由此可见，人才瓶颈成了限制数字服务贸易发展的重要因素，而要从源头解决人才问题，就应更加关注到人才培养模式的转变上。高等教育肩负着培育高质量人才的关键使命，需要与数字化转型的趋势及数字经济的发展保持一致。

此外，服务贸易正经历着从传统的规模与成本驱动模式，向创新与效率驱动模式的深刻变革。服务贸易数字化作为这一变革的催化剂，正以前所未有的力量重塑我国服务贸易的竞争格局。服务贸易数字化不仅为我国企业开辟了新的国际市场准入路径，通过数字化手段实现了低成本、高效率的全球化运营，更重要的是，它构建了一个数据驱动的闭环生态系统，将市场反馈与客户数据直接传导至企业的研发、生产、营销、物流及售后服务等各个环节。这种精准的数据洞察能力，促使企业能够实现定制化设计、柔性化生产、精准化营销、智能化交付和个性化服务，极大地增强了企业的市场适应性和竞争力。为了支撑这一转型，高等教育人才培养模式需紧跟时代步伐。

总之，数字技术为我国服务贸易的发展注入了新的活力与动力，而高等教育人才培养模式与服务贸易数字化转型相适应则是保障这一转型顺利进行、构建国际竞争新优势的关键所在。

二、高等教育人才培养模式适应服务贸易数字化转型的优势与不足

（一）优势

高等教育人才培养模式适应服务贸易数字化转型的优势在于能够充分利用数字化技术带来的丰富教学资源和灵活教学手段，促进教育公平与资源共享，优化人才培养模式与课程设置，增强社会服务功能等方面。这些优势有助于培养人才，满足服务贸易数字化转型对人才的需求。

1. 促进教育公平与资源共享

高等教育可以通过引入慕课、云课堂等数字化教学平台，为学生提供丰富的教学资源和跨时空的学习机会，随时随地接触中国乃至世界各地的

教育资源和教学理念。高校也可以更加便捷地共享优质教育资源和教学成果，促进国内外高校之间的交流与合作，从而弥补信息差距，逾越数字鸿沟。同时，这有助于实现教育公平，使欠发达地区的大学能够享受到与发达地区大学相同或类似的优质教育资源。

2. 优化人才培养模式与课程设置

数字化时代为高等教育提供了更多元化的人才培养模式。高校可以根据学生的天赋和兴趣规划个性化发展的道路，并提供合理的知识、能力和素质储备及锻炼能力的数字化平台。[①] 为了适应服务贸易数字化转型的需求，高校需要优化课程设置和课程结构。服务贸易数字化转型往往需要复合型人才，因而高校可以增设与数字经济、服务贸易等相关的专业课程和跨学科课程，提升学生的综合素质和竞争力。

3. 增强社会服务功能

高等教育人才培养在适应服务贸易数字化转型的过程中，可以更加紧密地与地方经济相结合，了解地方就业市场所需人才方向，为地方经济发展提供有力的人才支撑和智力支持。与此同时，通过培养具有数字化技能和创新精神的人才，高等教育可以推动服务贸易产业的数字化转型和升级，提升产业的核心竞争力和可持续发展能力。

4. 推动产学研结合

数字化教育使得高等教育与企业之间的合作更加紧密。服务贸易领域的企业可以通过与高校合作，共同开发在线课程、实习项目等，为学生提供更多的实践机会和就业渠道。同时，对于高校而言，与企业的紧密合作也是了解行业动态、把握市场需求的重要窗口。通过与企业的深入交流与合作，高校可以更加准确地了解行业对于人才的需求变化，进而有针对性地调整人才培养方案，优化课程设置，确保所培养的人才能够紧密贴合市场的实际需求。这种基于市场需求的人才培养模式，不仅提高了高等教育的针对性和实效性，也为毕业生顺利融入社会、实现高质量就业奠定了坚实基础。

---

① 谢易，杨杏芳. 高等教育人才培养模式的数字化转型 [J]. 广西社会科学，2020（2）：185-188.

（二）不足

在探讨高等教育人才培养模式如何有效适应服务贸易数字化转型的过程中，不得不正视当前存在的一系列挑战与不足，其中较为明显的问题是在师资力量、教材资料以及实训教学等方面需要加强。这一现状不仅制约了服务贸易领域专业人才的培养质量，也阻碍了高等教育体系与快速发展的数字经济时代的深度融合。

1. 师资力量有待加强

面对数字服务贸易这一新兴且跨学科的国际贸易形态，人才培养的挑战尤为突出，其中师资力量的薄弱是一大不足。培养此专业的人才要求教育者不仅需掌握深厚的数字贸易理论知识，还需精通相关实践业务。然而，鉴于数字服务贸易的综合性与前沿性，它横跨多个学科领域，当前教育体系内尚缺乏直接对应的专业或方向，因而高校普遍面临师资缺口，特别是缺乏具备完整数字服务贸易专业背景的教师。比如，国际服务贸易、国际经济与贸易、国际商务等专业的教师，其专业知识体系多聚焦于各自领域，难以全面覆盖数字服务贸易所需的跨学科知识。因此，要让这些教师迅速掌握数字服务贸易复杂的知识体系非一朝一夕之功，需要时间与资源的双重投入，这无疑加大了高校在短期内有效解决数字服务贸易人才培养师资问题的难度。

2. 教材资料亟待创新

出版社在规划出版教材及教辅资料时，首要考量的是市场需求量及预期利润，相比之下，服务教学科研、促进社会文化教育进步等长远价值虽重要，却往往位居其次。鉴于当前高等教育体系中数字服务贸易专业或相关培养方向的缺失，该领域教材及教辅资料的市场需求显得尤为有限，难以保证出版社的经济回报，甚至可能引发亏损风险，因此出版社普遍对此类出版计划持谨慎态度，鲜有将其纳入议程。

此外，高校教师编写数字服务贸易教材及教辅的积极性也受到多重因素制约。在职称评定与科研成果激励机制中，教材往往被置于较低评价层级，量化考核分数与奖金激励不足，削弱了教师的编写动力。加之现成参考资料稀缺，即便教师有意投身编写，也常因缺乏参考蓝本及不愿投入大量时间与精力进行原创研究而却步。

综上所述，数字技术的快速发展使得服务贸易数字化转型的进程也在加速推进，然而教材资料的更新速度往往跟不上技术发展的步伐，这就导致学生所学知识与实际应用之间存在较大差距。

3. 实训教学继续强化

数字服务贸易专业以其高度的应用性为显著特征，要求学生在学习过程中必须深入实践，掌握实际业务操作技能。因此，实训教学在该专业人才培育体系中占据着至关重要的地位，是衡量教育质量高低的核心标尺。要确保实训教学的顺利进行，首要条件是配备专业的实训室和特定的实训软件来模拟真实的数字贸易环境。然而，当前高校在推进数字服务贸易实训教学时遭遇了多重挑战。一是专门的数字贸易实训室建设滞后，导致实训教学不得不跨越多个实训室进行协调，极大地增加了教学难度与不便。二是数字服务贸易领域尚属新兴，相关模拟操作软件稀缺且开发尚不成熟，难以满足教学需求。除了上述两点之外，在前文提到了师资力量的薄弱，这也使得高校缺乏实训教学的专业指导教师。

三、高等教育人才培养模式适应服务贸易数字化转型的思路

(一) 培养符合就业市场需求的人才

在数字经济浪潮的推动下，企业愈发重视能够引领产业数字化升级、精通数字化运营管理、擅长大数据分析及掌握先进数字技术的专业人才，旨在加速自身数字化转型进程，优化管理效能与运营效率。鉴于此，高校应紧跟数字服务迭代升级的步伐，以及数字化知识与信息技术的日新月异，将现代管理理论、计算机科学、数字金融、数字营销策略及数据可视化技术等前沿学科与知识巧妙融入传统服务贸易教育框架之中，打破专才培养模式，侧重对口需求的复合型人才培养。同时，高校应主动出击，通过调研、访谈等多种方式，深入了解企业在数字化转型过程中对人才的具体需求与期望，从而着重培养人才相应的能力与技能。

(二) 建设适应新培养模式的师资团队

高校师资团队的质量直接或间接地影响着高等教育人才的培养。在服

务贸易数字化转型的过程中，师资团队也要适应其新变化，以培养出更多符合数字化转型需求的人才。首先，高校应加大对教师数字技能和素养的培训力度，包括数据分析、人工智能、云计算、大数据等前沿技术的学习与应用。高校应定期组织培训班、研讨会、在线课程等形式，提升教师利用数字技术进行教学、科研及社会服务的能力。其次，服务贸易数字化转型往往涉及多个学科领域的交叉融合。高校应鼓励和支持教师组建跨学科教学团队，打破学科壁垒，促进知识、技术、方法的交流与融合。通过团队合作，共同设计符合服务贸易数字化转型需求的课程体系和教学内容。再次，高校应积极与企业、研究机构等建立紧密的产学研合作关系，共同开展服务贸易数字化转型相关的科研项目和人才培养计划。通过合作，教师可以深入了解行业需求和发展趋势，将最新的研究成果和技术应用引入课堂，提升教学的针对性和实效性。最后，高校应积极引进具有丰富实践经验和高度数字化素养的优秀人才，同时加大对校内潜力教师的培养力度。高校应设立专项基金、提供海外研修机会、建立导师制度等措施，激励教师不断提升自我，使之成长为行业内的领军人物。

(三) 改革传统的教学方式

传统的教学方式已经难以满足数字化时代的人才培养需求，因而高校需要改革其教学方式来适应人才发展需要。虚拟仿真技术能够极大地增强教学的交互性和体验性，再现真实场景并创造个性化学习环境，高校可以将其引入从而进行改革教学方式。在服务贸易领域，如金融、贸易、物流等，虚拟仿真实验教学平台可以模拟复杂的业务流程和实际操作环境，让学生在实际操作前就能获得充分的训练和准备。例如，通过虚拟仿真平台进行国际贸易流程的模拟，学生可以掌握从合同签订、货物运输到货款结算等各个环节的操作技能。虚拟仿真技术除了可以为学生们提供更加真实的体验感，还能提高学生们的学习效率和兴趣。虚拟仿真技术能够打通学生的多个感觉通道，如视觉、听觉甚至触觉，从而提高学习效率。同时，生动的情境和交互式学习能够激发学生的参与兴趣，使学习过程更加形象、直观。在服务贸易领域，这种技术可以让学生更深入地理解服务流程、客户需求及市场变化等关键要素。

第二节 高等教育人才培养模式的总体状况

一、育人目标调整

数字经济的兴起促使服务贸易走向数字化转型，这一转变打破了贸易领域传统的知识框架，也对服务贸易人才提出了新的要求。现如今，人工智能的兴起对服务贸易人才在社交、沟通、合作和学习等方面的素质提出了更高的要求。服务贸易人才不仅需要了解大数据、人工智能、区块链等相关领域知识，熟悉数字贸易领域的业务内容和相关的法律法规，还要具备掌握基础数字技术的能力和数字化思维。换言之，在数字经济时代，服务贸易人才要求不仅具备该领域的专业知识，还要融合相关学科的专业知识，这样具备综合素质的人才才能适应社会的发展需要。因而在我国服务贸易数字化转型过程中，对于高等教育的人才培养目标也要有所调整，应更加注重培养人才的综合能力。

在看到不断发展、广泛应用的数字技术为多元文化和各种价值观的传播提供便利的同时，要及时用辩证的眼光关注其可能带来的危害。青年学生正处于思想价值形成的关键时期，数字技术带来的新鲜体验激活青年对自我的重新审视与界定，稍有不慎就可能对青年产生负面影响。因此，我们必须坚持育人为本的教育理念，以社会主义核心价值观为引领，引导青年学生正确看待及应用数字技术，发挥自我的主观能动性。同时，法律意识与合规能力的培养亦不容忽视，确保学生在复杂多变的数字贸易环境中稳健前行。

此外，在数字化经济浪潮的推动下，中小微企业及个体经营者得以跨越传统界限，更便捷地融入全球贸易体系之中，这无疑为服务贸易专业的学生开辟了前所未有的创业蓝海。鉴于这一趋势，培养学生的创业素养也成为一项育人目标，旨在助力他们把握时代脉搏，实现个人与社会的共赢。

二、产教融合渗透

在我国服务贸易数字化转型的过程中，高等教育人才培养模式的总体状况呈现出积极向好的趋势，其中产教融合作为关键路径之一，正在逐步深化并渗透到人才培养的各个环节。

我国政府高度重视服务贸易数字化转型和高等教育人才培养模式的创新。近年来，相关部门出台了一系列政策措施，如《加快数字人才培育支撑数字经济发展行动方案（2024—2026年）》《"十四五"数字经济发展规划》等，为服务贸易数字化转型和高等教育人才培养提供了政策保障和方向指引。这些政策鼓励高校与企业深化合作，共同探索产教融合的新模式，以适应数字经济发展的需要。

首先，在课程内容与教学方法方面，高校通过与企业紧密合作，共同开发符合行业标准的课程体系，将最新的服务贸易理论、技术、规则及案例融入教学之中，两者之间达到动态信息交流和资源共享。同时，采用项目式学习、模拟实训、工作坊等互动式教学方法，让学生在模拟或真实的业务环境中学习，增强解决实际问题的能力。这种教学模式的变革，有效缩短了教育与产业之间的距离，提高了人才培养的针对性和实效性。

其次，在科研创新与合作平台建设上，高校与企业联合建立研发中心、实验室或创新基地，围绕服务贸易数字化转型中的关键技术、标准和模式开展联合攻关，共同推动技术创新和成果转化，推动了产学研用一体化发展。这种合作模式不仅促进了科研资源的优化配置和高效利用，也为学生提供了参与科研创新的机会，培养了他们的创新意识和实践能力。

再次，在师资队伍建设方面，高校积极引进具有丰富实践经验和行业洞察力的企业专家担任兼职教师或客座教授。这些专家能够将行业前沿动态、技术趋势和实战经验带入课堂，为学生带来更为生动和实用的教学内容。同时，鼓励和支持高校教师深入企业实践，参与企业项目，提升教师的实践能力和行业认知，形成既懂理论又懂实践的"双师型"教师队伍。

最后，在实习实训与就业创业方面，高校通过与企业合作建立实习实训基地，为学生提供丰富的实践机会和岗位体验，帮助他们提前适应职场环境，提升职业素养和就业竞争力。同时，高校还积极与企业对接，开展校园招聘、定向培养等活动，拓宽学生的就业渠道，促进高质量就业。此外，高校还鼓励学生利用所学知识和技术进行创业实践，为他们提供创业指导、资金支持和孵化服务等全方位的支持。

综上所述，在我国服务贸易数字化转型的过程中，高等教育人才培养模式的产教融合渗透情况呈现出全方位、多层次、深融合的特点。这种渗透不仅提升了人才培养的质量和效率，也为服务贸易的数字化转型提供了有力的人才支撑和智力保障。

三、课程体系调整

在当今全球数字化浪潮的推动下，服务贸易领域正经历着前所未有的变革。数字技术的传播对传统服务贸易教育体系提出了严峻挑战与新的发展机遇。为了适应这一变化，服贸专业高等教育人才培养课程体系必须进行全面而深入的革新，构建符合数字经济时代要求的课程体系和教育模式。

（一）课程体系重构：融合多学科知识

传统的服务贸易专业课程体系往往聚焦于经济学和国际贸易基础理论，然而，在数字经济背景下，这种单一的学科设置已难以满足需求。因此，重构课程体系和融合多学科知识成为首要任务。具体来说则是在保留经济学和国际贸易基础理论核心地位的基础上，增设大数据分析、人工智能、python编程、云计算、区块链技术、跨境电子商务等前沿课程。这些课程不仅能够增强学生的数字技能，还能帮助学生更好地理解数字贸易的运作机制和市场趋势。

（二）教学方法创新：提升实践能力

教学方法的创新是提升教育质量的关键。在数字贸易教育中，应摒弃传统的填鸭式教学，采用更加灵活多样的教学方法。案例教学和实践教学成为重要手段，通过引入实际案例和模拟演练，让学生在真实或模拟环境中学习，提升解决实际问题的能力。同时，翻转课堂和在线学习等现代信息技术的应用，也为个性化学习和资源共享提供了可能。这些教学方法的应用，不仅能够激发学生的学习兴趣，还能提高学习效率与参与度。

（三）师资队伍建设：强化跨学科背景

优秀的师资队伍是教育质量的重要保障。在数字贸易教育中，需要一支具有跨学科背景的师资队伍。这要求高校积极引进具有经济学、管理学、计算机科学等多学科背景的优秀教师，同时加强对现有教师的跨学科培训，提升其数字技能和教学能力。此外，与企业、行业协会和研究机构的深度合作也是提升师资力量的重要途径。高校可以邀请行业专家参与教学，促进理论与实践的紧密结合，提升教学效果。

（四）评价体系改革：多元化评价机制

传统的考试评价体系往往过于单一，难以全面反映学生的学习成果和综合能力。因此，在数字贸易教育中，需要建立多元化的评价机制。除了传统的考试评价外，还应注重对学生实践能力、团队合作能力、创新思维等方面的评价。高校可以通过项目报告、案例分析、团队竞赛等多种评价方式，更全面地了解学生的学习情况和能力水平。同时，建立学生、教师、企业等多方参与的反馈机制，及时了解教学效果与市场需求，为课程体系的持续优化提供有力支持。

（五）国际视野拓展：加强国际合作与交流

在全球化背景下，国际视野对于服务贸易专业学生至关重要。为了培养具有国际竞争力的人才，高校应加强与国外高校、企业、行业协会等机构的合作与交流。学生可以通过参与国际学术会议、交换生项目、海外实习等方式，拓宽国际视野，提升跨文化沟通能力。同时，关注国际规则与标准的变化，及时调整教学内容，确保教学内容与市场需求保持同步。

四、能力培养优化

在全球经济一体化的背景下，数字贸易作为推动国际贸易发展的新引擎，其运作已深度融入全球经济的每一个角落。这一领域对从业者的要求不再局限于单一技能，而是需要构建全方位、多层次的能力体系。因而，我国在服务贸易数字化转型过程中对高等教育人才的培养要注重能力的优化。

（一）实践能力

首先，在传统的服务贸易专业教学中，经济学基本原理、国际贸易的基础知识以及基本理论的教授备受重视，而实践教学则显得相对不足。而在数字贸易时代，高质量人才的能力不能仅停留在"纸上谈兵"，更多的是处理、解决实际应用问题。他们应当熟悉各种数字化技术，比如云计算、大数据等，并能够灵活运用这些技术来推动服务贸易活动，从而提高工作效率和业务成果。其次，良好的信息搜集和分析能力也是应当具备的，要懂得如何从多样化渠道获取信息，迅速筛选并分析有用的数据，为企业提供市场分析，支持企业制定外贸策略等。① 因而在服务贸易数字化转型过程中，高等教育人才培养更加关注提高人才的实践能力。高校积极搭建校企合作平台，为学生提供实习实训基地以及实战演练的机会，使他们在真实项目中磨砺技能，积累经验。

（二）创新能力

在服务贸易数字化转型的过程中，服务贸易的创新发展亟须具备创新精神的人才。这类人才需能在瞬息万变的市场洪流中敏锐捕捉机遇，并创造性地挖掘新价值。为此，我国在高等教育人才培养上着重将创新教育深度融合每一个环节，精心设计跨学科的创新课程体系，旨在拓宽学生的知识边界，提高对于人才创新能力的培养。在教学方法上，高校倡导以问题为导向、实践为中心的教学模式，通过案例分析、项目驱动等方式，激发学生的探索欲与创造力，培养其独立思考、批判性思维及解决问题的能力。同时，高校鼓励学生参与科研项目、创新创业大赛、社会实践等活动，通过团队合作、市场调研、产品设计等环节，将理论知识转化为实际成果。此外，高校还注重创新氛围的营造，建立健全的创新激励机制，如设立创新奖学金、创新成果展示平台等激发学生的创新热情。

（三）跨文化交流能力

在全球化浪潮的推动下，数字技术作为连接世界的桥梁使服务贸易活动跨越国界，广泛面向全球客户，因而服务贸易领域人才需要具备良好的跨文化交流能力。在我国服务贸易数字化转型的过程中，高等教育人才的培养也与之共进。首先，培养人才的语言能力是实现跨文化交流的基础。

---

① 余敏丽. 数字时代国际贸易实务产教融合课程建设研究［J］. 北方经贸，2024（6）：140-143.

语言不仅是沟通的工具，更是文化理解和尊重的桥梁。高校越来越重视提高学生的英语（国际通用语言）能力，为学生们设置专业的英语课程以及考核标准。其次，跨文化交流意味着从业者需要深入了解并尊重不同国家和地区的文化习俗、宗教信仰和价值观念，以更加敏感和包容的态度进行国际交流，有效避免文化冲突，促进合作与共赢。许多高校也会开设跨文化交流的课程来补充学生们在此方面知识的空缺，提供学习不同的文化背景、文化习俗等机会。

第三节　高等教育人才培养模式的创新实践

一、典型学校创新实践案例

在我国服务贸易数字化转型的过程中，为了培养适应新时代需求的高素质人才，各高校纷纷探索人才培养模式的创新实践，其共性经验具有借鉴意义。

（一）智慧教学系统整合

首先，在线开放课程平台的深度应用成为智慧教学系统整合的基石。高校利用 Moocs（大型开放在线课程）等形式，将最新理论、技术动态及实战案例引入课堂，打破了传统教学的时空限制，实现了优质教育资源的广泛共享与个性化学习路径的定制。学生可以根据自己的学习进度和兴趣偏好，灵活选择课程，进行自主学习和深度学习，有效提升了学习的主动性和效率。例如，武汉大学通过持续优化基础资源供给，升级校园网、建设"珞珈云"平台等来提升师生用网体验和科研支持能力。

其次，教室端智能设备的引入，为智慧教学提供了更加直观、互动的教学环境。智能黑板、互动触摸屏、AR/VR 教学设备等高科技产品以及虚拟仿真等技术被广泛应用于课堂，使得抽象的概念变得生动具体，复杂的数据分析过程变得直观易懂。同时，这些设备还支持实时互动与反馈，教师能够即时掌握学生的学习情况，调整教学策略，而学生也能通过小组讨论、在线投票等方式积极参与课堂，增强了学习的参与感和体验感。例如，北京林业大学运用虚拟仿真信息技术手段，"线上线下"教学成功实现实验实践课程数字化，顺利完成经管实践教学任务。

再次，移动端应用的开发进一步延伸了智慧教学的触角。高校开发了一系列与课程紧密相关的移动学习 App 或小程序，如在线题库、学习进度追踪、个性化学习推荐等，使学生能够随时随地利用碎片时间进行学习。此外，移动应用还提供了师生交流、作业提交、成绩查询等功能，极大地便利了教学管理，提高了教学效率。

最后，教学管理端系统的智能化升级，为智慧教学系统的整体运行提供了有力保障。运用大数据、云计算等先进技术，教学管理端能够实时采集、分析教学全过程中的各项数据，如学生参与度、学习成效、教学质量等，为教师提供精准的教学反馈和改进建议。同时，系统还支持教学资源管理、课程安排、教师评价等功能的自动化处理，减轻了教学管理人员的负担，提高了管理效率。

（二）校企合作育人

高校高度重视产教融合的深度实践，创新性引入资深企业导师，他们不仅是行业前沿技术的传播者，更是学生职业道路上的灯塔。这些企业导师凭借丰富的实战经验，不仅为学生传授相关领域最新的技术动态与市场趋势，还通过一系列创新教学模式，如翻转课堂与实战项目驱动，激发学生的主动探索精神。这不仅能极大地拓宽学生的视野，更能让学生们在实践中学习，在学习中成长，为未来的职业生涯铺设一条坚实而宽广的道路。例如，浙江越秀外国语学院赵婧老师积极组织跨境电商专业的学生走出课堂，并亲自带队走访校外知名企业，让学生们在第一学年便能亲历企业运营的真实场景，从项目策划到执行，全方位体验跨境电商的运作流程。

（三）跨学科融合

数字化转型背景下，对人才的要求更加强调跨学科和综合素质的培养。各个高校敏锐洞察到市场对复合型人才的迫切需求，鼓励不同学科间的合作与交流，提供多学科交叉的课程设置。山东大学在课程设置上注重跨学科融合，通过设置双学位项目、交叉学科课程等方式，鼓励学生跨领域学习。例如，该校设有"化工与工程管理""计算机与金融学"等双学士学位项目，旨在培养跨学科交叉复合型人才。同时，山东大学研究生会还积极举办以"学科交叉融合"为主题的系列活动，如"SDU SEEK"学科探访系列活动。这些活动让学生走进图书馆、实验室等不同学科场所，亲身体验不同学科的学术氛围和研究方法，帮助学生打破学科壁垒，拓宽学术视野。

（四）紧贴产业需求

高校人才培养紧贴产业需求，旨在通过优化人才培养方案，提升学生的实践能力和创新能力，以满足地方经济发展的实际需求。高校利用自身的科研优势和技术实力，为地方企业提供技术服务和咨询；解决企业在生产和技术方面的难题，促进地方经济的转型升级和高质量发展。例如，西安交通大学实施"百千万卓越工程人才培养计划"，成立卓越工程师学院，获批国家储能、医学攻关、人工智能产教融合创新平台。西安交通大学通过与企业深度合作，共同制定人才培养方案，实现教育与产业的紧密对接。此外，西安交通大学还设立了"企业命题"项目，鼓励学生参与企业的实际科研项目。这种项目导向的教学模式不仅激发了学生的学习兴趣和动力，还促进了产学研深度融合，为地方经济发展提供了有力支持。

二、典型专业创新实践案例

随着全球数字经济的蓬勃发展，数字商务服务领域作为数字经济的重要组成部分，正以前所未有的速度改变着商业模式、就业形态乃至社会结构。面对这一趋势，培养具有创新精神和实战能力的数字商务服务人才成了高校教育的重要使命。北京第二外国语学院作为一所具有鲜明外语特色和国际化视野的高校，紧跟时代步伐，积极探索数字商务服务人才培养的新模式，与中国服务贸易协会专家委员会及中服融创有限公司共同搭建了数字商务服务人才创新创业基地协同育人平台。

（一）平台背景

在数字经济浪潮的推动下，数字商务服务产业迅速崛起，成为推动经济高质量发展的新引擎。然而，该领域的人才短缺问题日益凸显，特别是缺乏既懂外语又精通数字技术的复合型人才。为了破解这一难题，北京第二外国语经济学院凭借其在对外经济合作领域的深厚底蕴和国际化办学优势，积极响应国家关于加快数字商务建设、服务构建新发展格局的战略部署，携手行业协会和企业共同搭建了这一平台。

（二）平台意义

平台的建立对于推动数字商务服务人才培养具有重要意义。首先，它有助于打破传统教育的界限，实现教育资源与产业资源的深度融合。平台通过校企合作、产学研用联动等方式，能够为学生提供更加贴近市场需求的教学内容和实践机会，提高他们的综合素质和竞争力。其次，平台有助于培养学生的创新创业意识和能力。在数字经济时代，创新创业已成为推动经济发展的重要动力。平台通过实施数字营销大学生创业合伙人计划等措施，激发学生的创新潜能和创业热情，为他们未来的职业发展奠定坚实基础。最后，平台的建立有助于推动数字商务服务产业的可持续发展。平台通过培养高素质、复合型的人才队伍，能够为产业注入新的活力和动力，促进产业的转型升级和高质量发展。

（三）平台建设目标

平台的建设目标主要包括以下几个方面：一是构建数字商务服务人才培养体系，包括课程体系、实践教学体系、创新创业体系等；二是打造高水平的师资队伍，通过引进和培养相结合的方式，形成一支具有国际视野和实战经验的教师团队；三是建立校企合作机制，加强与行业协会、企业的深度合作，实现资源共享和优势互补；四是推动产学研用深度融合，促进科技成果的转化和应用；五是培养学生的创新创业意识和能力，为他们未来的职业发展提供有力支持。

（四）平台建设内容

1. 课程体系建设

平台根据数字商务服务领域的实际需求和发展趋势，构建了具有创新性的课程体系。课程体系包括基础课程、专业课程和实践课程三个部分。基础课程主要涵盖经济学、管理学、信息技术等基础知识；专业课程则聚焦数字商务服务领域的核心技能和知识；实践课程则通过中服云商电子商务平台等实战平台，为学生提供真实的电商操作和数字营销实践机会。此外，平台还注重课程的更新和优化，确保教学内容的时效性和前沿性。

2. 师资队伍建设

平台通过引进和培养相结合的方式，打造了一支高水平的师资队伍。一方面，平台积极引进具有丰富实践经验和国际视野的企业讲师和外聘讲师。他们不仅为基地学生讲授理论课程，还指导提供实操训练、社会实践、实习、就业、创业，依托"数字营销大赛"强化基地学生创新实践能力。另一方面，平台也注重内部教师的培养和发展，通过参加培训、交流访问等方式提高他们的教学水平和科研能力；同时推荐部分教师成为中国服务贸易协会特约专家，联合开展横向课题的调查与研究，对接中国国际图书贸易有限公司，与北京第二外国语学院共建产学研实践基地。

3. 校企合作机制

平台建立了深度的校企合作机制，与行业协会、企业等建立了紧密的合作关系。平台通过校企合作，能够实现资源共享和优势互补。一方面，企业可以为平台提供实习实训基地、案例教学资源等；另一方面，平台也可以为企业提供人才培养和智力支持。此外，平台还通过举办讲座、研讨会等活动加强校企之间的交流和合作。

4. 实践教学体系建设

平台注重实践教学的开展和实施。通过中服云商电子商务平台等实战平台，学生可以进行真实的电商操作和数字营销实践。实践教学内容包括市场调研、营销策划、电商运营等多个环节。通过实践教学，学生能够更好地掌握相关技能和知识，提高解决实际问题的能力。同时，平台注重实践教学的考核和评价工作，确保实践教学的质量和效果。

5. 创新创业体系建设

平台建立了完善的创新创业体系，包括创新创业课程、创新创业竞赛、创新创业孵化等多个方面。创新创业课程主要涵盖创业基础知识、创业案例分析等内容；创新创业竞赛则通过举办各类创业大赛等方式激发学生的创业热情和创新潜能；创新创业孵化则为学生提供创业指导、资金对接等全方位的支持和服务。平台通过创新创业体系的建立和实施，能够培养学生的创新创业意识和能力，为他们未来的职业发展提供有力支持。

三、典型模式创新实践案例

随着全球经济的数字化转型，服务贸易作为经济增长的重要引擎，正经历着前所未有的变革。我国服务贸易的数字化转型不仅要求产业结构的调整与升级，也对高等教育人才培养提出了新的挑战与机遇。在此背景下，新文科、新医科、新工科等教育人才培养模式的创新实践成为推动产业转型的关键力量。

（一）新文科教育人才培养模式的创新实践

1. 内涵与背景

新文科是在数字化时代背景下，对传统文科教育进行的一次深刻变革。它强调价值引领、守正创新，推进现代信息技术与传统文科专业的深度交叉融合，旨在培养具有全球视野、跨文化交流能力和创新思维的新型人文社科人才。

2. 创新实践

课程体系重构、教学模式创新以及实践教学强化是当前高等教育在文科人才培养方面的三大核心策略。针对服务贸易数字化转型的需求，文科课程体系正经历着深刻的变革，其中现代信息技术、数据分析、人工智能等前沿技术被有机地融入，旨在增强学生的数据分析能力和技术应用能力。为此，高校纷纷开设跨学科课程，如"数字人文""大数据与社会科学"等，以拓宽学生的知识视野。同时，教学模式在不断创新，线上线下混合式教学、翻转课堂、项目式学习等新型教学模式的采用，极大地激发了学生的学习兴趣和主动性，培养其解决实际问题的能力。此外，实践教学作为提升学生实践能力和职业素养的关键环节，也得到了高度重视。高校加强与实务部门的合作，建立实习实训基地，开展社会调查、案例研究等实践教学活动，使学生在实践中深化理论知识，提高解决实际问题的能力，为未来的职业发展奠定坚实基础。

3. 典型案例：对外经济贸易大学数字经济实验室

对外经济贸易大学数字经济实验室通过融合经济学、管理学、计算机科学等多学科知识，打破传统文科界限，构建综合性、融通性的课程体系。尤为创新的是，实验室充分利用大数据、人工智能等前沿技术，搭建智慧商务平台与仿真实验环境，让学生在模拟真实的市场环境中学习与实践，实现从理论知识到实践技能的深度转化。此外，实验室还注重产教融合，聘请行业专家与资深工程师参与教学，确保教学内容紧贴市场需求，培养学生解决实际问题的能力。这些创新举措不仅提升了学生的综合素质与竞争力，也为新文科教育的发展提供了宝贵的实践经验。

（二）新医科教育人才培养模式的创新实践

1. 内涵与背景

新医科是在健康中国战略背景下，对医学教育的一次全面升级。它强调从以治疗为主向生命全周期、健康全过程的全覆盖转变，推动医学与其他学科的交叉融合，培养具有工科思维和视野的复合型医学人才。

2. 创新实践

新医科教育在人才培养上展现出前所未有的创新活力，其核心亮点在于医工融合、实践教学改革及国际合作交流的深化。首先，医工融合成为新医科教育的重要趋势，通过跨学科合作，如"医学+X"模式的探索，培养既懂医学又精通工学、理学及信息科学的复合型人才，如生物医学工程、智能医学工程等领域的拔尖人才。其次，在实践教学改革方面，借助虚拟现实、增强现实等前沿技术，构建高度仿真的医疗环境，显著提升了学生的临床技能与应对复杂医疗情境的能力。最后，国际合作与交流的加强，不仅引入了国际先进的医学教育理念与资源，还极大地拓宽了学生的国际视野，增强了他们的跨文化沟通能力，为培养具有国际竞争力的高素质医学人才奠定了坚实基础。

3. 典型案例：中南大学医工结合人才培养模式

中南大学精心构建医工交叉特色课程体系，深度融合医学与工学精髓，使学生能在两个领域间自由穿梭，拓宽了医学生的工科思维与视野。同时，中南大学组建了由医学与工学顶尖专家构成的核心教师团队，确保教学质量与前沿性并重；实行双导师制教学，每位学生均配备医学与工学双导师，实现个性化指导与跨领域协作，有效促进了医学与工学的深度融合。这一模式不仅强化了学生的综合素质，更为其未来在医疗健康领域的多元化职业发展铺设了坚实的基石。

(三) 新工科教育人才培养模式的创新实践

1. 内涵与背景

新工科是在新一轮科技革命和产业变革背景下，对高等工程教育的一次重大改革。它强调学科交叉融合、产教融合、国际合作与交流，旨在培养具有创新精神和实践能力的高素质工程技术人才。

2. 创新实践

新工科教育人才培养模式的创新实践，聚焦于深度整合与前瞻布局，显著提升了教育质量与人才竞争力。一方面，学科交叉融合成为核心驱动力，通过打破传统学科壁垒，促进工程教育与人工智能、大数据等前沿科技的深度融合，如"人工智能+机械工程""大数据+土木工程"等跨学科课程与项目的兴起，不仅拓宽了学生的知识视野，更激发了其创新思维与综合能力。另一方面，产教融合模式日益成熟，高校积极与企业、科研机构携手，共建实习实训基地、联合实验室等，实现了教育链、人才链与产业链、创新链的紧密对接，为学生提供了将理论知识转化为实践能力的广阔舞台。此外，新工科教育加强与国际先进工程教育机构的合作与交流，引入国际化的课程体系和教学资源，提升学生的国际竞争力和跨文化交流能力。

3. 典型案例：北京化工大学工程训练中心

北京化工大学工程训练中心积极推进"互联网+教育"进程，建设了工程训练"云课堂"，实现了线上线下混合式教学；在原有"金工实习"的基础上，升级开设了"高工实习"课程，形成了具有北化特色的"金工+高工"协同实习课程体系；为了加强兄弟院校之间的交流与合作，工程训练中心还积极参与共建高校"虚拟教研室"活动。通过线上交流平台，不同高校的教师可以共同研讨教学方法、分享教学经验、交流教学资源。通过一系列改革举措的实施，学生的实践能力和创新能力得到了显著提升。

（四）总结

在新文科、新医科、新工科等教育领域的创新实践中，我国高等教育体系紧密贴合服务贸易数字化转型的时代脉搏，采取了一系列前瞻性的改革举措。首先，全面重构课程体系，融入最新科技成果与行业趋势，确保教育内容的前沿性与实用性。其次，教学模式不断创新，利用数字化工具与平台，推动线上线下融合教学，增强学习的互动性与个性化。尤为重要的是，实践教学环节得到显著强化，通过校企合作、项目驱动等方式，让学生在真实场景中锻炼解决问题的能力，从而培养出既具备深厚理论基础又熟悉实践操作的高素质人才，为服务贸易的数字化转型提供了坚实的人才支撑。

第九章

我国服务贸易数字化转型相关企业人力资源管理的创新

在全球数字化浪潮的不断推进下，服务贸易相关企业也开始积极利用技术力量，推动人力资源管理向现代化和智能化发展。传统的人力资源管理已不能满足企业数字化转型的快速发展和变革的需求。因此，深入分析服务贸易相关企业在数字化转型背景下，如何进行更科学、有针对性的人力资源管理改革与创新具有重要意义。

第一节　服务贸易数字化转型相关企业人力资源管理的变革

一、服务贸易数字化转型相关企业人力资源管理总体定位转变

（一）推动企业人力资源管理向数字化思维转变

服务贸易领域的数字化转型正促使企业人力资源管理的定位经历一场深刻的变革。当前，企业对人力资源的认识呈现出两种主要趋势：一方面，部分企业依然将人力资源视为成本，力求通过成本控制来增强市场竞争力；另一方面，更多企业开始将人力资源视为能够带来增值的资产，通过提升人力资源的价值来驱动企业成长。这种转变与企业的发展阶段、战略方向、宏观经济环境、行业特性及社会价值观等因素紧密相关。在数字化与智能化的浪潮中，企业寻求长远发展的关键，不仅在于员工的积极参与和政策的扶持，更在于管理层思维的更新。

与业务流程的数字化相比，人力资源管理的数字化转型影响更为深远，它将重塑业务模式、组织流程、工作方式，甚至影响到组织结构与发展战略的制定。但一些企业管理者对于转型的投入与成效比存在顾虑，容易陷入模仿先行者的"后发优势"思维定势。管理层作为企业数字化变革的引领者，需要打破传统思维的束缚，认识到我们正处于时代的前沿，推动人力资源管理的数字化转型是企业把握时代脉搏、构建市场竞争力、实

现可持续发展的关键步骤。依赖市场上已有的成功案例，可能会错失在时代洪流中的先机。因此，管理层需要从战略高度认识到数字化转型的终极目标是人才的发展与价值实现，通过智能化手段激发员工的潜力和创造力。这要求管理层要积极掌握数字技术的最新进展，合理借鉴行业内的先进经验，运用系统思维整合数字技术与组织资源，保持全局观念和积极心态，从个体、团队和组织三个层面推动人力资源管理的数字化转型，制定符合自身特色的发展路径。

（二）提高企业人力资源管理的数字化能力程度

人力资源管理的数字化能力在当今企业运营中的重要性不言而喻。随着科技的快速发展，尤其是大数据、人工智能、云计算等技术的兴起，数字化已成为推动企业人力资源管理创新和优化的关键力量。对企业而言，人力资源管理的数字化转型不仅是业务流程的线上化、工作方式的多样化，更关乎业务模式的创新、知识更新的加速、人才潜力的充分挖掘以及企业与员工的共同成长。企业需要的不仅是将数字技术应用于日常运营的能力，更重要的是将这些技术融入组织战略、价值链和组织架构的深层次能力。与自上而下的转型模式不同，人力资源管理的数字化转型需要从顶层设计着手，同时激发基层员工的参与热情，将数字化理念、技术普及到企业的每一个层级和环节。

提升人力资源管理的数字化能力，企业需要培养并信任人才。这些人才不仅要精通业务，掌握工作中的深层知识，还要具备数字技术能力，将数字化理念与自身工作相结合，探索创新的工作模式。当前，一些企业的人力资源管理数字化转型主要依靠领导层的推动，忽视了员工的主体价值，导致对数字化价值的认识不足、响应迟缓、技术应用不全面。企业需要将员工培养成具备数字化素养的人才，提高他们的数字化能力。要营造容错的企业文化，鼓励员工在业务和工作方式上进行数字化探索；提供学习机会，加强员工对数字化的认识和专业素养，建立适应性学习机制，帮助员工掌握最新的数字化工具和企业实践；构建数字化愿景，明确员工与企业的共生关系，让员工了解数字化转型对个人、组织和社会的价值，提升员工参与数字化变革的积极性。

（三）重视企业人力资源管理的数字化安全保护

在人力资源管理数字化转型的过程中，数据安全和合理使用是不可忽视的重要方面。合理的数字化转型能够帮助企业构建竞争优势，实现企业与员工的和谐共生；而不合理的转型可能导致企业与员工陷入恶性竞争。[①]因此，确保人力资源管理的数字化安全至关重要。企业需要建立严密的数据管理体系，规范数据的使用和维护流程，防止数据泄露，最大限度地降低人力资源管理风险。同时，人力资源管理者应向员工普及数据管理的知识，提高员工对数据使用的意识，加强他们在数据安全、互利和公平性方面的理解，维护数字劳动者的合法权益，构建和谐的劳动关系。

数据滥用和违规收集是影响数字化安全的另一大问题。数据应用本身具有双面性，既能为个性化发展和绩效评估提供支持，也可能成为不当利用的工具。如果缺乏有效监管，数据可能会变成压榨员工价值的手段。虽然短期内可能降低劳动成本，提高利润，但长期来看，这将限制员工和企业的发展机会。如果这种现象成为普遍现象，将导致企业陷入恶性竞争，最终导致双方共输的局面。因此，需要从法律层面明确企业对数据使用的权限，建立包含员工、管理者和其他利益相关者的内部监管部门，规范企业对数据的收集和使用，确保数字化转型的健康发展。

二、服务贸易数字化转型相关企业人力资源管理基本要素转变

人力资源管理数字化转型并不是单纯地运用信息技术，而是利用数字人才、数字工具、数字管理和数字场景等基本要素来对人力资源管理的各个方面进行全方位升级。[②]

（一）数字人才：企业核心竞争力的基石

在服务贸易数字化转型的进程中，企业人力资源管理的核心要素正在经历着根本性的转变。数字化转型不仅要求企业拥有具备专业技术能力的人才，更强调了数字人才的重要性，他们被视为企业核心竞争力的基石。

---

① 赵曙明，赵宜萱. 推动企业人力资源管理数智化转型［EB/OL］.［2024 - 07 - 11］. https://baijiahao.baidu.com/s?id=1781943446902720286&wfr=spider&for=pc.
② 王涛. 人力资源管理数字化转型：要素、模式与路径［J］. 中国劳动，2021（6）：35-47.

数字人才不仅应具备跨学科的知识结构，能够理解并运用数据分析、人工智能、云计算等前沿技术来解决复杂的业务问题，还需要具备良好的沟通能力、团队协作能力和领导力，以促进数字化转型的顺利实施。企业必须将数字人才的培养作为一项长期的战略任务，通过内部培训、职业发展计划、校企合作和行业交流等途径，不断提升员工的数字技能和创新能力。这些人才在企业中扮演着战略角色，他们不仅参与日常的业务运营，更参与到企业战略的制定和执行中。通过他们的专业知识和创新思维，企业能够更好地把握市场动态，快速响应变化，实现可持续发展。因此，数字人才的培养和引入，对企业而言是一项至关重要的战略任务，是推动企业创新和转型的关键。

（二）数字工具：提升管理效率的关键

数字工具在服务贸易企业人力资源管理数字化转型中扮演着至关重要的角色。它们包括人力资源信息系统、在线学习平台、绩效管理系统以及人才招聘和评估工具等，这些工具的应用极大地提升了人力资源管理的效率和效果。企业应致力于选择或开发能够集成多种功能的数字工具，以实现数据的统一管理和分析。这样的集成化不仅减少了数据孤岛，还通过提供更全面的业务洞察，帮助管理者做出更明智的决策。

同时，数字工具的设计应以用户体验为中心，确保工具的易用性和可访问性。良好的用户体验能够提高员工的接受度和参与度，从而促进数字工具在企业中的广泛应用。此外，企业还应不断探索数字工具的新功能和新应用，例如利用人工智能进行人才筛选和绩效评估，或利用虚拟现实进行员工培训。这些创新应用不仅能够提升管理效率，还能够为企业带来新的业务机会，推动企业在人力资源管理方面的持续创新和发展。

通过这种方式，数字工具不仅提升了人力资源管理的效率，还通过集成化和创新应用，为企业提供了更深入的业务洞察和新的业务机会，从而成为提升管理效率和实现数字化转型的关键。

（三）数字管理：塑造企业未来的新模式

数字管理作为企业数字化转型的高级阶段，其核心在于通过数字化手段对企业战略、组织结构、业务流程和文化进行全面的重构。这一过程旨在实现企业管理的智能化、自动化和最优化，从而塑造企业未来的新模式。

首先，数字管理的战略整合是确保数字化转型与企业长期目标和愿景相一致的关键。企业高层的积极参与和支持对于推动数字化转型的深入实施至关重要。这要求企业在制定整体战略规划时，将数字管理纳入考量，确保数字化转型的方向与企业的未来发展紧密结合。

其次，数字管理的组织变革涉及对企业组织结构和业务流程的优化与重构。数字化手段的应用使得企业能够实现更灵活的工作模式、更高效的决策流程和更紧密的团队协作。这种变革不仅提高了企业的运营效率，还增强了企业的适应性和竞争力。

最后，数字管理的文化建设是推动数字化转型的内在动力。企业文化的数字化要求企业培养一种开放、创新、协作的数字化文化。这种文化鼓励员工积极参与数字化转型，共同推动企业的发展。通过建立这样的文化，企业能够激发员工的创造力和主动性，形成支持数字化转型的强大合力。

因此，数字管理通过战略整合、组织变革和文化建设，为企业的未来发展提供了新模式。这种模式不仅提高了企业的管理效率和决策质量，还为企业在快速变化的市场环境中保持竞争力和创新力奠定了基础。

（四）数字场景：构建未来工作的新图景

数字场景能够描绘一个由数字技术驱动的未来工作环境。在这个环境中，员工、客户和合作伙伴通过数字化平台进行互动和协作，共同创造价值并实现共享。企业需要设计和构建创新的数字场景，例如虚拟办公室、在线协作平台和数字化客户体验中心，这些场景不仅能够提升工作效率，还能够提供更加丰富和个性化的工作体验。

为了构建这样的数字场景，企业需要强大的技术支持，包括高速网络、云计算资源、大数据分析和人工智能等。投资于这些技术的发展和应用，是确保数字场景稳定运行和持续创新的关键。企业必须认识到，技术投资不仅是为了提高效率，也是为了创造一个能够适应未来挑战的工作环境。然而，在构建数字场景的同时，企业不应忽视对员工的人文关怀。数字场景的设计应该考虑到员工的工作生活平衡、心理健康和职业发展等需求。这意味着在追求技术创新的同时，要关注员工的福祉，确保员工能够在一个支持性和包容性的环境中成长和发展。通过实现这一点，企业不仅能够吸引和保留人才，还能够激发员工的潜力，促进企业的长期成功和可持续发展。

三、服务贸易数字化转型相关企业人力资源管理业务流程转变

(一) 智能招聘流程的高效化

在数字化转型的大潮中，企业正面临智能化招聘流程优化的机遇。人工智能和机器学习技术的引入，为招聘流程带来了革命性的变化。这些技术的应用使得简历筛选、候选人评估和初步面试等环节得以自动化，显著提升了招聘的效率和准确性。智能化招聘系统通过分析大量的简历数据，能够迅速识别出符合岗位要求的候选人，并通过算法预测他们的潜在表现和适应性。这种预测不仅基于候选人的过往经历，还包括其技能、个性特质与企业文化的匹配度。

此外，虚拟面试和在线评估工具的使用，为远程招聘提供了极大的便利。这不仅减少了招聘过程中的时间和成本，还使企业能够跨越地理限制，吸引全球范围内的优秀人才。通过这种方式，企业可以更广泛地搜索和接触到潜在的候选人，从而增加了找到最佳人选的机会。同时，这为候选人提供了更加灵活和便捷的应聘体验，有助于提高他们对企业的好感度和参与度。

(二) 数据驱动的绩效管理优化

数字化转型时代，数据在员工绩效管理中扮演了至关重要的角色。企业通过收集和分析员工的工作数据，能够实现对员工表现和贡献的客观评估。基于数据的绩效管理系统，不仅能够实时跟踪员工的工作进度和成果，还能够为管理者提供及时准确的反馈信息。这种系统通过深入分析员工的工作表现，能够识别出他们的强项和潜在的提升空间，从而帮助企业制定出个性化的发展计划和激励机制。此外，数据驱动的决策模式，使企业能够更有效地激发员工的潜力。通过量化的绩效数据，企业可以更精确地了解员工的工作状态和发展趋势，进而采取相应的措施来提高团队的整体绩效。例如，管理者可以根据员工的绩效数据，为他们提供定制化的培

训和发展机会，或者调整工作分配，以更好地发挥每个员工的优势。

在数字化转型的背景下，基于数据的员工绩效管理不仅提高了管理的透明度和公正性，还为企业提供了一种更为科学和系统的管理方法。这种方法有助于构建一个持续改进和自我优化的工作环境，促进员工与企业的共同成长和发展。因此，数据在员工绩效管理中的应用，是推动企业数字化转型和提升管理效率的关键因素。

(三)"互联网+"人力资源服务模式创新

互联网技术的飞速发展为人力资源服务模式带来了革命性的变革。在这一变革中，企业通过构建在线人力资源服务平台，实现了服务的自助化和个性化。这些平台集成了员工信息管理、福利查询、培训报名等多功能服务，使得员工能够不受时间和地点的限制，随时随地访问所需的信息和服务。这种自助式的服务体验不仅极大地提高了服务的便捷性和效率，也使得员工在获取服务的过程中变得更加主动和自主。此外，在线社区和论坛的建立，为员工提供了一个交流工作经验、分享知识、促进团队协作和知识共享的平台。通过这些平台，员工可以更加方便地进行信息交流和思想碰撞，从而激发创新思维，增强团队的凝聚力和创造力。这种基于互联网的交流方式，不仅提高了员工的参与感，也提升了他们的满意度和忠诚度。

"互联网+"的人力资源服务模式，通过技术的力量，打破了传统的服务局限，实现了服务的创新和优化。这种模式不仅提高了人力资源管理的效率和效果，也为企业构建了一个更加开放、协作和共享的工作环境。在数字化转型的背景下，这种服务模式将成为企业提升员工满意度、增强企业竞争力的重要手段。

(四) 系统化人才发展与培训路径构建

数字化转型对企业构建系统化的人才发展和培训体系提出了新的要求。企业通过实施在线学习管理系统，能够为员工设计个性化的学习路径，提供丰富的学习资源，从而支持员工在职业发展和技能提升上的需求。这种系统化的培训路径不仅限于传统的课堂培训，还涵盖了在线课程、虚拟研讨会、互动模拟等多样化的培训形式，以适应不同员工的学习偏好和提升需求。

企业可以利用数据分析工具来评估培训效果，根据反馈结果不断优化培训内容和方法。这种基于数据的评估和优化过程，有助于确保培训计划的有效性和针对性，使培训资源得到最合理的配置。通过这种持续的评估和优化，企业能够更有效地培养员工，提升其适应数字化时代的能力。系统化的人才发展计划还有助于企业构建一支高素质的团队，这支团队不仅具备必要的专业技能，还能够灵活应对快速变化的市场环境。这对于企业的长期发展至关重要，因为它为企业的持续创新和竞争力提升提供了坚实的人才基础。

在服务贸易数字化转型的过程中，人力资源管理业务流程的转变是多方面的。从智能化招聘流程的优化到数据驱动的绩效管理，从"互联网+"服务模式的创新到系统化的人才发展和培训路径的构建，这些转变共同提高了人力资源管理的效率和效果。同时，它们为员工提供了更多样化的发展机会，为企业的持续创新和竞争力提升提供了有力支持。这些转变体现了企业对数字化转型的积极响应，以及对人力资源作为企业核心竞争力的重视。

第二节 相关企业人力资源管理的总体状况

一、部门领域状况

（一）服务贸易相关行业数字化转型概述

随着全球数字经济的迅猛发展，我国的服务贸易正经历着前所未有的数字化转型。服务贸易的数字化不仅提高了服务的效率和质量，还带动了相关产业的发展和升级。金融、医疗、教育和物流等部门作为数字化转型的典型代表，各自展示了不同的特点和发展进程。

金融行业作为数据密集型行业，数字化转型的步伐尤为迅速。金融科技推动不同资产规模和资金实力的商业银行差异化发展和战略转型。[①] 银

---

① 谢治春，赵兴庐，刘媛. 金融科技发展与商业银行的数字化战略转型 [J]. 中国软科学，2018（8）：184-192.

行、保险公司、证券公司等金融机构通过引入先进的数据分析和人工智能技术，实现了对员工绩效的实时监控和评估。这些技术的应用不仅提高了人力资源管理的效率，还帮助企业更准确地预测人才需求，实现人才的优化配置。同时，金融行业在积极探索如何利用区块链技术提高员工信息管理的安全性和透明度。

医疗领域的数字化转型同样令人瞩目。电子病历系统的广泛应用，使得患者的医疗信息可以在不同医疗机构之间共享，提高了医疗服务的连续性和精准度。远程医疗技术的兴起，打破了地域限制，使得偏远地区的患者也能享受到优质医疗资源。人工智能技术在医疗影像分析、疾病诊断等方面的应用，更是极大地提升了医疗服务的效率和质量。

教育领域在数字化转型过程中，在线教育平台的发展是其重要标志。通过互联网技术，优质的教育资源可以突破地域限制，传递到全国各地。学生可以通过在线平台进行自主学习，丰富了学习的途径和方式。尤其是在疫情期间，在线教育成为主流，极大地推动了教育的数字化进程。人工智能在教育中的应用，如智能辅导系统、个性化学习推荐等，使得教育更加符合每个学生的需求。

物流领域的数字化转型主要体现在智能物流系统的应用上。认真谋划"十四五"乃至 2035 年发展战略，高瞻远瞩把握物流行业趋势，就要加速物流数字化转型。[①] 通过大数据分析、物联网技术和智能仓储系统，物流企业可以实现全流程的数字化管理，从而提高物流运作的效率和透明度。自动化分拣系统、无人机配送等新技术的应用，不仅提升了物流效率，还显著降低了成本。

总体来看，服务贸易的数字化转型在各个领域展现出了蓬勃发展的势头，不同部门的数字化进程虽各具特色，但都朝着更高效、更智能、更便捷的方向发展。

（二）人力资源需求分析

服务贸易数字化转型的推进，对人力资源提出了新的需求和挑战。技

---

① 何黎明. 我国物流业 2020 年发展回顾与 2021 年展望 [J]. 中国流通经济, 2021, 35 (3): 3-8.

术人才成为各行业争夺的焦点。随着数字化技术在各行业的深入应用，软件开发、系统集成、网络安全等领域的专业技术人才需求剧增。这些技术人才不仅要具备扎实的专业知识，还需不断更新和学习新技术，以适应快速变化的数字化环境。

数据分析人才的需求同样不可忽视。大数据技术的广泛应用，使得企业对数据处理和分析能力的依赖日益增强。数据科学家和数据分析师在企业中扮演着关键角色，他们通过对海量数据的分析，挖掘有价值的信息，为企业决策提供数据支持。特别是在金融、医疗等数据密集型行业，数据分析人才的价值更为突出。此外，跨学科人才也日益受到重视。数字化转型不仅需要技术支持，还需要对业务流程的深刻理解。因此，那些既具备专业技术知识，又懂得业务运作和管理的复合型人才，成为企业数字化转型中不可或缺的一环。这些人才能够在技术和业务之间架起桥梁，确保数字化技术能够真正落地应用，推动业务的发展。

在人力资源需求方面，企业不仅需要高端技术人才和数据分析人才，还需要具备创新思维和跨学科背景的人才。这些人才的供给情况直接影响到企业数字化转型的效果和进程。

（三）人才供给与培养

为应对数字化转型对人才的需求，我国的高校、培训机构和企业在人才培养方面进行了积极探索和实践。

在高校教育方面，许多高校开设了与数字化相关的专业和课程，如计算机科学、信息技术、数据科学等专业，培养了一大批专业技术人才。高校还通过与企业合作，开设联合培养项目，使学生在校期间就能接触到实际的项目和技术，增强实践能力。研究生教育也在不断发展，为高层次的技术人才提供了良好的培养环境。

职业培训机构在数字化人才培养中发挥了重要作用。这些机构提供各种技能培训课程，帮助在职人员提升数字化技能，适应新的工作要求。例如，编程培训、数据分析课程、网络安全培训等，都是市场需求量很大的培训项目。通过这些培训，许多在职人员成功转型，成为数字化领域的专业人才。

企业在人才培养方面同样不遗余力。许多企业通过内部培训和发展计划，提升员工的数字化能力。企业内部培训不仅包括技术技能的培训，还包括管理技能和创新思维的培养。企业还与高校和培训机构合作，共同开发定制化的培训项目，确保培训内容能够紧密结合企业的实际需求。此外，一些大型企业还设立了自己的企业大学，系统化、专业化地培养所需人才。

通过高校教育、职业培训和企业内部培训的共同努力，我国数字化转型所需的人才供给不断增加，为各行业的数字化发展提供了坚实的人才保障。然而，面对快速发展的数字化进程，人才供给仍然面临着数量和质量上的挑战。未来，需要在人才培养的深度和广度上进一步拓展，以更好地支持数字化转型的深入推进。

总的来说，我国服务贸易数字化转型相关企业在人力资源管理的总体状况，在部门领域状况方面展现出蓬勃发展的势头。各部门在数字化转型过程中，不仅在技术应用方面取得了显著成果，还在人才需求和培养方面进行了积极探索和实践。通过不断提升人力资源管理水平，各企业正逐步适应和推动服务贸易的数字化转型。

二、管理模式状况

（一）数字化管理工具与技术

在服务贸易的数字化转型过程中，企业管理模式的变革是一个核心环节。数字化管理工具和技术的广泛应用，不仅提升了企业管理的效率和透明度，还改变了传统的人力资源管理模式。当前，许多企业已经引入了先进的数字化管理工具，如人力资源信息系统（HRIS）、在线招聘平台和绩效管理系统等，这些工具在企业管理中发挥着越来越重要的作用。

人力资源信息系统是企业数字化管理的重要组成部分。HRIS 系统能够集成和管理员工的基本信息、考勤记录、薪酬福利、培训发展等多方面的数据，使企业可以实现对人力资源的全面管理和精准分析。通过 HRIS 系统，企业管理者可以实时获取员工信息、进行数据分析、从而做出更加科学和高效的决策。此外，HRIS 系统还能够自动化处理许多烦琐的管理事务，如薪酬计算、绩效评估、假期管理等，极大地减轻了人力资源管理部门的工作负担。

在线招聘平台的应用，是数字化转型背景下企业招聘模式的重要变化。传统的招聘模式往往耗时长、成本高、效率低，而在线招聘平台通过互联网技术，使企业可以快速发布招聘信息、筛选简历、安排面试等。在线招聘平台不仅提高了招聘效率，还扩大了企业的招聘范围，使企业能够更广泛地吸引和发现优秀人才。一些平台还引入了人工智能技术，通过对求职者简历和招聘需求的智能匹配，提高招聘的精准度和成功率。

绩效管理系统是企业数字化管理的重要工具之一。传统的绩效管理往往存在评估周期长、主观性强、透明度低等问题，而数字化绩效管理系统通过实时数据的采集和分析，实现了绩效管理的透明化和科学化。通过绩效管理系统，企业可以设定明确的绩效目标，实时监控员工的工作进展，及时给予反馈和指导，从而有效提升员工的工作效率和绩效水平。绩效管理系统还可以与薪酬管理、培训发展等模块集成，形成一个完整的绩效管理闭环。

此外，随着技术的发展，人工智能、大数据和区块链等新兴技术在企业管理中的应用也越来越广泛。人工智能技术通过对海量数据的分析和学习，可以为企业提供智能化的决策支持。例如，人工智能可以通过分析员工的工作表现、行为习惯等数据，预测员工的离职倾向，为企业的人才保留策略提供参考。大数据技术的应用，使企业能够对各类管理数据进行深入挖掘和分析，发现潜在的问题和机会，从而优化管理策略。区块链技术在数据安全和透明性方面具有独特的优势，通过区块链技术，企业可以确保管理数据的真实性和不可篡改，提升管理的公信力和透明度。

（二）远程办公与灵活用工

数字化转型背景下，远程办公和灵活用工的普及，成为企业管理模式的重要变化之一。随着互联网和信息技术的发展，尤其是在新冠疫情的推动下，远程办公逐渐成为一种常态工作模式，企业在管理模式上也进行了相应的调整，以适应这一变化。

远程办公打破了时间和空间的限制，使员工可以在任何地点、任何时间进行工作。这种工作模式不仅提高了员工的工作灵活性，还减少了通勤时间和成本，提高了工作效率。对于企业来说，远程办公减少了对办公场地的需求，降低了运营成本，同时扩大了人才的招聘范围，使企业能够吸引到更多优秀的人才。然而，远程办公模式下，企业在员工管理、沟通协调、绩效评估等方面也面临着新的挑战。

在员工管理方面，远程办公要求企业建立起一套有效的管理机制。企业需要通过数字化工具实现对员工的远程管理，例如，通过在线协作平台进行项目管理和任务分配，通过视频会议系统进行团队沟通和会议，通过即时通信工具进行日常沟通和反馈。这些数字化工具不仅可以提高管理的效率，还可以增强团队的协作和沟通，确保远程办公的顺利进行。

绩效评估是远程办公管理中的一个难点。传统的绩效评估往往依赖于面对面的沟通和观察，而在远程办公模式下，企业需要通过数字化手段进行绩效评估。例如，通过绩效管理系统设定明确的工作目标和衡量标准，实时监控员工的工作进展和成果，定期进行绩效评估和反馈。此外，企业还可以通过数据分析，评估员工的工作效率和表现，为绩效管理提供科学依据。

在远程办公模式下，企业文化的建设同样面临挑战。由于员工不在同一个物理空间内工作，企业文化的传递和维护变得更加困难。为此，企业需要通过多种渠道和方式，增强员工的归属感和认同感。例如，企业可以通过定期的在线团队建设活动，增进员工之间的了解和信任；通过在线培训和学习平台，提升员工的专业能力和职业素养；通过内部沟通平台，及时传递企业的核心价值观和文化理念。

灵活用工是数字化转型背景下企业用工模式的另一重要变化。灵活用工包括兼职、项目制、自由职业等多种形式，为企业和员工提供了更大的用工灵活性。对于企业来说，灵活用工可以根据业务需求，灵活调整用工数量和结构，降低人力成本，提高用工效率。对于员工来说，灵活用工提供了更多的选择和自由，使员工可以根据自己的需求和兴趣，选择适合的工作方式。

在灵活用工模式下，企业在用工管理方面也需要进行相应的调整。首先，企业需要建立起一套完善的用工管理制度，明确灵活用工的流程和规范，保障员工的合法权益。其次，企业需要通过数字化工具，实现对灵活用工人员的管理和监控，例如，通过项目管理平台进行任务分配和进度跟踪，通过在线支付系统进行薪酬结算等。最后，企业还需要加强与灵活用工人员的沟通和协作，增强团队的凝聚力和协同效应，确保灵活用工模式下的工作质量和效率。

（三）企业文化与员工参与

在服务贸易数字化转型的过程中，企业文化的建设和员工参与度的提升，是企业管理模式变革的重要内容。数字化技术不仅改变了企业的运营方式，还对企业文化和员工参与度产生了深远的影响。

企业文化是企业核心价值观和行为规范的体现，是企业发展的精神动力。在数字化转型过程中，企业文化的传递和维护显得尤为重要。数字化技术为企业文化的建设提供了新的手段和途径。例如，通过内部沟通平台，企业可以及时传递企业的核心价值观和文化理念，使员工在工作中始终保持对企业文化的认同和践行。此外，通过在线培训和学习平台，企业可以对员工进行文化培训，增强员工对企业文化的理解和认同。

员工参与度是企业管理中的一个重要指标，直接影响到员工的工作积极性和企业的整体绩效。数字化技术为提升员工参与度提供了新的可能性。通过内部社交平台和在线沟通工具，企业可以增强员工之间的互动和沟通，促进团队协作和信息共享。例如，企业可以通过在线讨论区、员工论坛等方式，鼓励员工发表意见和建议，参与企业的决策和管理，增强员工的参与感和责任感。

在数字化转型的过程中，企业还可以通过数据分析，了解员工的需求和偏好，为提升员工参与度提供科学依据。例如，通过对员工工作表现、行为习惯等数据的分析，企业可以发现员工在工作中的痛点和需求，及时采取措施进行改进。通过员工满意度调查和反馈系统，企业可以了解员工对工作的满意度和期望，调整管理策略，提升员工的工作体验和参与度。

此外，数字化技术还可以为员工提供更多的发展机会和成长空间。例如，通过在线培训平台，员工可以自主选择学习内容，提升专业能力和职业素养。通过内部人才管理系统，企业可以为员工制定个性化的发展计划，提供多样的职业发展规划。

三、地区发展状况

（一）区域差异与发展特点

我国服务贸易数字化转型在不同地区的发展存在明显的区域差异。这种差异主要体现在政策支持、基础设施建设、人才资源和经济发展水平等方面。发达地区如北京、上海、深圳等在数字化转型中表现出明显的优势，而中西部地区则相对滞后。

以北京、上海、深圳为代表的一线城市，在数字化转型方面表现尤为突出。北京作为国家政治、文化中心，拥有众多科研院所和高等院校，是人才和技术创新的重要基地。上海则凭借其国际化大都市的地位，吸引了大量外资企业和金融服务机构，其人力资源数字化管理走在全国前列。深圳，作为改革开放的窗口，其高新技术产业发展迅速，尤其在信息技术、互联网企业方面，人力资源管理数字化程度较高。以 2023 年数据为例，2023 年全市实现数字经济增加值 18 766.7 亿元，同比增 8.5%，占地区生产总值的比重为 42.9%，较上年提高 1.3 个百分点。① 而深圳在数字经济领域的专利申请量和授权量连续多年位居全国前列。

相比之下，中西部地区在服务贸易数字化转型中则面临更多的挑战。这些地区的经济基础相对薄弱，科技基础设施和人才资源不足，导致数字化转型进程缓慢。然而，随着国家政策的倾斜和支持，中西部地区也在加快数字化转型步伐。例如，成都、重庆等城市通过引进高科技企业和人才，加强基础设施建设，逐步缩小与东部地区的差距。

（二）人才流动与区域吸引力

服务贸易数字化转型的推进，极大地推动了人才的流动和区域吸引力的变化。高端数字化人才的聚集，是各地区数字化转型成功的重要保障。据统计，2020—2023 届高校毕业生中有 11.68% 在数字经济相关行业就业创业，这表明每 10 名高校毕业生中约有 1 人在数字经济领域就业或创业。② 因此，各地政府和企业采取了一系列措施，吸引和留住人才。

东部发达地区如北京、上海、深圳，通过提供优厚的薪资待遇、良好的工作环境和丰富的发展机会，吸引了大量高端数字化人才。北京的中关村、上海的张江高科技园区和深圳的南山科技园，成为数字化人才的聚集

---

① 陈雪柠. 2023 年数字经济比重升至 42.9% ［EB/OL］.［2024-07-11］. https://www.beijing. gov.cn/gongkai/shuju/sjjd/202401/t20240125_3544683.html.

② 刘海滨，常青. 数字经济赋能高校毕业生充分高质量就业的现状、趋势与挑战：基于 4 万名大学生的调查［J］. 中国大学生就业，2023（6）：10-17.

地。这些地区不仅拥有完善的科技基础设施和丰富的职业发展机会，还提供了良好的生活环境和公共服务，极大地增强了对人才的吸引力。

为了应对人才竞争，中西部地区也在努力提升自身的吸引力。许多城市通过提供住房补贴、人才引进奖励等措施，吸引高端数字化人才的到来。例如，成都提出了"人才新政"，通过提供优质的公共服务和生活环境，吸引了大量年轻人才定居和发展。重庆则通过加强与高校和科研机构的合作，培养和引进本地数字化人才，为服务贸易数字化转型提供人才支持。

此外，人才的区域流动也呈现出新的趋势。随着远程办公和灵活用工模式的普及，高端数字化人才不再局限于某一特定区域，他们可以选择在生活质量更高、生活成本更低的地区工作和生活。这种人才流动的灵活性，为中西部地区吸引高端人才提供了新的机遇。

（三）区域合作与资源共享

在服务贸易数字化转型的过程中，区域间的合作与资源共享显得尤为重要。通过区域间的合作，企业可以实现资源的优化配置，提升整体竞争力。

首先，区域间的技术合作和共享是推动数字化转型的重要方式。例如，东部发达地区的科技企业通过与中西部地区的合作，推动了技术的扩散和应用。北京的科技公司通过技术输出和项目合作，帮助中西部地区的企业实现数字化升级。上海的金融机构通过设立分支机构和合作伙伴，推广先进的金融科技解决方案。

其次，区域间的人才交流与培训也是重要的合作内容。东部地区的高校和科研机构通过设立分校区和合作研究中心，推动中西部地区的人才培养。例如，北京大学、清华大学在中西部地区设立分校，开展联合培养项目，为中西部地区输送高端数字化人才。同时，企业通过人才交流和轮岗培训，提升员工的技能和视野，促进区域间的经验分享和互补。

最后，区域间的政策协调和资源共享也是推动数字化转型的重要保障。国家通过制定区域协调发展战略，推动东部发达地区与中西部地区的合作与互补。各地区政府通过签订合作协议，共享政策资源和发展经验，共同推动数字化转型。例如，长三角区域通过建立区域合作机制，推动区域内的技术、人才和资源的共享，实现了整体竞争力的提升。

第三节　相关企业人力资源管理的创新实践

一、企业人力资源管理创新实践

服务贸易相关企业在人力资源管理方面的数字化转型，通过引入先进技术和创新管理模式来实现。例如，一些企业通过建立人力资源共享服务中心（HRSSC），推动了人力资源运营服务的数字化，这不仅提升了员工体验和满意度，还通过规范和优化流程，为人力资源信息化和数字化打下了坚实基础。此外，HRSSC通过统一和规范数据，助力于业务分析和洞察，使企业能够更深刻地了解员工行为，助力业务决策。也有一些企业自主研发管理平台，创新性地管理人力资源。

首先，随着大数据和人工智能技术的广泛应用，企业能够更加精准地识别和选拔人才。阿里巴巴集团在这方面的实践较为突出。它们利用智能算法对简历进行筛选，大大提高了招聘流程的效率和准确性。此外，阿里巴巴的"淘宝大学"为员工提供了丰富的在线学习资源和职业发展机会，这不仅帮助员工提升个人能力，也为企业培养了一支高素质的人才队伍。腾讯公司也在这方面做出了创新。它们通过"腾讯学院"提供线上线下相结合的培训课程，不仅提升了员工的专业技能和知识水平，还通过灵活的工作制度，如弹性工作时间和远程工作选项，提高了员工的工作满意度和生活质量。这种"以人为本"的管理理念，有效地激发了员工的工作热情和创造力。华为公司则通过内部人才管理系统，实现了人才的精准培养和合理流动。它们利用先进的信息技术，对员工的绩效和潜力进行全面评估，确保人才能够得到最合适的发展机会和岗位安排。这种以数据为驱动的人才管理策略，为企业的长远发展提供了坚实的人才保障。

其次，智能绩效管理是另一个在人力资源管理中越来越受到重视的领域。这种系统能够实时跟踪员工的表现和贡献，并提供及时的反馈和建议。字节跳动公司在这方面的实践值得关注。它们利用人工智能技术进行员工绩效评估和反馈，不仅提高了管理效率，还帮助员工明确了自己的工作目标和发展方向。百度公司通过"百度人才发展计划"，培养员工的创新能力和技术技能，并通过智能薪酬管理系统确保薪酬的公平性和透明度。这种以员工能力提升为核心的绩效管理方式，有效地激发了员工的创新精神和工作动力。蚂蚁金服则通过智能薪酬管理系统，实现了薪酬的自动化计算和发放。它们利用数据分析工具预测员工流动率和需求，提前做出应对策略。这种以数据为基础的绩效管理方法，不仅提高了管理的透明度和科学性，还增强了员工的积极性和忠诚度。

最后，随着市场的变化和项目的需求，灵活用工模式已经成为许多企业应对市场变化的重要策略。京东公司采用机器人和自动化技术，优化了招聘流程和员工管理。它们通过京东大学提供员工在线学习资源和职业发展路径，帮助员工提升个人能力，实现自我价值。网易公司推出了"网易云课堂"，为员工提供了在线学习资源和职业发展路径，并实施了灵活的工作制度，如弹性工作时间和远程工作选项。这种灵活的工作模式，不仅满足了员工对工作生活平衡的需求，也提高了员工的工作满意度和忠诚度。滴滴出行则通过移动应用和数据分析工具，优化了司机的招聘和管理流程。它们利用大数据分析预测司机的需求和工作模式，提高运营效率。这种以市场需求为导向的用工模式，有效地提升了企业的服务能力和市场竞争力。天虹数科商业股份有限公司自主研发的"小活"智能用工平台（App）创新性地解决了多业态连锁零售企业面临的员工多、岗位多、排班难的问题。该平台采用类似滴滴打车的抢单模式，不仅降低了人工成本，还为员工提供了额外的工作机会，增加了他们的收入。目前，"小活"不仅服务于天虹内部，也已向社会开放，吸引了约4万名员工在平台上接单工作。

二、人力外包与咨询企业的创新实践

（一）人力外包企业的数字化创新实践

在中国，人力资源外包企业发挥着越来越重要的作用，它们通过提供专业化的服务帮助客户公司优化人力资源管理，降低运营成本，提升企业竞争力。中国有多家知名的人力资源外包企业，它们提供包括但不限于招聘、培训、薪酬福利管理、劳务派遣等一系列服务。

首先，在数字化时代，人力资源外包服务公司普遍采用先进的技术来驱动服务创新。这些企业通过集成人工智能、大数据分析和云计算等技术，提供个性化和高效的人力资源解决方案。例如，人瑞人才依靠技术驱动的人力资源服务能力，构建了与企业数字化战略紧密结合的人才管理服务。它们坚持以效果为导向的服务模式，通过强执行力的组织体系与专业团队，为客户提供满意的、适应数字化需求的人力资源一体化服务。万宝盛华作为全球人力资源解决方案领导者的之一，利用其全球网络和深厚的行业经验，结合现代技术，提供灵活用工、人才寻猎、招聘流程外包、管理咨询及培训发展等综合解决方案。其服务网络覆盖70余国家和地区，服务企业逾两万家，展现了其在技术驱动服务创新方面的强大能力。前程无忧通过信息技术的应用，形成了覆盖全国的服务网络，提供整合型人事外包服务。他们秉承"以客户需求为尊"的经营理念，凭借庞大的全国服务网络、先进的信息技术，以及对国家人事政策和人才市场的深刻理解，成为中国人事外包服务行业的领跑者。

其次，领先的人力资源外包企业能够提供从招聘到离职全链条的人力资源服务。这些服务通常包括但不限于人才招聘、培训发展、薪酬福利管理、员工关系以及合规性咨询等。FESCO作为中国人力资源外包行业的先驱，提供全面的人力资源服务，涵盖人力资源规划到员工离职的各个环节。它们通过专业的服务和广泛的网络，帮助企业解决人力资源管理中的各种问题。上海外服通过与外资企业的合作案例，展示了其在人力资源全链条服务方面的能力。它们不仅提供传统的人力资源服务，还通过创新的方式，如在线招聘和人才测评，帮助企业提升人力资源管理的效率和效果。

最后，人力资源外包服务公司普遍提供灵活用工解决方案，以满足不同企业在不同阶段的用工需求。此外，这些企业还通过多元化的服务模式，如事务处理外包、咨询服务外包和业务流程外包等，来适应市场的变化和客户的个性化需求。万宝盛华通过灵活用工、招聘流程外包等多种服务模式，帮助企业优化人力资源配置。它们的战略联盟和本土化布局，使得他们能够更好地理解和满足中国市场的需求。美团通过人力资源外包公司签约骑手，采用灵活用工模式来应对市场变化和业务需求。这种模式不仅降低了企业的运营成本，还提高了企业的灵活性和响应速度。通过这种方式，美团能够更有效地管理其庞大的骑手队伍，确保服务质量和效率。

前程无忧和人瑞人才等也通过灵活用工和多元化服务模式，为客户提供定制化的人力资源解决方案。它们通过深入了解客户的业务需求和市场变化，提供个性化的服务方案，帮助企业提升人力资源管理的效率和效果。

(二) 咨询企业的数字化创新实践

在中国，众多咨询企业在各自的领域内提供专业服务，其中包括管理咨询、工程咨询、人力资源服务等多种形式。咨询公司通过提供高质量的服务，帮助客户应对复杂多变的商业环境，实现持续增长和优化管理。随着中国经济的快速发展和市场环境的不断变化，这些咨询企业将继续发挥重要作用，支持客户的创新和发展。

首先，中国咨询企业正越来越多地利用大数据和人工智能技术来提供决策支持服务。这些企业通过深入分析行业数据，揭示市场趋势和业务洞察，帮助客户做出基于数据的精准决策。例如，零点有数公司依托其超能数字交互平台，提供数据智能分析服务，覆盖战略管理、市场研究等多个领域。和君咨询则结合投资银行的专业能力，为客户提供资本运作和财务金融方面的数据分析和决策支持，展现了数据驱动决策服务的强大能力。

其次，在数字化转型的过程中，中国咨询企业积极开发和应用各种数字化工具和平台，以提高服务质量和工作效率。这些工具和平台包括客户关系管理系统、项目管理工具、在线协作平台等，它们极大地提升了咨询项目的交付能力和客户体验。北大纵横公司开发了服务于多个行业的专业管理咨询平台，通过数字化手段提供定制化咨询服务。华夏基石则利用数字化平台进行组织变革和文化重塑的咨询服务，帮助企业实现战略转型，这些实践表明了数字化工具和平台在咨询行业中的广泛应用和深远影响。

最后，技术进步推动了中国咨询企业服务模式的创新。企业开始提供更加智能化的服务，并针对不同客户的具体需求，提供个性化的解决方案。这些服务可能涉及智能诊断、自动化报告生成、个性化策略建议等。正略钧策通过其专业化的咨询团队，结合数字化工具，为客户提供个性化的战略和人力资源解决方案。中大咨询在提供传统咨询服务的同时，注重利用智能化技术，如算法模型，为客户提供创新的咨询服务体验。

三、服务平台企业的创新实践

在全球化竞争不断加剧的当下，培育和增强新型生产能力成了企业面对外部压力、促进自我革新的关键策略。推动企业向更高层次发展的驱动力，正是以数字化和智能化为核心的转型。

首先，中国服务平台企业正致力于推动产业的数智化转型。这些企业利用大数据、人工智能、云计算等先进技术，为传统产业提供全面的数智化解决方案，帮助它们优化业务流程、提高运营效率、降低成本，并实现创新发展。阿里巴巴集团在这方面做出了积极的努力。通过投资汇通达网络股份有限公司，阿里巴巴为下沉市场零售行业企业提供了一站式 SaaS+ 服务及商家解决方案。这些服务不仅提升了合作企业的服务质量，扩大了服务范围，还帮助了超过 500 个乡镇、2.7 万家付费门店 SaaS+用户实现数字化升级，推动了农产品的数字化转型，为城乡共同繁荣做出了贡献。

其次，中国服务平台企业还通过投资研发，推动了包括人工智能、无人驾驶、芯片技术等在内的创新技术的发展和应用。这些企业不仅加强了自身的技术实力，也为整个社会的技术进步做出了贡献。腾讯就是一个典型的例子。它持续投资支持上海燧原科技有限公司，加强了人工智能领域云端算力平台产品和服务等核心业务的发展，促进了国产高性能人工智能芯片的研发和商业化落地。美团也在技术创新方面做出了显著的贡献。它投资研发了无人配送车，这些车辆在障碍物预测模型算法等方面的技术指标已达到国际领先水平。在抗击新冠疫情期间，无人配送车已应用于封控区配送医疗物品和为独居老人配送生活物资，体现了科技改变生活的实际应用。小米集团则通过小米战投等投资主体，在先进制造、企业服务、半导体、汽车交通、医疗健康等多个领域进行了广泛投资，推动了相关产业的数字化和智能化发展。

最后，中国服务平台企业通过构建开放的服务平台生态，促进了企业服务产业的共创和发展。用友 BIP，即用友商业创新平台（yonyou business innovation platform），是用友网络科技股份有限公司在企业服务领域推出的一款旗舰级产品。它是一个深度融合云计算、大数据、人工智能、物联网和区块链等前沿技术的智能化平台，致力于推动企业数智化转型，加速企业创新与发展的步伐。它通过提供全面的云服务，涵盖了企业资源规划（ERP）、人力资源管理（HRM）、供应链管理（SCM）、客户关系管理（CRM）等多个方面，帮助企业实现从前端市场到后端管理的全面数字化。用友 BIP 的核心优势在于其平台化的特性。它不仅自身集成了丰富的应用和服务，还构建了一个开放的生态系统，支持第三方开发者和合作伙伴快速地开发和部署新的应用。例如，在人力资源管理领域，用友 BIP 展现出其强大的功能和应用潜力，为现代企业的人力资源管理提供了全面的数字化解决方案。用友 BIP 通过提供一个全面集成的解决方案，覆盖了从招聘、员工入职、绩效管理、薪酬福利、培训发展到人才规划等各个环节。

第十章

加强我国数字贸易服务数字化转型人才支持的相关思考与建议

第一节　促进数字人才培养与流动的思路

一、我国服务贸易数字化转型下数字人才培养与流动的重要性

（一）我国服务贸易数字化转型下数字人才培养的重要性

在数字时代，各种数字技术的出现运用极大地推动了各国经济的发展，数字信息资源的重要性日渐凸显。数字技术的进步、创新、运用对一个国家各领域的发展越来越重要，极大影响着各国的综合国力和国际竞争力。

云计算、大数据等数字技术持续与我国经济各领域深度融合，相关创新成果不断为我国经济发展注入新动力，相应影响范围不断扩大。党的十八大以来，党和政府极为重视数字经济的发展建设，并制定实行了相应的布局战略、发展规划。数字服务贸易作为数字经济的一部分，在新一轮的科技革命和产业变革中发挥着重要作用，推动着我国新发展格局、现代化经济体系的构建，助力我国国际经济贸易竞争形成的新优势。我国正在进行服务贸易数字化转型，不断引导传统服务贸易数字化，同时积极开拓数字服务贸易新领域。

近年来，我国的服务贸易发展态势良好，数字服务贸易总额增长，数字服务贸易继续保持顺差，国际竞争力不断增强，在数字产业化和产业数字化的发展趋势下，我国的数字服务贸易在生产、供给、流通、交易等方面有效推动了数字经济的整体增长。数字技术与贸易融合发展是当前经济全球化的一大趋势，国际经济贸易业态与规则正不断重构，我国需要对此积极进行服务贸易数字化转型，从而适应新的形势，与各国共同构建国际经贸的新体系。[①]

---

① 2023 年服贸会新观察：全球服务贸易数字化跑出"加速度"[EB/OL]. 人民网，（2023-09-03）[2024-12-12]. https://baijiahao.baidu.com/s?id=1775997931419281085&wfr=spider&for=pc.

我国的数字服务贸易发展在现阶段虽取得了优秀的成绩，但仍存在各种不足。例如，我国在全球数字服务贸易体系中的地位较低，相关数字基础设施建设有待进一步完善，数字服务贸易结构仍有较大优化空间等。数字服务贸易的进一步发展离不开相关数字人才的支持，我国当前数字服务贸易相关人才的供给存在着空缺，从整个数字经济的角度来看，我国数字人才总体缺口在 2 500 万~3 000 万人，且缺口在不断放大，人才紧缺的情况预计会持续三到五年。包括数字服务贸易在内的各行业对数字人才的需求无法得到满足，人才短缺已然成了制约数字服务贸易发展的重要因素。[①]为应对服务贸易等各行业数字人才不足的情况，人力资源社会保障部等九部门印发《加快数字人才培育支撑数字经济发展行动方案（2024—2026年)》，计划用 3 年左右时间，扎实开展数字人才育、引、留、用等专项行动，增加数字人才有效供给。

在应对我国服务贸易数字化转型人才不足的方法手段中，对相关人才的培养可以为各行业提供源源不断的人才，并根据经济贸易的发展不断进行调整，以满足各行业的现实需求，在根本上保证数字服务贸易的持续发展，所以数字人才的培养对我国服务贸易数字化转型至关重要。

（二）我国服务贸易数字化转型下数字人才流动的重要性

从数字服务贸易的实践来看，我国服务贸易数字化转型的过程囊括传统服务业和现代服务业的多个领域，涉及全国各个地区，在我国经济发展的过程中，各地政府数字服务贸易的相关政策、数字服务贸易各行业的业态、不同数字服务贸易企业的运营模式等必然会不断进行调整，这些因素都会导致一个地区对数字人才类型、数量的需求发生改变，因此人才的流动对于我国数字服务贸易各行业的发展是必不可少的。

从人才自身的角度来看，数字人才在就业上，除了要考虑工作与自身专长领域契合度、薪资、工作时间、休假等直接相关因素外，也需要去关注工作地区的租房购房、家属就业、看病就医、子女入学等问题。在市场经济环境中，数字服务贸易人才可能会需要经过多次调整才能和适合自己的岗位匹配，因此人才流动对数字人才自身也具有重要意义。从人才流动

---

① 缺口超两千万 九部门力促数字人才培育 [N]. 经济参考报，2024-04-18 (002).

这一现象上来看，数字服务贸易人才的流动是经济社会的正常现象，助推着服务贸易数字化的转型、发展，例如，通过流动，优秀的数字人才可以会聚到数字产业园等地区，产生人才聚集效应，各尽其能地解决好经营、生产、物流等国内外贸易涉及的各个领域，带动数字服务贸易的发展。从推动服务贸易数字化转型上看，我国各地区要想着力发展数字服务贸易，人才引进是一定要解决好的问题，人才的引进既包括国内不同地区的人才流动，也包括人才的跨国引入，特别是为了助力对外数字服务贸易，让RCEP等国际框架内的经贸活动水平不断增效，我国也需要引进各国的优秀数字服务贸易人才，来更有效地消除国际数字服务贸易中的各种贸易与非贸易壁垒。为了帮助我国数字人才的进一步成长，我国的政府、企业也需要组织出国培训学习，让数字人才与各国同行交流，了解先进经验和模式。在人才培养本身上，数字服务贸易企业与相关数字人才培育的高校机构亦需要相应的人才流动，以促进生产和教学的相互联动。所以总的来说，推动人才及时、有效的流动，对于我国服务贸易数字化转型必不可少。

二、我国服务贸易数字化转型下数字人才培养的建议

面对我国服务贸易及其数字化转型的现状，我们可以从政府、企业、高校、个人等角度发现改进空间，并有针对性地提出可能对服务贸易数字化转型及高质量发展有帮助作用的人才培养建议。

从宏观的角度，政府可以通过政策、计划对培养主体的人才培养进行指导引领，鼓励服务行业企业、高校、培训机构等单位进行数字服务贸易人才培养探索，例如以满足数字服务贸易具体需求为目的，推动高校相关专业的设立、推进产教融合等。同时，政府可以用政策为已有数字人才的技能提升创造条件，为其出国交流、到高校进一步深造提供适当便利；坚持引导人才培养的各方持续将服务贸易数字人才的培养与行业、企业转型发展的实际需求结合，开发、完善国家相关职业标准、课程教材等；鼓励支持海外高水平数字人才到中国发展、创业，吸引组织海外留学数字人才回国发展；持续完善相关制度体系，通过合理的政策，不断推进相关交叉学科人才培养，深化产学融合；完善数字服务贸易相关的分配政策，建立激励相关数字人才的工资、奖励政策，将高水平数字人才纳入地方专家智

库，支持有条件的地区在落户、就医等方面给予数字人才一定的便利；用制度引导相关的地区、企业参与到服务贸易数字化的转型建设。

从微观的角度、企业层面上，企业应在业务实践中，着力进一步培养数字服务贸易工程技术人员，针对自身业务，考虑数字化发展的可能。围绕服务贸易数字化涉及的大数据、线上咨询、线上服务等领域，进行技术创新，通过数据赋能，推出更适应国内外市场的数字服务，在开拓市场的同时，让数字人才在工作实践中不断提升。在人才入职培训流程上，不断推进服务贸易数字人才培养流程的规范化、标准化，并可适当探索相关专业等级证书的设立、推行。高校层面上，高校应充分关注数字服务贸易的业态，主动跟进相关数字人才培养趋势，制定贴近我国服务贸易数字转型需要的培养课程。同时，高校、学院可以充分利用自身学术交流机构的作用，进行国际数字服务贸易人才交流，为人才培养的进一步深化提供支持。此外，各高校可以促进产教融合，带动企业和校园间的交流往来，通过联合建立实训基地等措施，提高人才培养成效。个人层面上，人才培养过程中的相关人员应树立正确的数字思维，对数字时代的内涵、意义持续进行思考，同时牢固掌握数字服务贸易领域的知识理论；积极了解数字服务贸易业界的动向，关注数字与服务融合的趋势、成果；培养自身的创新思维，在了解我国数字服务贸易的基础上，多思考下一步的创新发展方向；利用各种机会，参加数字服务贸易实训、在相关行业中实习、到国外交流学习等，不断提高自己，将自己打造成时代需要的数字贸易人才。

三、我国服务贸易数字化转型下促进数字人才流动的思路

在我国服务贸易正不断进行数字化转型的背景下，不同地区的国内、国际服务贸易需要进行包括数字化转型在内的产业规模、业态、布局等方面的重构调整，人才作为劳动力的一部分，是重要的生产要素，必然会随相关产业不断调整、发展而不断流动。

数字服务贸易人才的充分流动有利于发挥我国市场经济对资源配置的决定性作用，从而助力服务贸易各行业的发展，推动我国服务贸易数字化转型。在我国经济转向高质量发展，全球经济发展复苏缓慢，诸多不确定性仍然存在的情况下，主动用各类措施来促进相关数字人才的流动，能够对我国经济、贸易起到积极促进作用。

目前看来，数字服务贸易企业的分布有着明显的地域集中现象，这其中有各种因素的作用：第一，数字经济与实体经济相辅相成，互为一体，数字服务贸易与实物经贸活动联系密切，很大程度上具体的经贸活动催生了对数字服务贸易的需求。因此，为了保证业务的效率，数字服务贸易企业会尽量避免和自己的主要客户群体存在较远的位置距离。第二，数字服务贸易企业为客户提供服务产品的过程中一定也要和现实世界的各种机构进行业务事项的处理，这些和服务贸易企业相关联的机构、部门，也极大影响着数字服务贸易企业的位置分布。第三，数字服务贸易企业也会出现产业集聚现象，相关的企业群共同创造市场交易条件、信息条件，最终甚至在一个地区形成完整的产业链，实现开拓市场，降低运营成本的目的。

以 RCEP 为例，该协定涉及了市场开放、原产地规则、贸易便利化、技术标准等内容，企业在正确运用 RCEP 政策实现外贸上面临着较高的门槛，进而产生了对数字服务贸易的需求，也因为如此，RCEP 关联的数字服务贸易企业更多出现在着重利用 RCEP 规则进行跨境经贸活动的保税区、自贸试验区以及对外经贸活动较为频繁的重要城市，这些地区也是我国服务贸易数字化转型过程中，数字人才的重要流动去向。2024 年 6 月，天津市、海南省、河北省、四川省等多个地区都建立了帮助企业利用 RCEP 政策的专门服务中心，进行数字服务贸易的相关建设。云南省昆明市就有由自由象文化科技创新创业平台牵头、阿尔赛普公司投资、嘉里大通云南分公司等企业作为战略合作伙伴入局的 RCEP 创新服务中心，该中心利用数字技术以 RCEP 供应链为基础，为 RCEP 成员国的进出口企业提供 RCEP 协定解读、AEO 认证企业孵化和培训、关务合规、检验检疫、供应链管理、跨境物流、金融服务、技术服务、孵化服务等多项全资源、全要素的创新服务。[1]

由数字服务贸易企业的集聚一定会吸引相应的人才，相关领域数字人才的流动将会密切围绕数字服务贸易活动频繁和增长潜力巨大的地区进行，因此促进数字人才流动可以有以下几点思路：建立促进人才流动的政策体系，政策不仅促进数字人才的流动，还可以用具体的政策差异让人才

---

[1] 自贸试验区昆明片区"双创"平台发起筹建 RCEP 创新服务中心 [EB/OL]. (2022-06-25) [2024-12-12]. https://baijiahao.baidu.com/s?id=1736596661856328118&wfr=spider&for=pc.

流动到需要的地方，国家可以统筹协调，让各地政府出台相关的人才引进政策，在奖金、住房、医疗等方面给予数字人才适当的优待；建立人才评价体系，针对各数字服务贸易领域，政府可以与行业合作，共同制定受认可度高的人才评价体系，用等级评价较直接地体现数字人才的能力水平，从而减少企业与人才间的信息不对称，简化企业雇佣人才需要进行的考核流程，推动人才的流动；在相关领域发展潜力巨大的地区进行基础设施建设，数字服务贸易发展潜力巨大但发展水平较低的地区可能要花费很长时间才能搭建起繁荣的数字服务贸易业态，无法及时吸纳发展需要的数字人才，促进数字人才的流动，这些地区可以通过政府、企业等各方合作，投资建设数字产业园等，加速服务贸易数字化的转型；搭建满足数字化转型的人才治理体系，合理的人才治理体系，是数字人才有效流动的重要前提条件，当前我国服务贸易数字化转型受制于相应数字人才数量不足、数字人才掌握知识经验与实际业务活动差异较大等因素，针对这些现状，应深化政府、市场、企业、高校的协同合作，创新实践中发现人才、创新活动中培育人才、创新事业中凝聚人才，为数字服务贸易领域提供更多的，知识经验与业务更贴近的优秀人才。

第二节　促进数字人才支持与高质量发展

一、我国服务贸易数字化转型人才支持的必要性与重要性

（一）我国服务贸易数字化转型人才支持的必要性

在新时代全面建设社会主义现代化国家的道路上，高质量的发展是首要任务，高质量发展根本在于经济的活力、创新力和竞争力。而贸易是经济的重要组成部分，服务贸易则是推动贸易增长的重要力量。要不断解放和发展社会生产力、激发和增强社会活力，必须坚持统筹推进深层次改革和高水平开放，加快培育外贸新动能，巩固外贸外资基本盘，推动服务贸易的进一步高质量发展。服务贸易的进一步提升则与我国数字经济、数字贸易的发展密不可分：通过数字化转型，服务贸易能实现规模扩大、结构

优化，赋能贸易全链条，引领构建各行业贸易新业态，提升服务贸易的总体水平，推进贸易治理体系的提升。

服务贸易数字化转型，涉及政府、企业、服务产业、相应高校等各方，这些机构组织要发挥作用，都离不开相应人才的支持。政府的各项举措，如提出数字经济发展规划、引导数字经济与实体经济深度融合、打造国际先进水平的数字产业集群等，都需要数字人才的参与；企业开发新数字服务产品、将原有服务业务数字化、对数字服务贸易现状进行分析也离不开数字人才；数字服务贸易各领域产业的运转发展需要数字人才的参与，数字人才的流动也推动数字服务贸易各领域的规模调整；相关的高校既需要针对我国发展的现状，结合实际培养数字人才，也需要数字人才在教学、课程设置、校企合作等方面给予指导、帮助。

数字人才是数字经济发展的核心驱动要素，随着数字产业化和产业数字化的发展，包括数字服务贸易在内的各领域对数字化人才资源的需求出现了明显增长。我国在包括数字服务贸易在内的数字经济发展上，面临着数字人才供给不足的情况，这一问题在客观上给我国的服务贸易数字化转型造成了一定的制约。

没有相应的数字人才支持，数字化的服务贸易平台无法搭建，现有的服务产品无法进行数字化改造，专门的数字服务产品研发更是无从谈起，数字化转型带来的规模、结构优化无法真正落实，更不能满足我国高质量发展的需要。同时，服务贸易的数字化需要专门的复合型数字人才，以RCEP的服务贸易为例，数字人才既需要掌握专业技术知识、数字思维能力，还要对RECP的规则框架、服务产品的特点乃至RECP成员国的文化差异等方面有深入了解，如此一来才能将数字与服务贸易深度融合，推出满足市场需求的产品，而数字或服务贸易方面的非服务贸易人才并不能真正满足我国服务贸易数字化转型的需求，因此对于数字服务贸易的进一步发展，专门数字人才的支持是极其必要的。

（二）我国服务贸易数字化转型人才支持的重要性

目前全球经济增长放缓趋势依然没有根本性改变，下行空间依然存在，贸易保护主义、地缘政治紧张局势、欧美国家选举周期等因素，为各国的经济发展带来了较大不确定性。在这样的国际环境下，以人工智能、新一代信息技术、生物技术为特征的新一轮科技革命和产业变革在持续深化，为世界经济增长注入了宝贵的新动能，我国需要抓住科技革命、产业变革的机遇，加快实现高水平科技自立自强，以新的技术催生新产业、新模式、新动能，推动新时代社会主义现代化国家的建设。

数字服务贸易是新产业、新模式、新动能的重要内容，进行服务贸易数字化转型建设是发展新质生产力的具体体现，能有效助力我国的高质量发展。而在服务贸易数字化转型的过程中，人才是相关产业领域发展的第一资源，数字人才的知识理论积累、数字思维和技能、数字创新能力等各方面的素质，极大地影响着我国的服务贸易数字化建设，对服务贸易数字化转型的成效至关重要。

高质量的发展，需要高水平的人才，优秀的数字服务贸易人才，对我国所处的发展时代有着深入的认识，能够利用自己充实的知识理论和丰富的实践经验，在顺应国家发展趋势，利用好国家政策的基础上，有力发挥主观能动性，通过对业务、产品的创新，推动我国服务贸易的数字化转型。

服务贸易数字化转型有了高水平的数字人才支持，国家的发展战略能得到更好的落实；政府的相关政策规划可以激发出更强的产业活力，构建出更加健康繁荣的产业业态；相应产业会出现更加优秀的企业，能实现更快的发展，在国际上的整体竞争力能更有效地增强；企业可以获得更优质的人力资源，在产品、业务上的创新开拓能力能有效提升。

高水平数字人才支持一旦形成，就可以带动我国服务贸易各个层面的良性循环，发展出了良好业态模式：国家能持续制定规划出符合我国数字服务贸易发展现实的策略；产业会表现出持续的发展活力和潜力，有助于我国数字服务贸易发展抢占先机，进一步打开国际数字服务贸易市场；我国相关数字基础设施建设规划能够进一步优化，数字技术升级改造对服务贸易的赋能效果进一步提升，促进各地区数字服务贸易协调发展；我国数字服务贸易的国际话语权会不断增强，可以更广泛深入地参与相应国际规则的制定，推动数字服务贸易国际格局的转变，更好地表达中国服务贸易企业的诉求，同时在国际贸易保护主义、单边主义抬头的背景下，积极地推动贸易全球化，共商共建开放的国际服务贸易体系；人才培养也会因为有高水平数字人才的助力，在课程、培养方案、校企合作等各方面的设置规划更加合理、贴近生产实际，培养成效能得到显著的提高，推动我国数字服务贸易人才支持水平持续提升。所以，数字人才的支持，对于我国服务贸易数字化转型的意义是至关重要的。

二、我国服务贸易数字化转型人才支持的主客体作用

（一）我国服务贸易数字化转型人才支持的主体作用

政府、高校、企业在我国服务贸易数字化转型的人才培养上发挥着主体作用，面对我国数字经济不断发展变化的业态，三者需要互相协作，不断创新人才培养模式和方案，基于传统服务贸易数字化和数字服务贸易领域开拓的趋势，把握服务贸易数字人才培养的方向，为我国服务贸易数字化转型提供符合时代发展需要的有力人才支持。

1. 政府对服务贸易数字化转型人才支持的作用

在相关人才支持上，政府起着宏观层面的作用，面对我国服务贸易数字化转型的任务，我国政府需要构建起合理的人才治理体系，不断丰富人才治理体系的内容，提升人才治理体系的效能，引导社会各界树立正确的教育发展观、人才成长观、选人用人观，让人才治理体系协调发挥好政府、高校和企业的作用。

政府对服务贸易数字化转型人才支持的影响，通常不是直接作用于相关人才的培养、流动和提升，而是通过间接的作用来调整相应的人才支持效果，具体来看，可以有以下几点：政府能立足国内国际数字服务贸易发展趋势，针对国内，以全局的视野制定人才培养的政策以及相关行动方案等措施，引导传统服务贸易行业进行数字化转型，鼓励新兴数字服务贸易产业进行创新探索，为人才提供充足的岗位；通过各地的政策差异，促进人才向发展数字服务贸易的地区高效流动，让数字服务贸易的人力资源得到更有效的配置，并可以为人才适当提供奖励、优待，使其能更好发挥人才支持作用；可以持续进行数字基础设施覆盖工程，着力推进各地区数字基建协调发展，进行数字技术升级改造，为人才在服务贸易数字化转型上的创业、工作提供有力保障；通过文件、政策规划、规章制度来引导社会各界的资源流向我国数字服务贸易的薄弱环节和前景广阔的新兴领域，加速相应细分领域的人才培养，让我国的数字服务贸易人才支持结构更加

合理。

针对国际，政府可以积极参与数字服务贸易国际规则的制定，努力建设一个平等互利的国际贸易秩序，推动国际贸易格局的重塑，为我国人才在数字服务贸易出口上发挥作用打牢基础条件；鼓励企业与人才培养机构在培育人才上着眼国际前沿，互相交流、协调、融合，提升实现人才培养链条上的有机联动，提高人才培养的效果，为人才的成长提供有力支撑；建立有利于数字服务贸易人才跨国交流、学习的制度体系，让我国人才能接触到相关的国际先进经验、理论、技术，推动高层次国外相关人才的引进，扩宽我国数字服务贸易人才支撑的发展空间。同时政府也可以通过服务贸易创新发展试点、服务业扩大开放综合试点示范城市等具体措施，一方面不断探索适合服务贸易数字化转型的制度规章，另一方面推动科技、电信、文旅、金融等行业在具体业态模式中探索人才培养。

2. 高校对服务贸易数字化转型人才支持的作用

高校直接进行服务贸易相关人才的培养，总体上看，高校更侧重于在理论知识方面培育人才。服务贸易数字化转型的相应人才培养涉及多个办学层次，不同教育性质的高校，教学的内容也囊括理工、财经、语言等不同学科范畴。我国的各类高校总体上拥有较完整的学科生态体系，为培养不同类型，专精于不同细分领域的数字服务贸易人才提供了良好的基础条件。

高校是直接对人才进行培养的地方，可以通过各种方式直接发挥作用，影响人才对服务贸易数字化转型的支持效果，因而在服务贸易数字化转型的过程中发挥着重要作用，具体来说，高校的作用可以有以下几种：

在教学科研上，高校可以与企业和政府保持有效的沟通协调，不断跟进数字服务贸易以及数字经济的发展趋势、业态模式等特征，了解服务贸易数字化转型的需求，有针对性地加强相关学科的建设，完善相关培养方案。高校也可以集中专门的资源，对数字服务贸易的各领域理论知识进行专门的研究，对数字服务贸易涉及的相关技术进行升级、创新，并将最新研究成果教授给相应的人才，不断更新人才的知识、技能储备。在成果转化上，高校可以坚持进行产学融合、产教融合，引导学生将所学技能、知识与现实的业务、生产结合，通过搭建实训平台等措施，提升创新型和实用性人才的培养效果，让培养出的人才能更好地支持相关产业；推进从业人员的知识转化，适当扩大数字服务贸易行业内从业的兼职教师数量，鼓励其参与教学科研活动，让学生们接触到行业一线知识信息的同时，提高数字科技成果向行业实际运用的转化效率；通过合理的激励制度，允许、鼓励学生、教师等校内人员在完成本职工作的同时，进行相关的创业，从而激发其创新活力，提高人才对我国服务贸易数字化转型的支持效果。

高校与企业在人才培养上，前后相承，联系紧密，由于培养的侧重点、方式等存在差异，高校与企业的人才培养成效会存在偏差，总体上会对培养人才的效率与成果产生一定的影响。在数字经济不断发展，数字技术与服务贸易持续融合的背景下，我国的服务贸易数字化转型愈发需要掌握数字、贸易等各类知识的复合型人才，进而对高校、企业的人才培养成效提出了更高的要求，所以要解决好我国数字服务贸易人才支持，需要高校与企业在人才培养上与时俱进，不断提高协同效率，促进学科专业建设与数字服务贸易发展实际需求精准对接，努力把企业与高校的培养成效偏差转换成两者各自优势的互补，从而让培养出的人才成为技术创新的重要力量，最终推动服务贸易发展方式转变，赋能新质生产力，提升和促进高质量发展。

3. 企业对服务贸易数字化转型人才支持的作用

企业和高校一样，也对我国数字服务贸易的相关人才进行直接的培养，是人才培养的重要主体。但不同于高校，企业更集中在具体业务实践中培养、提升人才。而且，企业是人才发挥自身能力、创造实际价值的地方，是我国服务贸易数字化转型人才支持得以完整发挥作用的最后环节。企业对人才支持的作用途径也是多种多样的。

在业务实践上，企业可以在具体的服务贸易经济活动中，让人才不断创造价值，持续锻炼人才、丰富人才的知识、技能储备，提高人才的创新能力，进一步提升人才的支持作用；企业可以在互相的竞争中提升产业效率，推进产业数字化、智能化的转化，产生先进的管理理念，不断提高生产效率和质量，并对生产设备和生产模式升级，让人才更好地发挥作用；利用自身丰富的行业实践经验，和高校进行合作，进行学术—产业深度融合，在发挥企业内人才实战经验丰富、市场嗅觉灵敏等优势的同时，也借力高校内丰富的学术资源和研究实力，推动人才培养、人才成长的成效跃升，更好发挥人才的支持作用。

在资源分配上，企业可以通过市场机制直接让人才对数字服务贸易的支持得以实现，通过企业和人才间的互相选择，人力资源和服务贸易经营主体不断进行匹配，客观上实现了对服务贸易企业数字化转型的人才支持。企业可以通过经贸活动不断拓宽国内、国际市场，推动我国数字服务贸易领域出现更多的专业投融资机构，促使配套数字基础设施不断扩大，带动相关技术平台逐步完善，最终为我国相关人才发挥支持作用提供更广阔的领域。企业可以在成本较小的情况下探索我国数字服务贸易的发展，服务贸易的数字化转型是经济建设的前沿领域，在发展的过程中一定会涉及相应产业布局、业态模式的试错、修正，企业能用自身的探索经验启发、引导我国往后具体的数字服务贸易政策、计划、模式等。

（二）我国服务贸易数字化转型人才支持的客体作用

人才是我国服务贸易数字化转型人才培养的客体，人才的存在也是我国服务贸易数字化转型人才支持的基本前提。人才的培养不可能是政府、高校等培养主体单方面的工作就能实现的，受培养的人员对相应教育、培养的吸收、提炼、深化也是数字服务贸易人才支持能够实现的必要因素。

相应的人才需要加深对信息化的理解、提升自己运用软件分析处理数据的能力、针对服务贸易领域提高自己的外语水平、主动在自己目标行业进行从业锻炼，既在个体上提升数字服务贸易人才自身的个人能力水平，也在群体上通过自身的主观能动性与自我完善对我国数字服务贸易发挥有力的支持作用。具体来说，人才可以通过以下几点渠道助力我国的服务贸易数字化转型。

在自身成长上，人才能通过高校、企业等各机构的培养训练，吸收目前我国有关建设数字服务贸易的相关理论、知识、技能，并在具体的实习、工作中把相应的储备积累运用到具体的经济活动中，直接实现对相关产业的人才支持；通过对市场实践经验与知识理论技术的消化、融合、升华，有力促进我国数字服务贸易的学术研究进步和市场创新，在推动数字服务贸易进一步发展的同时，也提升了往后人才的培养基础，让人才支持效能得到进一步优化；数字人才也可以主动进行自我提升，在自身专业领域基础扎实的前提下，开拓新的知识领域，让不同的领域的理论产生碰撞，丰富自身作为复合型人才的积累沉淀，最终为我国服务贸易数字化转型的人才支持带来新的活力与可能性。

在从业工作上，人才能通过就业、创业等途径，推动我国服务贸易各领域的数字化，完善不同子领域的数字化转型，并通过市场业务实践，让我国数字服务贸易不断与时俱进，让相关人才能更有力发挥支持作用；协助国家政府，制定实行促进数字服务贸易发展的政策、计划，并适时对政策、计划进行修改完善；也能在规划建设相关数字产业园、相关自贸区上给予专业的意见，让政府更好发挥宏观协调作用，提高人才作用机制的效能。人才还可以通过自身的区域流动，汇聚在特定的区域，产生人才集聚效应，吸引相应的经济资源，通过人才支持引导数字服务贸易领域的发展完善，在总体上助推我国的数字服务贸易建设。

三、促进我国服务贸易数字化转型人才支持高质量发展的新形势与新思路

（一）促进我国服务贸易数字化转型人才支持高质量发展的新形势

随着数字技术的不断发展，包括要素结构、产业结构、市场结构在内的整个世界经济都发生了巨大改变，数据已然成为重要的生产要素，整个经济活动数字化趋势不断增强。数字经济的快速发展，带动了信息、通信等各个产业，催生出了各种基于数字技术的新产业，使得世界经贸涌现出了大量的新行业、新业态、新模式，很大程度上改变了世界经济结构。

数字技术对各国生产生活方式和国际经贸产生了深刻的影响，数字经济目前是许多国家发展速度极快的经济部门，是带动经济的重要引擎，各国也愈发地重视自身数字经济的建设发展。而在数字经济的不断发展下，单独的数字交付和数字服务现象日渐频繁，最终催生了数字服务贸易，该行业既是数字经济的重要组成部分，又在客观上推动着国际贸易格局的变革和国际贸易治理体系的优化，为包括我国在内的各个国家带来了发展的契机。面对这一情况，我国需要顺应发展潮流，把握数字化趋势，加快数字服务贸易发展步伐，塑造数字贸易发展新优势，推动贸易强国建设取得新发展、新突破。

目前国际服务贸易展现出了绿色低碳化、数字智能化、逆全球化等趋

势，这些现状客观上要求我国的服务贸易在具体的业务活动中降低能源消耗，加速我国服务贸易数字化并积极开拓数字贸易新领域，实现高质量发展，通过共建"一带一路"、RCEP 等框架，深度参与国际服务贸易经贸活动和国际服务贸易新制度建设。此外，我国服务贸易近年来保持着快速增长，贸易和产业结构不断优化，知识密集型服务占服务贸易进出口总额的比例不断增加，高技术服务业、现代服务业增长趋势明显。与此同时，我国服务贸易整体上也在向着数字化、科技化、高附加值化的方向发展，国内营商环境持续优化，各试点地区积极探索数字服务等领域的新模式、业态，服务行业市场准入不断持续放宽。经过多年的发展，我国已成了世界服务贸易第二大国[①]，逐渐形成了较完整的服务营销网络和服务供给体系，在传统与现代服务业上都出现了国际竞争力较强的企业。无论是国外环境，还是国内现状都为我国服务贸易数字化转型提供了成熟的形势条件，面对不同于从前的现实基础，我国也需要在数字服务贸易人才培养上开辟新思路，从各个方面推动我国人才支持的高质量发展。

（二）促进我国服务贸易数字化转型人才支持高质量发展的新思路

人才是国家的核心竞争力，我国数字服务贸易转型的人才支持囊括了人才的培养、流动和运用，探索相应的新思路，需要聚焦于这些环节，并同时关注这些环节间的互相作用。

数字服务贸易的人才培养，可以在培养政策、培养机构上与时俱进，政策上，联合政府、用人单位等可以制定相应满足市场人才需求的培养方案计划；鼓励企业和高校进行深度合作，通过多主体的创新合作，提升数字服务贸易人才培养成效；政策引导社会将资源集中至数字服务贸易薄弱的领域环节，重点培养稀缺人才。在培养机构上，各高校应密切关注行业的业态发展和模式变化，注重与用人单位的沟通协同，将教学与实践有机地结合起来，以建立实训基地等手段推进产学融合；同时，各高校可以积极创新培养方式，如允许、鼓励学生、教师在完成本职工作的前提下，进行业余的兼职创业，推动科研成果向实际生产力的转化。

数字服务贸易的人才流动，可以通过政策、相关设施建设来助力相关

---

① 释放服务贸易更大潜能 [N]. 经济日报，2024-07-18 (011).

行业的人才支持。政府可以通过政策差异，在数字服务贸易有潜力发展、已经在发展的地区给予相应人才居住、医疗、薪资等方面的优待，包括为优秀人才成长设立"绿色通道"、为相关人才引进专门设立人才基金等，提供专门的人才引进服务，包括建立专门的海外数字服务贸易人才服务中心、实施鼓励数字服务贸易人才创业的职业发展计划，引导国内、国外人才向相应地区流动，促进市场经济配置资源作用的发挥；政府也可以联合各相关产业，制定相应的人才水平标准，解决企业人才间信息不对称的问题；政府还可以出资，或与各企业合作，建设相关的基础数字设施，为产业发展提供实际支持，从而吸引人才朝特定区域流动。

在数字服务贸易的人才运用上，可以进行运用模式的创新，将人才发挥作用的地点、方式多样化等。例如，政府机构可以适当吸纳一定的人才，进行服务贸易数字化转型方面政策、计划实施效果的研究、调查；高校等培训机构也可以聘用业内的人才作为兼职教师，推动产业和教学的融合。面对我国的服务贸易数字化转型过程，新的思路想法能够打破僵局，不断为我国服务贸易数字化转型人才支撑赋能，助力服务贸易的高质量发展，因此要在原则上鼓励人才支持发展的创新。

第三节　加强我国服务贸易数字化转型人才支持的对策建议

一、政策支持建议

在政策上，我国应从宏观视角出发，以政策、规划、制度等方式，大力推动数字服务贸易人才的培养。鼓励相关学科的设立、建设和人才培养各主体的交流合作，设置联合培养课程，推动产教融合，对细分领域数字服务贸易人才的培养进行创新探索，为本地区数字服务贸易有前景但发展乏力的领域提供更充分的人才支持，提高人才培养的效能。同时，可以考虑给予人才培养主体更多的自主权，使其在人才培养的过程中能更好发挥创造性。

此外，我国也应进行促进人才流动的政策体系，以支持我国服务贸易数字化的转型。通过不同地区的政策差异，引导相关人才向有相关产业发展潜力的、正在发展相关产业的地区流动，更好地发挥人才对数字化转型的支持作用。以 RCEP 为例，可以通过政策在与 RCEP 成员国服务贸易往来频繁的城市及其自贸区，给予相关人才薪资、住房、交通等方面的优待；我国的部分数字服务贸易领域与国际先进水平存在着一定差距，在 RCEP 这样的体系中，数字国际服务贸易也绕不开对潜在国外客户状况以及相应国家经贸制度政策的了解，因此我国的相关政策也可以优化国外人才来华就业创业渠道，提供相应融入服务，吸引国外高层次数字贸易人才，以更多样的人才支持进一步推动服务贸易数字化转型。

同时，我国应持续关注服务贸易数字转型相关政策对人才支持的效果影响。数字服务贸易以及范围更宽泛的数字经济都是世界各国正致力发展的经济前沿领域，关系着各国在数字时代的发展前景。建设数字服务贸易无法找到既有的模式方案，需要我国在充分了解分析他国模式的基础上，结合自身实际，不断探索。数字服务贸易不断发展，数字服务贸易领域不断出现像数字金融、智慧物流、远程医疗等新领域，这些数字服务涉及金融、文化、医疗等各领域的政策，为了让数字服务贸易人才能更好地发挥作用，政府需要对服务贸易在不同领域的涉及政策进行相应的协调。

二、行业平台建议

（一）行业建议

当前是我国服务贸易数字化的转型时期，各服务行业有能力的企业可以抓住这一机遇，积极进行数字化转型，吸纳并进一步培训数字人才，开拓自身数字业务，率先打开市场。同时，数字技术让企业、平台接触潜在客户，提供服务的成本有了较大的下降，相关行业也可以通过 RCEP、"一带一路"等经贸合作体系，尝试数字服务"出海"。

服务贸易行业的数字化转型需要着重考虑人才支持的现实情况。当前我国数字人才相对稀缺，无法彻底满足各行业数字化的需要，且这些人才较多聚集在发达省市。一些地区，如靠近 RCEP 东盟成员国的云南、四川、海南等省份，虽然有着发展国际数字服务贸易的潜力，但人才的相对稀缺会为相关的行业带来更大的成本，这一状况，需要行业内各用人单位进行权衡把握。

正在进行数字化转型的各服务贸易行业可以和有对应学科的高校保持沟通协作，对人才培养流程中好的做法予以保留发扬，对不足之处则进行改良，保证人才培养的效能；同时各行业可以针对自身行业数字化转型过程遭遇的困境、难题，与高校进行合作，建立技能人才培训基地、青创孵化基地等数字服务贸易人才培养机构，利用产教融合带来的优势互补，提升人才的培养效果，使得人才的支持作用得到保障。

（二）平台建议

数字服务贸易平台给我国的服务贸易数字化转型带来了很大的帮助。数字服务贸易平台能够利用数字技术，让企业管控全贸易链过程，实现数字化的组织、决策、管理，并能让服务贸易企业牵线相应的资金方、支付机构、物流商，极大便利服务贸易企业的业务交易。

数字服务贸易平台可以积极吸纳相应的人才到平台自身的工作业务中，一方面发挥人才的作用，另一方面不断发挥科技创新的能力，打造、完善平台功能，提高自身的平台对服务贸易企业的吸引力，让服务贸易企业的相关人才也能在平台上实践、学习，对人才培养产生溢出效应。

此外，数字服务贸易平台可以着力发挥平台打破信息壁垒、扩大潜在受众的作用，将有竞争优势的国内服务贸易企业带向国外客户，从而开发国外市场，增强我国数字服务贸易国际影响力，扩大我国服务贸易的市场，为更多人才发挥自身作用创造空间。比如，RCEP各成员国间就存在着语言、文化的差异，部分成员国间区域位置间隔较远，此时相关平台作用的有效发挥，能极大地促进包括服务贸易在内的经贸规模增长。

（三）高校培养建议

高校是我国数字服务贸易人才的重要培养主体，对于大部分人才来说，高校的培养是自己日后成才的开始。针对我国服务贸易的现状，可以对高校的培养提出以下的建议。

高校在培养相关人才的过程中，应保持和企业、政府等其他人才培养主体的充分沟通协作，在教学内容上对数字服务贸易的业态、模式持续跟进，并适时变动学科设置，从而实现对学生教授知识、技能的不断更新，让培养出的人才跟得上时代变化，以提高相关人才的支持作用。例如，针对如何在 RCEP 协定中创造更加公平、开放、稳定和透明的金融服务竞争环境，相关的高校就可以在具体的理论、实训课程中加入 RCEP 体系背景数字金融服务的内容。

高校可以在相关人才的培养过程中树立鼓励创新、崇尚创新的风气。在教学过程中，注重对学生的创新能力培养，积极推动学术科研成果的创造性转化，提升相关人才的创新能力；也可以允许、鼓励学生、教师在完成本职工作的前提下，进行相关的兼职创业，激发自身创新活力。

高校应坚持进行产学、产教融合，让高校与企业在人才培养上的优势实现互补，达到人才支持效能的飞跃。为实现这一目标，一方面，高校可以适当招聘或扩大相关在行业从业的兼职教师数量，让其参与到教研活动中来，推动行业经验和理论知识的碰撞；另一方面，高校也可以和企业合办实训基地等机构，让学生能够将知识和实践相结合。

（四）企业管理建议

企业的运营管理也在极大地影响着我国服务贸易数字化转型中人才的作用发挥，优秀的数字服务贸易企业应能够在自身的管理上采取合理的模式，使得公司的相关人才能够有效地发挥自身能力。

企业应采取鼓励人才成长的管理措施，在数字技术的推动下，数字服务贸易的业态模式会不断更新，因此企业需要相应的人才不断与时俱进，在管理上鼓励人才进行自我提升，如条件允许，可通过为人才提供国内外行业交流的机会等方式，推动人才成长。

企业应采取适应数字化转型的管理模式，服务贸易的数字化转型不仅是产品、业务的转型，也需要相关企业在管理上采取适应数字化转型的模式。企业在具体的管理中应以数据为核心，通过数字技术收集、分析和应用大量数据，为决策提供有力支持；通过数字技术简化企业结构，在必要的时候突破地域、部门、层级的限制，提高决策和业务处理能力，最终通过适合管理模式的改变，开拓人才发挥能力的空间。

企业可以通过各种管理措施激励相关人才以技术创新等手段开拓国内

国际市场，数字服务贸易是正在发展的新兴行业，尚存在广阔的未开发领域，企业可以在这些领域抢占先机，实现自身发展，更好地发挥相关人才的作用。RCEP 目前正逐步加强成员国共同关心的专业服务部门的专业资质、许可、注册磋商，未来，RCEP 相关的服务贸易领域很可能会出现较大的市场需求，这对于我国企业便是难得的机会。

参 考 文 献

[1] 卞继娜. RCEP 国家数字贸易规则对数字贸易发展水平的影响研究
  [D]. 西北师范大学, 2023.

[2] 陈程. 数字人才的发展现状与应对策略: 基于德国和加拿大等 6 国的
  比较 [J]. 中国科技人才, 2021 (4): 25-35.

[3] 陈寰琦. 签订"跨境数据自由流动"能否有效促进数字贸易: 基于
  OECD 服务贸易数据的实证研究 [J]. 国际经贸探索, 2020, 36
  (10): 4-21.

[4] 陈健, 陈志. 数字技术重塑全球贸易: 我国的机遇与挑战 [J]. 科技
  中国, 2020 (5): 57-59.

[5] 陈希琳. 擎起贸易强国三大支柱 [J]. 经济, 2023 (10): 1.

[6] 陈煜波, 马晔风, 黄鹤, 等. 全球数字人才与数字技能发展趋势 [J].
  清华管理评论, 2022 (Z2): 7-17.

[7] 陈原, 刘欣宇. 数字服务贸易对全球价值链地位的影响研究: 基于跨
  国面板数据的实证分析 [J]. 价格理论与实践, 2023 (9): 110-114.

[8] 程镟, 赵彦彦, 黄悦. 平台经济促进江苏现代乡村服务业发展研究
  [J]. 智慧农业导刊, 2024, 4 (3): 1-5.

[9] 董展眉. 数字经济时代国际贸易人才培养路径探讨 [J]. 湖南工业职
  业技术学院学报, 2022, 22 (2): 133-135+140.

[10] 樊丽, 胡永铨. 数字经济时代企业人力资源管理数字化转型研究
  [J]. 商场现代化, 2021 (17): 69-71.

[11] 方燕, 隆云滔. 数据变革、数据理论与数据治理: 一个简要述评
  [J]. 东北财经大学学报, 2021 (3): 15-27.

[12] 龚六堂. 数字经济就业的特征、影响及应对策略 [J]. 国家治理,
  2021 (23): 29-35.

［13］顾立立. 企业集团人力资源数字化应变之道：华谊集团人力资源数字化转型实践［J］. 上海化工，2024，49（3）：27-30.

［14］郭昕. 基于需求分析的京津冀地区会展人才培养构想［J］. 理论观察，2018（1）：88-90.

［15］何秋洁，张君兰，陈国庆. 数字经济助推康养产业高质量发展路径研究［J］. 攀枝花学院学报，2023，40（1）：8-17.

［16］何诗霏. 中国数字人才回流趋势明显［N］. 国际商报，2023-12-12（004）.

［17］黄海敏，韦玉容. 中国—东盟高技能应用型金融人才合作培养机制创新研究［J］. 职业技术，2022，21（4）：26-33.

［18］黄茂兴，薛见寒. 新发展格局下我国数字服务贸易高质量发展路径研究［J］. 当代经济研究，2024（3）：49-60+129.

［19］江小涓，罗立彬. 网络时代的服务全球化：新引擎、加速度和大国竞争力［J］. 中国社会科学，2019（2）：68-91+205-206.

［20］江小涓. 江小娟：数字经济提高了服务业效率［J］. 山东经济战略研究，2020（11）：56-57.

［21］姜琳，黄垚. 方案来了！中国数字人才培育行动启航［EB/OL］.［2024-04-18］. https://www. gov. cn/zhengce/202404/content_6945917. htm.

［22］郎竹筠. 苏州数字文化产业人才培养现状［J］. 文化产业，2024（3）：148-150.

［23］劳译敏. 高校数字化转型背景下数字文旅人才培养模式创新研究［J］. 西部旅游，2024（9）：105-108.

［24］李帆，胡春，杜振华. 北京市数字人才政策发展现状及对策建议［J］. 人才资源开发，2022（19）：10-11.

［25］李浩楠，胡江林，赵丹卿. 对标国际先进数字贸易规则高标准推进中国自贸区建设［J］. 东北亚经济研究，2023，7（3）：106-120.

［26］李辉，崔真. 主要发达经济体数字人才建设基本动向及经验启示［J］. 中国物价，2023（12）：64-67.

［27］李俊，赵若锦，张琼. 中国服务贸易发展全景［J］. 服务外包，2022（11）.

[28] 李俊. 探索服务业高水平制度型开放的现实路径 [J]. 人民论坛, 2023 (19)：58-63.

[29] 李立威, 程泉. 数字中国建设背景下数字经济人才的需求结构和培养路径分析 [J]. 北京联合大学学报, 2023, 37 (5)：10-15.

[30] 李涛, 徐翔. 加强数字经济国际合作 推动全球数字治理变革 [EB/OL]. [2024-08-18]. http://theory.people.com.cn/n1/2022/0906/c40531-32520239.html.

[31] 李婷, 张璜, 郑劲松. 新工科背景民办高校传统 ICT 类专业升级改造路径探索 [J]. 高等工程教育研究, 2023 (4)：36-41.

[32] 李皖南. 东盟承接国际服务业转移的举措与成效 [J]. 广东社会科学, 2010 (1)：52-57.

[33] 李晓嘉. 美国数字贸易战略：趋势、影响与应对 [J]. 人民论坛, 2023 (14)：89-93.

[34] 李杨, 张鹏举, 付亦重. 欧盟服务业创新政策新发展及对中国的启示 [J]. 科技进步与对策, 2015 (19)：106-110.

[35] 连茂君. 以服务贸易高质量发展助推高水平对外开放 [N]. 学习时报, 2023-09-06 (001).

[36] 梁洪基. 浅谈澳大利亚服务贸易自由化对中国的启示 [J]. 市场周刊（理论研究）, 2016 (3)：89-90+60.

[37] 廖维晓, 欧阳含依. RCEP 背景下中国金融服务贸易的发展路径分析 [J]. 农业发展与金融, 2022 (5)：26-30.

[38] 林创伟, 白洁, 何传添. 高标准国际经贸规则解读、形成的挑战与中国应对：基于美式、欧式、亚太模板的比较分析 [J]. 国际经贸探索, 2022, 38 (11)：95-112.

[39] 林秀君. 共享数字化时代组织人力资源管理新生态模式的构建 [J]. 新乡学院学报, 2019, 36 (10)：16-20.

[40] 刘芳. 浅谈数字化赋能下的企业绩效管理变革 [J]. 商业观察, 2022 (20)：47-49+66.

[41] 刘濛, 程颖慧. 数字经济时代"跨界融合"国贸专业人才培养模式的探析 [J]. 商展经济, 2024 (12)：159-162.

[42] 刘以雷. 协同共建 突破瓶颈 推动成渝地区数字经济高质量发展

[J]. 经济研究参考, 2023 (11): 15-18.

[43] 卢尚坤, 许源. 数字经济背景下中国服务贸易发展策略研究 [J]. 商业经济, 2024 (6): 101-104.

[44] 马冉. 贸易区域化背景下 RCEP 自然人流动条款研究 [J]. 湖南师范大学社会科学学报, 2022, 51 (4): 72-81.

[45] 马源, 袁东明, 马骏. 重塑制度: 紧抓数字化转型战略机遇 [EB/OL]. [2024-07-26]. https://baijiahao.baidu.com/s? id = 1646974836269366833&wfr = spider&for = pc.

[46] 玛依拉·米吉提, 谢雨欣. 农业生产性服务业何以赋能农产品出口贸易竞争力? [J]. 价格月刊, 2023 (12): 58-68.

[47] 孟晓华, 雷宏振. 数字贸易驱动中国制造业价值链升级的内在逻辑、实践困境与路径优化 [J]. 河南社会科学, 2023, 31 (10): 27-38.

[48] 聂新伟. 加快推动我国服务贸易高质量发展 [J]. 宏观经济管理, 2024 (1): 70-77.

[49] 潘晓明. "印太经济框架" 展望及其对亚太经济融合的影响 [J]. 国际问题研究, 2022 (6): 119-134+138.

[50] 庞博, 张曙霄. 英国生产性服务贸易发展的经验与启示 [J]. 经济纵横, 2018 (12): 103-111.

[51] 庞金友. 当代欧美数字巨头权力崛起的逻辑与影响 [J]. 人民论坛, 2022 (15): 80-85.

[52] 彭羽, 杨碧舟, 沈玉良. RTA 数字贸易规则如何影响数字服务出口: 基于协定条款异质性视角 [J]. 国际贸易问题, 2021 (4): 110-126.

[53] 邱斌, 张群, 孙少勤. 服务业开放、数字化赋能与国际循环质量提升 [J]. 开放导报, 2024 (1): 26-40.

[54] 曲富有. 数字经济背景下 "康养+数字" 产业模式研究 [J]. 产业创新研究, 2023 (11): 92-94.

[55] 冉隆楠. 平台信任机制撬动新市场, 小微服务业数字化踏上新路径 [EB/OL]. [2024-03-01]. https://baijiahao.baidu.com/s? id = 1792296247087019063&wfr = spider&for = pc.

[56] 中国平台经济报告 2023 [EB/OL]. [2023-07-19]. https://baijiahao.

baidu.com/s?id=1771802552990745859&wfr=spider&for=pc.

[57] 沙利文. 行业洞察丨需求供给双轮驱动，跨境电商大有可为 [EB/OL]. [2023－02－07]. https://www. 163. com/dy/article/HS-VFB0TS05387KQ6.html.

[58] 商务部: 将进一步支持会展、旅游等传统服务贸易数字化改造 [J]. 中国会展，2023 (17): 16.

[59] 申佳平. 2023 年服贸会新观察: 全球服务贸易数字化跑出 "加速度" [EB/OL]. [2023－09－04]. http://chinawto. mofcom. gov. cn/article/ap/p/202309/20230903437431.shtml.

[60] 沈和斌. 数字经济背景下国际贸易人才培养模式研究 [J]. 对外经贸，2023 (11): 154-156.

[61] 舒燕，林龙新. 服务贸易促进政策的比较研究及对我国的启示 [J]. 生产力研究，2011 (9): 135-136+162.

[62] 宋红军. 高校培养数字贸易人才的制约因素及对策研究 [J]. 湖北职业技术学院学报，2021，24 (4): 22-26.

[63] 孙茜. 数字经济发展阶段服务贸易人才需求及培育对策 [J]. 中国市场，2024 (1): 187-190.

[64] 檀春耕. 建设数字政府的人才策略: 美国的实践与启示 [J]. 领导科学，2023 (3): 138-144.

[65] 汤婧，夏杰长. 我国服务贸易高质量发展评价指标体系的构建与实施路径 [J]. 北京工业大学学报 (社会科学版)，2020 (5): 47-57.

[66] 汤婧. 发展服务贸易　加拿大如何做 [J]. 理论导报，2017 (6): 41-42.

[67] 陶小龙，肖培. RCEP 框架下云南区域性国际化人才培养机制与驱动策略探究 [J]. 云南大学学报 (社会科学版)，2022，21 (6): 132-141.

[68] 王芳. 京津冀一体化趋势下高校会展专业课程群结构研究 [J]. 中国会展，2023 (7): 42-46.

[69] 王芳芳，刘翀. 数字化转型背景下职业本科教育人才培养模式研究 [J]. 大众文艺，2024 (11): 134-136.

[70] 王凤飞，陈瑾，段卫里. 数字旅游智能化服务体系的逻辑理路与赋

能重构 [J]. 沈阳农业大学学报（社会科学版），2022，24（5）：535-539.

[71] 王冠，刘静. 流通业分工对商贸流通集聚区形成的影响 [J]. 商业经济研究，2019（23）：20-23.

[72] 王广斌. 建筑产业数字化转型内涵与关键技术体系 [EB/OL]. [2023-07-27]. http://www.iii.tsinghua.edu.cn/info/1131/3507.htm.

[73] 王佳靓. RCEP 框架下黑龙江省对韩旅游服务贸易发展现状、问题及对策研究 [J]. 东北亚经济研究，2024，8（3）：73-84.

[74] 王景. 国际化人才培养途径的探索与实践：以浙江越秀外国语学院为例 [J]. 教育教学论坛，2020（37）：215-216.

[75] 王丽. 新文科背景下数字贸易人才培养现状、困境及路径探索 [J]. 黑龙江教育（高教研究与评估），2023（11）：42-44.

[76] 王拓，李俊，张威. 美欧数字贸易发展经验及其对我国的政策启示 [J]. 国际贸易，2023（2）：57-63+86.

[77] 王伟玲. 数据跨境流动系统性风险：成因、发展与监管 [EB/OL]. [2022-09-13]. http://fzzfyjy.cupl.edu.cn/info/1035/14523.htm.

[78] 王艳明. 数字化转型对人力资源影响的研究 [D]. 北京邮电大学，2021.

[79] 王迎新. 法国服务贸易自由化与监管及其启示 [J]. 国际贸易，2016（2）：48-55.

[80] 王运武. 我国数字化教育资源现状及发展策略 [J]. 中国教育信息化，2008（1）：9-11.

[81] 魏浩，耿园. 高端国际人才跨国流动的动因研究：兼论中国吸引高端国际人才的战略 [J]. 世界经济与政治论坛，2019（1）：121-146.

[82] 魏际刚. 建设更高水平开放型经济新体制 [J]. 红旗文稿，2023（14）：15-18.

[83] 夏杰长. 以数字技术推动服务贸易高质量发展 [J]. 红旗文稿，2023（19）：38-40.

[84] 向永泉. 新加坡现代服务业发展及对我国的启示 [J]. 财经界，2010（6）：50-51.

[85] 向子威，何建佳，张悦，等. 从数字暗流到未来产业：数字化转型如何推动战略性新兴产业融合集群发展 [J]. 科技进步与对策，2024 (11)：11.

[86] 肖宇，梁威. 数字"一带一路"框架下中国—东盟数字贸易发展问题研究 [J]. 北京工业大学学报（社会科学版），2023，23 (6)：58-81.

[87] 谢小云，左玉涵，胡琼晶. 数字化时代的人力资源管理：基于人与技术交互的视角 [J]. 管理世界，2021，37 (1)：200-216+13.

[88] 谢易，杨杏芳. 高等教育人才培养模式的数字化转型 [J]. 广西社会科学，2020 (2)：185-188.

[89] 熊鸿儒，马源，陈红娜，田杰棠. 数字贸易规则：关键议题、现实挑战与构建策略 [J]. 改革，2021 (1)：65-73.

[90] 徐毅，姜长运. 数字经济发展促进服务贸易的实证研究：基于中国31个省市的面板数据 [J]. 河北北方学院学报（社会科学版），2023，39 (5)：32-37.

[91] 徐蕴峰，蒲晓飞. 数字人才赋能西安数字经济高质量发展 [J]. 智慧中国，2023 (6)：47-49.

[92] 薛惊理. 关于传统企业数字化转型的战略思考 [J]. 经济师，2018 (6)，263-264.

[93] 薛晓源，刘兴华. 数字全球化、数字风险与全球数字治理 [J]. 东北亚论坛，2022，31 (3)：3-18+127.

[94] 杨雪，李浩文，郑言，王菲. 发达国家服务业扩大开放的经验及对我国的启示 [J]. 河南财政税务高等专科学校学报，2020 (1)：31-35.

[95] 姚战琪. 国家自主创新示范区设立与服务贸易高质量发展 [J]. 北京工商大学学报（社会科学版），2024，39 (1)：1-15.

[96] 于跃. CPTPP、USMCA、RCEP 数字贸易规则的对比及我国的因应 [J]. 西部学刊，2024 (2)：47-50.

[97] 余敏丽. 数字时代国际贸易实务产教融合课程建设研究 [J]. 北方经贸，2024 (6)：140-143.

[98] 袁卉姝. 我国 ICT 服务出口的现状、挑战及对策 [J]. 对外经贸实

务，2021 (6)：89-92.

[99] 袁振国. 教育数字化转型：转什么，怎么转 [J]. 华东师范大学学报（教育科学版），2023，41 (3)：1-11.

[100] 张国云，张艺. 数字服务：中国经济增长新引擎 [J]. 中国发展观察，2022 (3)：89-93.

[101] 张菁，杨林芹. 日本服务贸易的发展对我国的启示 [J]. 黑龙江对外经贸，2008 (4)：49-50.

[102] 张黎明. 基于阿里国际站需求的高职校企合作人才培养探究：以武汉城市职业学院为例 [J]. 今日财富，2018 (21)：155-156.

[103] 张立. 培育发展数据要素市场 [EB/OL]. [2024-07-24]. http://tradeinservices. mofcom. gov. cn/article/szmy/zjyjgd/202302/145702. ht-ml.

[104] 张琦，陈红娜，罗雨泽. 数字贸易国际规则：走向趋势与构建路径 [J]. 全球化，2022 (1)：70-78+135.

[105] 张任之. 数字平台企业高质量发展驱动形成新质生产力的内在逻辑和实现路径 [J]. 理论学刊，2024 (4)：122-130.

[106] 张雪春，曾园园. 欧盟数字贸易现状及中欧数字贸易关系展望 [J]. 西部金融，2022 (9)：3-10.

[107] 张燕. 全球主要经济体服务贸易发展经验与启示 [J]. 中国外汇，2024 (1)：18-21.

[108] 赵立斌，谢璐羽，邢楠，等. 数字化、承接产业转移与东盟参与全球生产网络：兼论中国的应对策略 [J]. 东南亚纵横，2023 (6)：1-25.

[109] 赵若锦，李俊，张威. 新加坡数字经贸规则体系构建及对我国的启示 [J]. 国际贸易，2023 (12)：40-49.

[110] 赵中华. 新时代推动中国服务贸易高质量发展的路径 [J]. 投资与合作，2023 (11)：55-57.

[111] 郑伟，钊阳. 数字贸易：国际趋势及我国发展路径研究 [J]. 国际贸易，2020 (4)：56-63.

[112] 中国驻德国使馆经商参处. 德国服务贸易的管理机制与发展促进政策 [EB/OL]. [2012-06-07]. http://de. mofcom. gov. cn/aarticle/zt-

dy/201206/20120608166201.html.

[113] 周密. 美国是如何促进服务贸易的？[N]. 国际商报，2021-09-02 (004).

[114] 周念利，于美月. 美国主导 IPEF 数字贸易规则构建：前瞻及应对 [J]. 东北亚论坛，2023，32 (4)：82-97+128..

[115] 周堂波，李哲，竹中喜一，等. 日本游戏教育的现状及其启示 [J]. 现代教育技术. 2017，27 (8)：5-11.

[116] XIAOXIAN WANG. Impact of RCEP on China's Service Trade：Based on GTAP Model [J]. Journal of Global Economy，11 (2023)

[117] ZHU WENBOHAO, LI XIAOFENG, WANG HAO, SUN BO. Digital service trade and income inequality：a panel data analysis for 100 countries [J]. Applied Economics Letters，11 (2023)：pp. 1457-1461.